NCS
국립공원공단
직업기초능력

PREFACE

우리나라 기업들은 1960년대 이후 현재까지 비약적인 발전을 이루었다. 이렇게 급속한 성장을 이룰 수 있었던 배경에는 우리나라 국민들의 근면성 및 도전정신이 있었다. 그러나 빠르게 변화하는 세계 경제의 환경에 적응하기 위해서는 근면성과 도전정신 이외에 또 다른 성장 요인이 필요하다.

최근 많은 공사·공단에서는 기존의 직무 관련성에 대한 고려 없이 인·적성, 지식 중심으로 치러지던 필기전형을 탈피하고, 산업현장에서 직무를 수행하기 위해 요구되는 능력을 산업부문별·수준별로 체계화 및 표준화한 NCS를 기반으로 하여 채용공고 단계에서 제시되는 '직무 설명자료'상의 직업기초능력과 직무수행능력을 측정하기 위한 직업기초능력평가, 직무수행능력평가 등을 도입하고 있다.

국립공원공단에서도 업무에 필요한 역량 및 책임감과 적응력 등을 구비한 인재를 선발하기 위하여 고유의 직업기초능력평가를 치르고 있다. 본서는 국립공원공단 채용대비를 위한 필독서로 국립공원공단 직업기초능력평가의 출제경향을 철저히 분석하여 응시자들이 보다 쉽게 시험유형을 파악하고 효율적으로 대비할 수 있도록 구성하였다.

신념을 가지고 도전하는 사람은 반드시 그 꿈을 이룰 수 있습니다. 처음에 품은 신념과 열정이 취업 성공의 그 날까지 빛바래지 않도록 서원각이 수험생 여러분을 응원합니다.

STRUCTURE

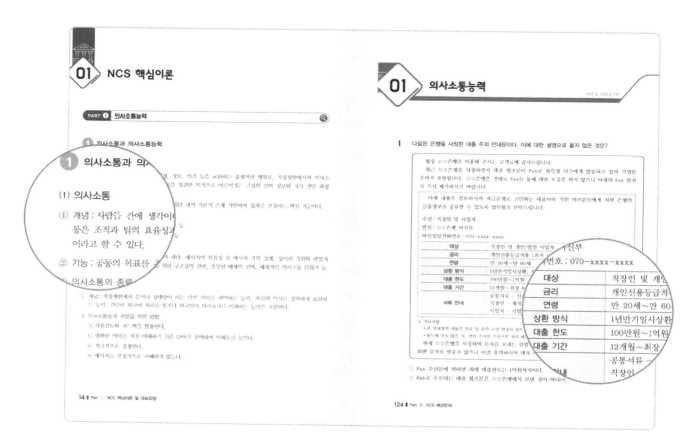

NCS 핵심이론

NCS 직업기초능력 핵심이론
을 정리하고 대표유형 문제를
엄선하여 수록하였습니다.

NCS 예상문제

적중률 높은 영역별 출제예상
문제를 수록하여 학습효율을
확실하게 높였습니다.

정답 및 해설

문제의 핵심을 꿰뚫는 명쾌하
고 자세한 해설로 수험생들의
이해를 돕습니다.

CONTENTS

Company Introduction

• 회사소개

설립목적

국립공원공단은 「국립공원공단법」 및 「자연공원법」에 따라 국립공원 등의 자연생태계, 자연·문화경관 및 지형·지질자원을 체계적으로 보전, 관리함으로써 국립공원 등의 지속가능한 이용을 도모하고 국민이 쾌적한 자연환경에서 건강하고 여유 있는 생활을 할 수 있도록 함을 목적으로 설립되었습니다.

주요 기능 및 역할

국립공원의 보전

국립공원의 야생생물 보호 및 멸종위기종의 복원

공원시설의 설치·관리

자연공원 자원에 대한 조사·연구

자연공원의 청소

자연공원 이용에 관한 지도·홍보

자연공원과 관련된 체험사업, 탐방해설 등 탐방프로그램의 개발·교육·보급 및 운영

기후변화로 인한 자연공원의 생태계 영향조사·연구 및 생태복원

자연공원 보전·관리와 관련된 국제협력

정부나 지방자치단체로부터 위탁받은 사업

그 밖에 공단의 설립 목적을 달성하기 위하여 대통령령으로 정하는 사업

사회적가치체계

MISSION
국민의 삶과 함께하는 국립공원 미래가치S 창출

국립공원 사회적 가치 전략 방향

건강한 공원으로 공원 가치 향상	배려하고 함께 성장하는 공원	모두가 안심하는 안전공간 제공	소통과 청렴으로 국민신뢰 제고
"미래를 만들어가는" 국립공원	"함께하는" 국립공원	"안심할 수 있는" 국립공원	"존경받는" 국립공원

사회적 가치 전략 과제

서제적 보전 노력을 통한 **건강한 자연 보호**	선진 탐방문화를 이끄는 **미래 일자리 창출**	**안심하고 이용하는** 국립공원 조성	포용과 상생을 통한 **사회통합 기여**
공원자원 향유를 위한 국민 체감형 사업 전개	**배려와 치유**의 공원문화 조성	안전 중심의 **사회적 책임 강화**	**반부패 청렴문화 정착** 및 인권존중 문화 확산
공동체와 이해관계자의 **참여와 협력 유도**	국립공원이 선도하는 **지역경제 활성화**	안전한 근무환경 조성 **근로자 노동권 향상**	사회적 가치 창출을 위한 **국민 참여 확대**

Company
Introduction

- 채용안내

인재상 자연의 가치를 극대화 하는 인재

자연을 사랑하는 인재	전문성을 지닌 인재	사회를 이해하는 인재	열정이 넘치는 인재

필요역량 KNPS 기본 역량

목표 달성의지	커뮤니케이션	혁신과 변화창출	조직지향

국제기준 IRF의 RANGER(국립공원, 보호지역 관리자) 필요역량

Ranger	People	Place	Organization
교육, 해설, 커뮤니케이션역량	팀, 동료, 파트너, 봉사자, 지역사회와 소통	현장에서 탐방객에게 공원자원의 혜택을 제공하고, 자원보전을 유도	조직의 미션과 사회적 기능을 수행

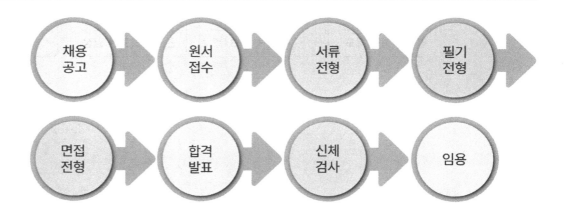

채용 공고 → 원서 접수 → 서류 전형 → 필기 전형 → 면접 전형 → 합격 발표 → 신체 검사 → 임용

공단 직원은?

01 사람과 자연의 연결 역할
02 조사모니터링 등 업무수행으로 자연자원을 보존
03 탐방객이 안전하게 혜택을 누릴 수 있도록 유·무형의 서비스를 제공
04 중요한 프로젝트 및 순찰을 통해 공공의 메시지를 전달

사람   직원   자연

복리후생

- 4대보험 적용(건강보험, 국민연금, 고용보험, 산재보험)
- 장기 대여금 지원(주택임차금)
- 비연고지 근무자를 위한 숙사 지원
- 본인 및 배우자, 자녀 학자금 지원(대학생 융자)
- 자기계발을 위한 역량개발비 지원
- 근무복 지급
- 선택적 복리후생제도 운영(개인별 포인트 제공)
- 애경사에 따른 경조비 및 장례용품 지원
- 각종 동호회 활동에 대한 시간적, 경제적 지원
- 전국 국립공원 휴양시설 이용

국립공원공단 NEWSROOM

덕유산국립공원 설천봉~향적봉, 안성탐방지원센터~동엽령 탐방로 예약제 시행

예약제구간: 설천봉~향적봉, 안성탐방지원센터~동엽령(상행구간)
탐방객 이용조절을 통한 자연자원 보전, 쾌적한 탐방환경 제공

국립공원공단 덕유산국립공원사무소(소장 양해승)은 다가오는 5월 15일부터 6월 20일까지 설천봉~향적봉(0.6.km), 안성탐방지원센터~동엽령(4.5km) 상행구간에서 사전 탐방로 예약제를 시행한다고 밝혔다.

덕유산의 주봉인 설천봉~향적봉 구간은 연간 100만명 중 19만명(전체 탐방객의 약19%)이, 안성탐방지원센터~동엽령 구간은 3만 명(전체 탐방객 중 약 3%)이 집중되는 구간으로 정상부 등산을 위한 탐방객이 밀집되는 지역이다.

이에 덕유산국립공원사무소는 2017년부터 시행한 설천봉~향적봉 구간 탐방로 예약제를 금년에는 안성탐방지원센터~동엽령 구간을 추가하여 확대 운영한다. 이 두 구간은 예약제 기간 동안에는 반드시 사전 예약을 한 후 이용이 가능하다. 탐방로 예약은 인터넷 예약제로 운영되며, 인터넷 예약 미달시 현장 접수도 가능하다.

이상원 덕유산국립공원사무소 탐방시설과장은 "탐방로 예약제 운영은 개화기, 번식기를 맞은 동식물을 위한 최소한의 배려인 만큼, 제도의 안정적인 정착과 확대를 위해 탐방객 및 지역주민의 적극적인 협조를 부탁드린다."라고 당부했다.

−2021. 5. 7.

면접질문

- 국립공원을 이용하는 방문객에게 자연스럽게 거리두기를 시행할 수 있는 방법을 제시해보시오.
- 국립공원 예약제 운영의 장점에 대해 말해보시오.

오대산국립공원 소금강 자동차 야영장 새 단장

야영시설 개선하여 5월 개장 후 11월까지 운영
코로나19 예방정책에 따라 전체 야영장 중 50% 운영

오대산국립공원사무소(소장 김종식)는 오대산국립공원 소금강지구 내 소금강 자동차 야영장을 새롭게 단장하여 이달 5월 1일(토)부터 개장한다고 밝혔다.

이번에 개방되는 소금강 자동차 야영장은 총 69동 규모(자동차 영지 30동, 일반 영지 22동, 카라반 영지 4동, 풀옵션 카라반 5동, 자연의 집 8동)이다. 최근 달라진 야영 추세에 맞게 관리소, 샤워장, 취사장 등 야영시설을 개선했다.

특히, 자연의집은 이번에 새롭게 만들어진 목조구조의 소규모 체류 시설로 6월부터 이용 가능하며 이용객에게 새로운 경험을 선사할 것으로 기대되고 있다. 또한, 자연을 즐기는 야영수요의 증가를 반영하여 과거 10월까지 개장하던 소금강 자동차 야영장을 올해부터는 11월까지 이용할 수 있다.

영지는 최대 2박 3일까지, 풀옵션 카라반 예약은 코로나19로 인하여 1박 2일까지 가능하며, 전체 야영장 중 50%만 개방한다. 침구류는 제공되지 않으며 중앙재난안전대책본부 방역기준을 준수하여 운영된다. 야영장은 사전예약 후 이용할 수 있으며 국립공원 예약시스템(http://www.reservation.knps.or.kr)을 통해 예약할 수 있다.

김미숙 행정과장은 "소금강은 대한민국 명승지 1호로 금강산을 축소해 놓은 것처럼 산세와 수석(水石)이 아름답다. 그뿐만 아니라 인근에 오대산 월정사와 삼양목장, 주문진 해수욕장 등 수려한 자연환경과 관광인프라를 갖추고 있다."라며, "국민들이 소금강 자동차 야영장에서 충분한 치유의 시간을 가질 수 있도록 최선을 다하겠다."라고 밝혔다.

-2021. 4. 29.

면접질문 • 국립공원 내 야영장에서 즐길 수 있는 이벤트를 제안해보시오.

PART

I

NCS 핵심이론 및 대표유형

01 NCS 핵심이론
02 NCS 대표유형

01 NCS 핵심이론

1 의사소통과 의사소통능력

(1) 의사소통

① 개념 : 사람들 간에 생각이나 감정, 정보, 의견 등을 교환하는 총체적인 행위로, 직장생활에서의 의사소통은 조직과 팀의 효율성과 효과성을 성취할 목적으로 이루어지는 구성원 간의 정보와 지식 전달 과정이라고 할 수 있다.

② 기능 : 공동의 목표를 추구해 나가는 집단 내의 기본적 존재 기반이며 성과를 결정하는 핵심 기능이다.

③ 의사소통의 종류

    ㉠ 언어적인 것 : 대화, 전화통화, 토론 등

    ㉡ 문서적인 것 : 메모, 편지, 기획안 등

    ㉢ 비언어적인 것 : 몸짓, 표정 등

④ 의사소통을 저해하는 요인 : 정보의 과다, 메시지의 복잡성 및 메시지 간의 경쟁, 상이한 직위와 과업지향형, 신뢰의 부족, 의사소통을 위한 구조상의 권한, 잘못된 매체의 선택, 폐쇄적인 의사소통 분위기 등

(2) 의사소통능력

① 개념 : 직장생활에서 문서나 상대방이 하는 말의 의미를 파악하는 능력, 자신의 의사를 정확하게 표현하는 능력, 간단한 외국어 자료를 읽거나 외국인의 의사표시를 이해하는 능력을 포함한다.

② 의사소통능력 개발을 위한 방법

    ㉠ 사후검토와 피드백을 활용한다.

    ㉡ 명확한 의미를 가진 이해하기 쉬운 단어를 선택하여 이해도를 높인다.

    ㉢ 적극적으로 경청한다.

    ㉣ 메시지를 감정적으로 곡해하지 않는다.

② 의사소통능력을 구성하는 하위능력

(1) 문서이해능력

① 문서와 문서이해능력

ㄱ 문서 : 제안서, 보고서, 기획서, 이메일, 팩스 등 문자로 구성된 것으로 상대방에게 의사를 전달하여 설득하는 것을 목적으로 한다.

ㄴ 문서이해능력 : 직업현장에서 자신의 업무와 관련된 문서를 읽고, 내용을 이해하고 요점을 파악할 수 있는 능력을 말한다.

예제 1

다음은 신용카드 약관의 주요내용이다. 규정 약관을 제대로 이해하지 못한 사람은?

> [부가서비스]
> 카드사는 법령에서 정한 경우를 제외하고 상품을 새로 출시한 후 1년 이내에 부가서비스를 줄이거나 없앨 수가 없다. 또한 부가서비스를 줄이거나 없앨 경우에는 그 세부내용을 변경일 6개월 이전에 회원에게 알려주어야 한다.
>
> [중도 해지 시 연회비 반환]
> 연회비 부과기간이 끝나기 이전에 카드를 중도해지하는 경우 남은 기간에 해당하는 연회비를 계산하여 10 영업일 이내에 돌려줘야 한다. 다만, 카드 발급 및 부가서비스 제공에 이미 지출된 비용은 제외된다.
>
> [카드 이용한도]
> 카드 이용한도는 카드 발급을 신청할 때에 회원이 신청한 금액과 카드사의 심사기준을 종합적으로 반영하여 회원이 신청한 금액 범위 이내에서 책정되며 회원의 신용도가 변동되었을 때에는 카드사는 회원의 이용한도를 조정할 수 있다.
>
> [부정사용 책임]
> 카드 위조 및 변조로 인하여 발생된 부정사용 금액에 대해서는 카드사가 책임을 진다. 다만, 회원이 비밀번호를 다른 사람에게 알려주거나 카드를 다른 사람에게 빌려주는 등의 중대한 과실로 인해 부정사용이 발생하는 경우에는 회원이 그 책임의 전부 또는 일부를 부담할 수 있다.

① 혜수 : 카드사는 법령에서 정한 경우를 제외하고는 1년 이내에 부가서비스를 줄일 수 없어
② 진성 : 카드 위조 및 변조로 인하여 발생된 부정사용 금액은 일괄 카드사가 책임을 지게 돼
③ 영훈 : 회원의 신용도가 변경되었을 때 카드사가 이용한도를 조정할 수 있어
④ 영호 : 연회비 부과기간이 끝나기 이전에 카드를 중도해지하는 경우에는 남은 기간에 해당하는 연회비를 카드사는 돌려줘야 해

출제의도

주어진 약관의 내용을 읽고 그에 대한 상세 내용의 정보를 이해하는 능력을 측정하는 문항이다.

해 설

② 부정사용에 대해 고객의 과실이 있으면 회원이 그 책임의 전부 또는 일부를 부담할 수 있다.

답 ②

② 문서의 종류

    ㉠ 공문서 : 정부기관에서 공무를 집행하기 위해 작성하는 문서로, 단체 또는 일반회사에서 정부기관을 상대로 사업을 진행할 때 작성하는 문서도 포함된다. 엄격한 규격과 양식이 특징이다.

    ㉡ 기획서 : 아이디어를 바탕으로 기획한 프로젝트에 대해 상대방에게 전달하여 시행하도록 설득하는 문서이다.

    ㉢ 기안서 : 업무에 대한 협조를 구하거나 의견을 전달할 때 작성하는 사내 공문서이다.

    ㉣ 보고서 : 특정한 업무에 관한 현황이나 진행 상황, 연구·검토 결과 등을 보고하고자 할 때 작성하는 문서이다.

    ㉤ 설명서 : 상품의 특성이나 작동 방법 등을 소비자에게 설명하기 위해 작성하는 문서이다.

    ㉥ 보도자료 : 정부기관이나 기업체 등이 언론을 상대로 자신들의 정보를 기사화 되도록 하기 위해 보내는 자료이다.

    ㉦ 자기소개서 : 개인이 자신의 성장과정이나, 입사 동기, 포부 등에 대해 구체적으로 기술하여 자신을 소개하는 문서이다.

    ㉧ 비즈니스 레터(E-mail) : 사업상의 이유로 고객에게 보내는 편지다.

    ㉨ 비즈니스 메모 : 업무상 확인해야 할 일을 메모형식으로 작성하여 전달하는 글이다.

③ 문서이해의 절차 : 문서의 목적 이해 → 문서 작성 배경·주제 파악 → 정보 확인 및 현안문제 파악 → 문서 작성자의 의도 파악 및 자신에게 요구되는 행동 분석 → 목적 달성을 위해 취해야 할 행동 고려 → 문서 작성자의 의도를 도표나 그림 등으로 요약·정리

(2) 문서작성능력

① 작성되는 문서에는 대상과 목적, 시기, 기대효과 등이 포함되어야 한다.

② 문서작성의 구성요소

    ㉠ 짜임새 있는 골격, 이해하기 쉬운 구조

    ㉡ 객관적이고 논리적인 내용

    ㉢ 명료하고 설득력 있는 문장

    ㉣ 세련되고 인상적인 레이아웃

다음은 들은 내용을 구조적으로 정리하는 방법이다. 순서에 맞게 배열하면?

> ㉠ 관련 있는 내용끼리 묶는다.
> ㉡ 묶은 내용에 적절한 이름을 붙인다.
> ㉢ 전체 내용을 이해하기 쉽게 구조화한다.
> ㉣ 중복된 내용이나 덜 중요한 내용을 삭제한다.

① ㉠㉡㉢㉣   ② ㉠㉡㉣㉢
③ ㉡㉠㉢㉣   ④ ㉡㉠㉣㉢

③ 문서의 종류에 따른 작성방법

　㉠ 공문서
- 육하원칙이 드러나도록 써야 한다.
- 날짜는 반드시 연도와 월, 일을 함께 언급하며, 날짜 다음에 괄호를 사용할 때는 마침표를 찍지 않는다.
- 대외문서이며, 장기간 보관되기 때문에 정확하게 기술해야 한다.
- 내용이 복잡할 경우 '-다음-', '-아래-'와 같은 항목을 만들어 구분한다.
- 한 장에 담아내는 것을 원칙으로 하며, 마지막엔 반드시 '끝'자로 마무리 한다.

　㉡ 설명서
- 정확하고 간결하게 작성한다.
- 이해하기 어려운 전문용어의 사용은 삼가고, 복잡한 내용은 도표화 한다.
- 명령문보다는 평서문을 사용하고, 동어 반복보다는 다양한 표현을 구사하는 것이 바람직하다.

　㉢ 기획서
- 상대를 설득하여 기획서가 채택되는 것이 목적이므로 상대가 요구하는 것이 무엇인지 고려하여 작성하며, 기획의 핵심을 잘 전달하였는지 확인한다.
- 분량이 많을 경우 전체 내용을 한눈에 파악할 수 있도록 목차구성을 신중히 한다.
- 효과적인 내용 전달을 위한 표나 그래프를 적절히 활용하고 산뜻한 느낌을 줄 수 있도록 한다.
- 인용한 자료의 출처 및 내용이 정확해야 하며 제출 전 충분히 검토한다.

　㉣ 보고서
- 도출하고자 하는 핵심내용을 구체적이고 간결하게 작성한다.
- 내용이 복잡할 경우 도표나 그림을 활용하고, 참고자료는 정확하게 제시한다.
- 제출하기 전에 최종점검을 하며 질의를 받을 것에 대비한다.

예제 3

예제 3

다음 중 공문서 작성에 대한 설명으로 가장 적절하지 못한 것은?

① 공문서나 유가증권 등에 금액을 표시할 때에는 한글로 기재하고 그 옆에 괄호를 넣어 숫자로 표기한다.
② 날짜는 숫자로 표기하되 년, 월, 일의 글자는 생략하고 그 자리에 온점(.)을 찍어 표시한다.
③ 첨부물이 있는 경우에는 붙임 표시문 끝에 1자 띄우고 "끝."이라고 표시한다.
④ 공문서의 본문이 끝났을 경우에는 1자를 띄우고 "끝."이라고 표시한다.

출제의도

업무를 할 때 필요한 공문서 작성법을 잘 알고 있는지를 측정하는 문항이다.

해 설

공문서 금액 표시
아라비아 숫자로 쓰고, 숫자 다음에 괄호를 하여 한글로 기재한다.
예) 123,456원의 표시 : 금 123,456(금일십이만삼천사백오십육원)

답 ①

④ 문서작성의 원칙

㉠ 문장은 짧고 간결하게 작성한다. (간결체 사용)
㉡ 상대방이 이해하기 쉽게 쓴다.
㉢ 불필요한 한자의 사용을 자제한다.
㉣ 문장은 긍정문의 형식을 사용한다.
㉤ 간단한 표제를 붙인다.
㉥ 문서의 핵심내용을 먼저 쓰도록 한다. (두괄식 구성)

⑤ 문서작성 시 주의사항

㉠ 육하원칙에 의해 작성한다.
㉡ 문서 작성시기가 중요하다.
㉢ 한 사안은 한 장의 용지에 작성한다.
㉣ 반드시 필요한 자료만 첨부한다.
㉤ 금액, 수량, 일자 등은 기재에 정확성을 기한다.
㉥ 경어나 단어사용 등 표현에 신경 쓴다.
㉦ 문서작성 후 반드시 최종적으로 검토한다.

⑥ 효과적인 문서작성 요령

   ㉠ 내용이해 : 전달하고자 하는 내용과 핵심을 정확하게 이해해야 한다.

   ㉡ 목표설정 : 전달하고자 하는 목표를 분명하게 설정한다.

   ㉢ 구성 : 내용 전달 및 설득에 효과적인 구성과 형식을 고려한다.

   ㉣ 자료수집 : 목표를 뒷받침할 자료를 수집한다.

   ㉤ 핵심전달 : 단락별 핵심을 하위목차로 요약한다.

   ㉥ 대상파악 : 대상에 대한 이해와 분석을 통해 철저히 파악한다.

   ㉦ 보충설명 : 예상되는 질문을 정리하여 구체적인 답변을 준비한다.

   ㉧ 문서표현의 시각화 : 그래프, 그림, 사진 등을 적절히 사용하여 이해를 돕는다.

(3) 경청능력

① 경청의 중요성 : 경청은 다른 사람의 말을 주의 깊게 들으며 공감하는 능력으로 경청을 통해 상대방을 한 개인으로 존중하고 성실한 마음으로 대하게 되며, 상대방의 입장에 공감하고 이해하게 된다.

② 경청을 방해하는 습관 : 짐작하기, 대답할 말 준비하기, 걸러내기, 판단하기, 다른 생각하기, 조언하기, 언쟁하기, 옳아야만 하기, 슬쩍 넘어가기, 비위 맞추기 등

③ 효과적인 경청방법

   ㉠ 준비하기 : 강연이나 프레젠테이션 이전에 나누어주는 자료를 읽어 미리 주제를 파악하고 등장하는 용어를 익혀둔다.

   ㉡ 주의 집중 : 말하는 사람의 모든 것에 집중해서 적극적으로 듣는다.

   ㉢ 예측하기 : 다음에 무엇을 말할 것인가를 추측하려고 노력한다.

   ㉣ 나와 관련짓기 : 상대방이 전달하고자 하는 메시지를 나의 경험과 관련지어 생각해 본다.

   ㉤ 질문하기 : 질문은 듣는 행위를 적극적으로 하게 만들고 집중력을 높인다.

   ㉥ 요약하기 : 주기적으로 상대방이 전달하려는 내용을 요약한다.

   ㉦ 반응하기 : 피드백을 통해 의사소통을 점검한다.

예제 4

다음은 면접스터디 중 일어난 대화이다. 민아의 고민을 해소하기 위한 조언으로 가장 적절한 것은?

> 지섭 : 민아씨, 어디 아파요? 표정이 안 좋아 보여요.
> 민아 : 제가 원서 넣은 공단이 내일 면접이어서요. 그동안 스터디를 통해서 면접 연습을 많이 했는데도 벌써부터 긴장이 되네요.
> 지섭 : 민아씨는 자기 의견도 명확히 피력할 줄 알고 조리 있게 설명을 잘 하시니 걱정 안하셔도 될 것 같아요. 아, 손에 꽉 쥐고 계신 건 뭔가요?
> 민아 : 아, 제가 예상 답변을 정리해서 모아둔거에요. 내용은 거의 외웠는데 이렇게 쥐고 있지 않으면 불안해서..
> 지섭 : 그 정도로 준비를 철저히 하셨으면 걱정할 이유 없을 것 같아요.
> 민아 : 그래도 압박면접이거나 예상치 못한 질문이 들어오면 어떻게 하죠?
> 지섭 : _____

① 시선을 적절히 처리하면서 부드러운 어투로 말하는 연습을 해보는 건 어때요?
② 공식적인 자리인 만큼 옷차림을 신경 쓰는 게 좋을 것 같아요.
③ 당황하지 말고 질문자의 의도를 잘 파악해서 침착하게 대답하면 되지 않을까요?
④ 예상 질문에 대한 답변을 좀 더 정확하게 외워보는 건 어떨까요?

출제의도

상대방이 하는 말을 듣고 질문 의도에 따라 올바르게 답하는 능력을 측정하는 문항이다.

해 설

민아는 압박질문이나 예상치 못한 질문에 대해 걱정을 하고 있으므로 침착하게 대응하라고 조언을 해주는 것이 좋다.

답 ③

---

(4) 의사표현능력

① 의사표현의 개념과 종류

　㉠ 개념 : 화자가 자신의 생각과 감정을 청자에게 음성언어나 신체언어로 표현하는 행위이다.

　㉡ 종류

　　• 공식적 말하기 : 사전에 준비된 내용을 대중을 대상으로 말하는 것으로 연설, 토의, 토론 등이 있다.

　　• 의례적 말하기 : 사회·문화적 행사에서와 같이 절차에 따라 하는 말하기로 식사, 주례, 회의 등이 있다.

　　• 친교적 말하기 : 친근한 사람들 사이에서 자연스럽게 주고받는 대화 등을 말한다.

② 의사표현의 방해요인

　㉠ 연단공포증 : 연단에 섰을 때 가슴이 두근거리거나 땀이 나고 얼굴이 달아오르는 등의 현상으로 충분한 분석과 준비, 더 많은 말하기 기회 등을 통해 극복할 수 있다.

　㉡ 말 : 말의 장단, 고저, 발음, 속도, 쉼 등을 포함한다.

　㉢ 음성 : 목소리와 관련된 것으로 음색, 고저, 명료도, 완급 등을 의미한다.

　㉣ 몸짓 : 비언어적 요소로 화자의 외모, 표정, 동작 등이다.

　㉤ 유머 : 말하기 상황에 따른 적절한 유머를 구사할 수 있어야 한다.

③ 상황과 대상에 따른 의사표현법

    ㉠ 잘못을 지적할 때 : 모호한 표현을 삼가고 확실하게 지적하며, 당장 꾸짖고 있는 내용에만 한정한다.

    ㉡ 칭찬할 때 : 자칫 아부로 여겨질 수 있으므로 센스 있는 칭찬이 필요하다.

    ㉢ 부탁할 때 : 먼저 상대방의 사정을 듣고 응하기 쉽게 구체적으로 부탁하며 거절을 당해도 싫은 내색을 하지 않는다.

    ㉣ 요구를 거절할 때 : 먼저 사과하고 응해줄 수 없는 이유를 설명한다.

    ㉤ 명령할 때 : 강압적인 말투보다는 '○○을 이렇게 해주는 것이 어떻겠습니까?'와 같은 식으로 부드럽게 표현하는 것이 효과적이다.

    ㉥ 설득할 때 : 일방적으로 강요하기보다는 먼저 양보해서 이익을 공유하겠다는 의지를 보여주는 것이 좋다.

    ㉦ 충고할 때 : 충고는 가장 최후의 방법이다. 반드시 충고가 필요한 상황이라면 예화를 들어 비유적으로 깨우쳐주는 것이 바람직하다.

    ㉧ 질책할 때 : 샌드위치 화법(칭찬의 말 + 질책의 말 + 격려의 말)을 사용하여 청자의 반발을 최소화 한다.

예제 5

당신은 팀장님께 업무 지시내용을 수행하고 결과물을 보고 드렸다. 하지만 팀장님께서는 "최대리 업무를 이렇게 처리하면 어떡하나? 누락된 부분이 있지 않은가."라고 말하였다. 이에 대해 당신이 행할 수 있는 가장 부적절한 대처 자세는?

① "죄송합니다. 제가 잘 모르는 부분이라 이수혁 과장님께 부탁을 했는데 과장님께서 실수를 하신 것 같습니다."

② "주의를 기울이지 못해 죄송합니다. 어느 부분을 수정보완하면 될까요?"

③ "지시하신 내용을 제가 충분히 이해하지 못하였습니다. 내용을 다시 한 번 여쭤보아도 되겠습니까?"

④ "부족한 내용을 보완하는 자료를 취합하기 위해서 하루정도가 더 소요될 것 같습니다. 언제까지 재작성하여 드리면 될까요?"

출제의도

상사가 잘못을 지적하는 상황에서 어떻게 대처해야 하는지를 묻는 문항이다.

해 설

상사가 부탁한 지시사항을 다른 사람에게 부탁하는 것은 옳지 못하며 설사 그렇다고 해도 그 일의 과오에 대해 책임을 전가하는 것은 지양해야 할 자세이다.

답 ①

---

④ 원활한 의사표현을 위한 지침

    ㉠ 올바른 화법을 위해 독서를 하라.

    ㉡ 좋은 청중이 되라.

    ㉢ 칭찬을 아끼지 마라.

    ㉣ 공감하고, 긍정적으로 보이게 하라.

    ㉤ 겸손은 최고의 미덕임을 잊지 마라.

    ㉥ 과감하게 공개하라.

    Ⓢ 뒷말을 숨기지 마라.

    ⓞ 첫마디 말을 준비하라.

    ⓩ 이성과 감성의 조화를 꾀하라.

    ⓒ 대화의 룰을 지켜라.

    ⓚ 문장을 완전하게 말하라.

⑤ 설득력 있는 의사표현을 위한 지침

    ㉠ 'Yes'를 유도하여 미리 설득 분위기를 조성하라.

    ㉡ 대비 효과로 분발심을 불러 일으켜라.

    ㉢ 침묵을 지키는 사람의 참여도를 높여라.

    ㉣ 여운을 남기는 말로 상대방의 감정을 누그러뜨려라.

    ㉤ 하던 말을 갑자기 멈춤으로써 상대방의 주의를 끌어라.

    ㉥ 호칭을 바꿔서 심리적 간격을 좁혀라.

    ㉦ 끄집어 말하여 자존심을 건드려라.

    ㉧ 정보전달 공식을 이용하여 설득하라.

    ㉨ 상대방의 불평이 가져올 결과를 강조하라.

    ㉩ 권위 있는 사람의 말이나 작품을 인용하라.

    ㉪ 약점을 보여 주어 심리적 거리를 좁혀라.

    ㉫ 이상과 현실의 구체적 차이를 확인시켜라.

    ㉬ 자신의 잘못도 솔직하게 인정하라.

    ㉭ 집단의 요구를 거절하려면 개개인의 의견을 물어라.

    ⓐ 동조 심리를 이용하여 설득하라.

    ⓑ 지금까지의 노고를 치하한 뒤 새로운 요구를 하라.

    ⓒ 담당자가 대변자 역할을 하도록 하여 윗사람을 설득하게 하라.

    ⓓ 겉치레 양보로 기선을 제압하라.

    ⓔ 변명의 여지를 만들어 주고 설득하라.

    ⓕ 혼자 말하는 척하면서 상대의 잘못을 지적하라.

(5) 기초외국어능력

① 기초외국어능력의 개념과 필요성

    ㉠ 개념 : 외국어로 된 간단한 자료를 이해하거나, 외국인과의 전화응대와 간단한 대화 등 외국인의 의사 표현을 이해하고, 자신의 의사를 기초외국어로 표현할 수 있는 능력이다.

    ㉡ 필요성 : 국제화·세계화 시대에 다른 나라와의 무역을 위해 우리의 언어가 아닌 국제적인 통용어를 사용하거나 그들의 언어로 의사소통을 해야 하는 경우가 생길 수 있다.

② 외국인과의 의사소통에서 피해야 할 행동

    ㉠ 상대를 볼 때 흘겨보거나, 노려보거나, 아예 보지 않는 행동

    ㉡ 팔이나 다리를 꼬는 행동

    ㉢ 표정이 없는 것

    ㉣ 다리를 흔들거나 펜을 돌리는 행동

    ㉤ 맞장구를 치지 않거나 고개를 끄덕이지 않는 행동

    ㉥ 생각 없이 메모하는 행동

    ㉦ 자료만 들여다보는 행동

    ㉧ 바르지 못한 자세로 앉는 행동

    ㉨ 한숨, 하품, 신음소리를 내는 행동

    ㉩ 다른 일을 하며 듣는 행동

    ㉪ 상대방에게 이름이나 호칭을 어떻게 부를지 묻지 않고 마음대로 부르는 행동

③ 기초외국어능력 향상을 위한 공부법

    ㉠ 외국어공부의 목적부터 정하라.

    ㉡ 매일 30분씩 눈과 손과 입에 밸 정도로 반복하라.

    ㉢ 실수를 두려워하지 말고 기회가 있을 때마다 외국어로 말하라.

    ㉣ 외국어 잡지나 원서와 친해져라.

    ㉤ 소홀해지지 않도록 라이벌을 정하고 공부하라.

    ㉥ 업무와 관련된 주요 용어의 외국어는 꼭 알아두자.

    ㉦ 출퇴근 시간에 외국어 방송을 보거나, 듣는 것만으로도 귀가 트인다.

    ㉧ 어린이가 단어를 배우듯 외국어 단어를 암기할 때 그림카드를 사용해 보라.

    ㉨ 가능하면 외국인 친구를 사귀고 대화를 자주 나눠 보라.

① 직장생활과 수리능력

(1) 기초직업능력으로서의 수리능력

① 개념 : 직장생활에서 요구되는 사칙연산과 기초적인 통계를 이해하고 도표의 의미를 파악하거나 도표를 이용해서 결과를 효과적으로 제시하는 능력을 말한다.

② 수리능력은 크게 기초연산능력, 기초통계능력, 도표분석능력, 도표작성능력으로 구성된다.

  ㉠ 기초연산능력 : 직장생활에서 필요한 기초적인 사칙연산과 계산방법을 이해하고 활용할 수 있는 능력

  ㉡ 기초통계능력 : 평균, 합계, 빈도 등 직장생활에서 자주 사용되는 기초적인 통계기법을 활용하여 자료의 특성과 경향성을 파악하는 능력

  ㉢ 도표분석능력 : 그래프, 그림 등 도표의 의미를 파악하고 필요한 정보를 해석하는 능력

  ㉣ 도표작성능력 : 도표를 이용하여 결과를 효과적으로 제시하는 능력

(2) 업무수행에서 수리능력이 활용되는 경우

① 업무상 계산을 수행하고 결과를 정리하는 경우

② 업무비용을 측정하는 경우

③ 고객과 소비자의 정보를 조사하고 결과를 종합하는 경우

④ 조직의 예산안을 작성하는 경우

⑤ 업무수행 경비를 제시해야 하는 경우

⑥ 다른 상품과 가격비교를 하는 경우

⑦ 연간 상품 판매실적을 제시하는 경우

⑧ 업무비용을 다른 조직과 비교해야 하는 경우

⑨ 상품판매를 위한 지역조사를 실시해야 하는 경우

⑩ 업무수행과정에서 도표로 주어진 자료를 해석하는 경우

⑪ 도표로 제시된 업무비용을 측정하는 경우

예제 1

다음 자료를 보고 주어진 상황에 대한 물음에 답하시오.

〈근로소득에 대한 간이 세액표〉

월 급여액(천 원) [비과세 및 학자금 제외]		공제대상 가족 수				
이상	미만	1	2	3	4	5
2,500	2,520	38,960	29,280	16,940	13,570	10,190
2,520	2,540	40,670	29,960	17,360	13,990	10,610
2,540	2,560	42,380	30,640	17,790	14,410	11,040
2,560	2,580	44,090	31,330	18,210	14,840	11,460
2,580	2,600	45,800	32,680	18,640	15,260	11,890
2,600	2,620	47,520	34,390	19,240	15,680	12,310
2,620	2,640	49,230	36,100	19,900	16,110	12,730
2,640	2,660	50,940	37,810	20,560	16,530	13,160
2,660	2,680	52,650	39,530	21,220	16,960	13,580
2,680	2,700	54,360	41,240	21,880	17,380	14,010
2,700	2,720	56,070	42,950	22,540	17,800	14,430
2,720	2,740	57,780	44,660	23,200	18,230	14,850
2,740	2,760	59,500	46,370	23,860	18,650	15,280

※ 갑근세는 제시되어 있는 간이 세액표에 따름
※ 주민세 = 갑근세의 10%
※ 국민연금 = 급여액의 4.50%
※ 고용보험 = 국민연금의 10%
※ 건강보험 = 급여액의 2.90%
※ 교육지원금 = 분기별 100,000원(매 분기별 첫 달에 지급)

박○○ 사원의 5월 급여내역이 다음과 같고 전월과 동일하게 근무하였으나, 특별수당은 없고 차량지원금으로 100,000원을 받게 된다면, 6월에 받게 되는 급여는 얼마인가? (단, 원 단위 절삭)

(주) 서원플랜테크 5월 급여내역			
성명	박○○	지급일	5월 12일
기본급여	2,240,000	갑근세	39,530
직무수당	400,000	주민세	3,950
명절 상여금		고용보험	11,970
특별수당	20,000	국민연금	119,700
차량지원금		건강보험	77,140
교육지원		기타	
급여계	2,660,000	공제합계	252,290
		지급총액	2,407,710

① 2,443,910
② 2,453,910
③ 2,463,910
④ 2,473,910

출제의도

업무상 계산을 수행하거나 결과를 정리하고 업무비용을 측정하는 능력을 평가하기 위한 문제로서, 주어진 자료에서 문제를 해결하는 데에 필요한 부분을 빠르고 정확하게 찾아내는 것이 중요하다.

해 설

기본급여	2,240,000	갑근세	46,370
직무수당	400,000	주민세	4,630
명절상여금		고용보험	12,330
특별수당		국민연금	123,300
차량지원금	100,000	건강보험	79,460
교육지원		기타	
급여계	2,740,000	공제합계	266,090
		지급총액	2,473,910

답 ④

(3) 수리능력의 중요성

① 수학적 사고를 통한 문제해결

② 직업세계의 변화에의 적응

③ 실용적 가치의 구현

(4) 단위환산표

구분	단위환산
길이	1cm = 10mm, 1m = 100cm, 1km = 1,000m
넓이	1cm² = 100mm², 1m² = 10,000cm², 1km² = 1,000,000m²
부피	1cm³ = 1,000mm³, 1m³ = 1,000,000cm³, 1km³ = 1,000,000,000m³
들이	1mℓ = 1cm³, 1dℓ = 100cm³, 1L = 1,000cm³ = 10dℓ
무게	1kg = 1,000g, 1t = 1,000kg = 1,000,000g
시간	1분 = 60초, 1시간 = 60분 = 3,600초
할푼리	1푼 = 0.1할, 1리 = 0.01할, 1모 = 0.001할

예제 2

둘레의 길이가 4.4km인 정사각형 모양의 공원이 있다. 이 공원의 넓이는 몇 a 인가?

① 12,100a

② 1,210a

③ 121a

④ 12.1a

출제의도

길이, 넓이, 부피, 들이, 무게, 시간, 속도 등 단위에 대한 기본적인 환산 능력을 평가하는 문제로서, 소수점 계산이 필요하며, 자릿수를 읽고 구분할 줄 알아야 한다.

해 설

공원의 한 변의 길이는
$4.4 \div 4 = 1.1(\text{km})$이고
$1\text{km}^2 = 10000\text{a}$이므로
공원의 넓이는
$1.1\text{km} \times 1.1\text{km} = 1.21\text{km}^2 = 12100\text{a}$

답 ①

2 수리능력을 구성하는 하위능력

(1) 기초연산능력

① 사칙연산 : 수에 관한 덧셈, 뺄셈, 곱셈, 나눗셈의 네 종류의 계산법으로 업무를 원활하게 수행하기 위해서는 기본적인 사칙연산뿐만 아니라 다단계의 복잡한 사칙연산까지도 수행할 수 있어야 한다.

② 검산 : 연산의 결과를 확인하는 과정으로 대표적인 검산방법으로 역연산과 구거법이 있다.

　㉠ 역연산 : 덧셈은 뺄셈으로, 뺄셈은 덧셈으로, 곱셈은 나눗셈으로, 나눗셈은 곱셈으로 확인하는 방법이다.

　㉡ 구거법 : 원래의 수와 각 자리 수의 합이 9로 나눈 나머지가 같다는 원리를 이용한 것으로 9를 버리고 남은 수로 계산하는 것이다.

예제 3

다음 식을 바르게 계산한 것은?

$$1 + \frac{2}{3} + \frac{1}{2} - \frac{3}{4}$$

① $\dfrac{13}{12}$　　　　　　　　　② $\dfrac{15}{12}$

③ $\dfrac{17}{12}$　　　　　　　　　④ $\dfrac{19}{12}$

출제의도

직장생활에서 필요한 기초적인 사칙연산과 계산방법을 이해하고 활용할 수 있는 능력을 평가하는 문제로서, 분수의 계산과 통분에 대한 기본적인 이해가 필요하다.

해 설

$$\frac{12}{12} + \frac{8}{12} + \frac{6}{12} - \frac{9}{12} = \frac{17}{12}$$

답 ③

---

(2) 기초통계능력

① 업무수행과 통계

　㉠ 통계의 의미 : 통계란 집단현상에 대한 구체적인 양적 기술을 반영하는 숫자이다.

　㉡ 업무수행에 통계를 활용함으로써 얻을 수 있는 이점

　　• 많은 수량적 자료를 처리가능하고 쉽게 이해할 수 있는 형태로 축소

　　• 표본을 통해 연구대상 집단의 특성을 유추

　　• 의사결정의 보조수단

　　• 관찰 가능한 자료를 통해 논리적으로 결론을 추줄 · 검증

ⓒ 기본적인 통계치

- 빈도와 빈도분포 : 빈도란 어떤 사건이 일어나거나 증상이 나타나는 정도를 의미하며, 빈도분포란 빈도를 표나 그래프로 종합적으로 표시하는 것이다.
- 평균 : 모든 사례의 수치를 합한 후 총 사례 수로 나눈 값이다.
- 백분율 : 전체의 수량을 100으로 하여 생각하는 수량이 그중 몇이 되는가를 퍼센트로 나타낸 것이다.

② 통계기법

ⓐ 범위와 평균

- 범위 : 분포의 흩어진 정도를 가장 간단히 알아보는 방법으로 최곳값에서 최젓값을 뺀 값을 의미한다.
- 평균 : 집단의 특성을 요약하기 위해 가장 자주 활용하는 값으로 모든 사례의 수치를 합한 후 총 사례 수로 나눈 값이다.
- 관찰값이 1, 3, 5, 7, 9일 경우 범위는 $9 - 1 = 8$이 되고, 평균은 $\dfrac{1+3+5+7+9}{5} = 5$가 된다.

ⓑ 분산과 표준편차

- 분산 : 관찰값의 흩어진 정도로, 각 관찰값과 평균값의 차의 제곱의 평균이다.
- 표준편차 : 평균으로부터 얼마나 떨어져 있는가를 나타내는 개념으로 분산값의 제곱근 값이다.
- 관찰값이 1, 2, 3이고 평균이 2인 집단의 분산은 $\dfrac{(1-2)^2 + (2-2)^2 + (3-2)^2}{3} = \dfrac{2}{3}$이고 표준편차는 분산값의 제곱근 값인 $\sqrt{\dfrac{2}{3}}$ 이다.

③ 통계자료의 해석

ⓐ 다섯숫자요약

- 최솟값 : 원자료 중 값의 크기가 가장 작은 값
- 최댓값 : 원자료 중 값의 크기가 가장 큰 값
- 중앙값 : 최솟값부터 최댓값까지 크기에 의하여 배열했을 때 중앙에 위치하는 사례의 값
- 하위 25%값 · 상위 25%값 : 원자료를 크기 순으로 배열하여 4등분한 값

ⓑ 평균값과 중앙값 : 평균값과 중앙값은 그 개념이 다르기 때문에 명확하게 제시해야 한다.

예제 4

인터넷 쇼핑몰에서 회원가입을 하고 디지털캠코더를 구매하려고 한다. 다음은 구입하고자 하는 모델에 대하여 인터넷 쇼핑몰 세 곳의 가격과 조건을 제시한 표이다. 표에 있는 모든 혜택을 적용하였을 때 디지털캠코더의 배송비를 포함한 실제 구매가격을 바르게 비교한 것은?

구분	A 쇼핑몰	B 쇼핑몰	C 쇼핑몰
정상가격	129,000원	131,000원	130,000원
회원혜택	7,000원 할인	3,500원 할인	7% 할인
할인쿠폰	5% 쿠폰	3% 쿠폰	5,000원
중복할인여부	불가	가능	불가
배송비	2,000원	무료	2,500원

① A<B<C
② B<C<A
③ C<A<B
④ C<B<A

출제의도

직장생활에서 자주 사용되는 기초적인 통계기법을 활용하여 자료의 특성과 경향성을 파악하는 능력이 요구되는 문제이다.

해설

㉠ A 쇼핑몰
- 회원혜택을 선택한 경우 : 129,000 $-7,000+2,000=124,000$(원)
- 5% 할인쿠폰을 선택한 경우 : $129,000 \times 0.95+2,000=124,550$

㉡ B 쇼핑몰 : $131,000 \times 0.97-3,500=123,570$

㉢ C 쇼핑몰
- 회원혜택을 선택한 경우 : $130,000 \times 0.93+2,500=123,400$
- 5,000원 할인쿠폰을 선택한 경우 : $130,000-5,000+2,500$
  $=127,500$

∴ C<B<A

답 ④

(3) 도표분석능력

① 도표의 종류

    ㉠ 목적별 : 관리(계획 및 통제), 해설(분석), 보고

    ㉡ 용도별 : 경과 그래프, 내역 그래프, 비교 그래프, 분포 그래프, 상관 그래프, 계산 그래프

    ㉢ 형상별 : 선 그래프, 막대 그래프, 원 그래프, 점 그래프, 층별 그래프, 레이더 차트

② 도표의 활용

　㉠ 선 그래프
　　• 주로 시간의 경과에 따라 수량에 의한 변화 상황(시계열 변화)을 절선의 기울기로 나타내는 그래프이다.
　　• 경과, 비교, 분포를 비롯하여 상관관계 등을 나타낼 때 쓰인다.

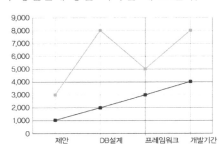

　㉡ 막대 그래프
　　• 비교하고자 하는 수량을 막대 길이로 표시하고 그 길이를 통해 수량 간의 대소관계를 나타내는 그래프이다.
　　• 내역, 비교, 경과, 도수 등을 표시하는 용도로 쓰인다.

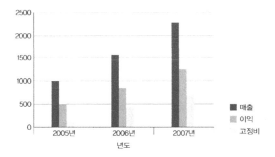

　㉢ 원 그래프
　　• 내역이나 내용의 구성비를 원을 분할하여 나타낸 그래프이다.
　　• 전체에 대해 부분이 차지하는 비율을 표시하는 용도로 쓰인다.

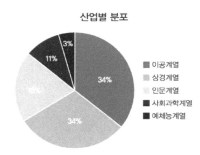

ⓔ 점 그래프
- 종축과 횡축에 2요소를 두고 보고자 하는 것이 어떤 위치에 있는가를 나타내는 그래프이다.
- 지역분포를 비롯하여 도시, 지방, 기업, 상품 등의 평가나 위치·성격을 표시하는데 쓰인다.

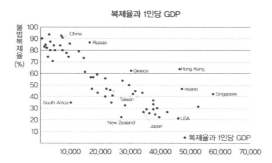

ⓜ 층별 그래프
- 선 그래프의 변형으로 연속내역 봉 그래프라고 할 수 있다. 선과 선 사이의 크기로 데이터 변화를 나타낸다.
- 합계와 부분의 크기를 백분율로 나타내고 시간적 변화를 보고자 할 때나 합계와 각 부분의 크기를 실수로 나타내고 시간적 변화를 보고자 할 때 쓰인다.

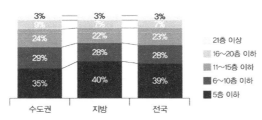

ⓗ 레이더 차트(거미줄 그래프)
- 원 그래프의 일종으로 비교하는 수량을 직경, 또는 반경으로 나누어 원의 중심에서의 거리에 따라 각 수량의 관계를 나타내는 그래프이다.
- 비교하거나 경과를 나타내는 용도로 쓰인다.

③ 도표 해석상의 유의사항

    ㉠ 요구되는 지식의 수준을 넓힌다.

    ㉡ 도표에 제시된 자료의 의미를 정확히 숙지한다.

    ㉢ 도표로부터 알 수 있는 것과 없는 것을 구별한다.

    ㉣ 총량의 증가와 비율의 증가를 구분한다.

    ㉤ 백분위수와 사분위수를 정확히 이해하고 있어야 한다.

예제 5

다음 표는 2009 ~ 2010년 지역별 직장인들의 자기개발에 관해 조사한 내용을 정리한 것이다. 이에 대한 분석으로 옳은 것은?

(단위 : %)

연도 지역 / 구분	2009				2010			
	자기개발 하고 있음	자기개발 비용 부담 주체			자기개발 하고 있음	자기개발 비용 부담 주체		
		직장 100%	본인 100%	직장50% + 본인50%		직장 100%	본인 100%	직장50% + 본인50%
충청도	36.8	8.5	88.5	3.1	45.9	9.0	65.5	24.5
제주도	57.4	8.3	89.1	2.9	68.5	7.9	68.3	23.8
경기도	58.2	12	86.3	2.6	71.0	7.5	74.0	18.5
서울시	60.6	13.4	84.2	2.4	72.7	11.0	73.7	15.3
경상도	40.5	10.7	86.1	3.2	51.0	13.6	74.9	11.6

① 2009년과 2010년 모두 자기개발 비용을 본인이 100% 부담하는 사람의 수는 응답자의 절반 이상이다.

② 자기개발을 하고 있다고 응답한 사람의 수는 2009년과 2010년 모두 서울시가 가장 많다.

③ 자기개발 비용을 직장과 본인이 각각 절반씩 부담하는 사람의 비율은 2009년과 2010년 모두 서울시가 가장 높다.

④ 2009년과 2010년 모두 자기개발을 하고 있다고 응답한 비율이 가장 높은 지역에서 자기개발비용을 직장이 100% 부담한다고 응답한 사람의 비율이 가장 높다.

출제의도

그래프, 그림, 도표 등 주어진 자료를 이해하고 의미를 파악하여 필요한 정보를 해석하는 능력을 평가하는 문제이다.

해 설

② 지역별 인원수가 제시되어 있지 않으므로, 각 지역별 응답자 수는 알 수 없다.

③ 2009년에는 경상도에서, 2010년에는 충청도에서 가장 높은 비율을 보인다.

④ 2009년과 2010년 모두 '자기 개발을 하고 있다'고 응답한 비율이 가장 높은 지역은 서울시이며, 2010년의 경우 자기개발 비용을 직장이 100% 부담한다고 응답한 사람의 비율이 가장 높은 지역은 경상도이다.

답 ①

(4) 도표작성능력

① 도표작성 절차

    ㉠ 어떠한 도표로 작성할 것인지를 결정

    ㉡ 가로축과 세로축에 나타낼 것을 결정

    ㉢ 한 눈금의 크기를 결정

    ㉣ 자료의 내용을 가로축과 세로축이 만나는 곳에 표현

    ㉤ 표현한 점들을 선분으로 연결

    ㉥ 도표의 제목을 표기

② 도표작성 시 유의사항

    ㉠ 선 그래프 작성 시 유의점

      • 세로축에 수량, 가로축에 명칭구분을 제시한다.

      • 선의 높이에 따라 수치를 파악하는 경우가 많으므로 세로축의 눈금을 가로축보다 크게 하는 것이 효과적이다.

      • 선이 두 종류 이상일 경우 반드시 그 명칭을 기입한다.

    ㉡ 막대 그래프 작성 시 유의점

      • 막대 수가 많을 경우에는 눈금선을 기입하는 것이 알아보기 쉽다.

      • 막대의 폭은 모두 같게 하여야 한다.

    ㉢ 원 그래프 작성 시 유의점

      • 정각 12시의 선을 기점으로 오른쪽으로 그리는 것이 보통이다.

      • 분할선은 구성비율이 큰 순서로 그린다.

    ㉣ 층별 그래프 작성 시 유의점

      • 눈금은 선 그래프나 막대 그래프보다 적게 하고 눈금선은 넣지 않는다.

      • 층별로 색이나 모양이 완전히 다른 것이어야 한다.

      • 같은 항목은 옆에 있는 층과 선으로 연결하여 보기 쉽도록 한다.

1 문제와 문제해결

(1) 문제의 정의와 분류

① 정의 : 업무를 수행함에 있어서 답을 요구하는 질문이나 의논하여 해결해야 되는 사항이다.

② 문제의 분류

구분	창의적 문제	분석적 문제
문제제시 방법	현재 문제가 없더라도 보다 나은 방법을 찾기 위한 문제 탐구→문제 자체가 명확하지 않음	현재의 문제점이나 미래의 문제로 예견될 것에 대한 문제 탐구→문제 자체가 명확함
해결방법	창의력에 의한 많은 아이디어의 작성을 통해 해결	분석, 논리, 귀납과 같은 논리적 방법을 통해 해결
해답 수	해답의 수가 많으며, 많은 답 가운데 보다 나은 것을 선택	답의 수가 적으며 한정되어 있음
주요특징	주관적, 직관적, 감각적, 정성적, 개별적, 특수성	객관적, 논리적, 정량적, 이성적, 일반적, 공통성

(2) 업무수행과정에서 발생하는 문제 유형

① 발생형 문제(보이는 문제) : 현재 직면하여 해결하기 위해 고민하는 문제이다. 원인이 내재되어 있기 때문에 원인지향적인 문제라고도 한다.

  ㉠ 일탈문제 : 어떤 기준을 일탈함으로써 생기는 문제

  ㉡ 미달문제 : 어떤 기준에 미달하여 생기는 문제

② 탐색형 문제(찾는 문제) : 현재의 상황을 개선하거나 효율을 높이기 위한 문제이다. 방치할 경우 큰 손실이 따르거나 해결할 수 없는 문제로 나타나게 된다.

  ㉠ 잠재문제 : 문제가 잠재되어 있어 인식하지 못하다가 확대되어 해결이 어려운 문제

  ㉡ 예측문제 : 현재로는 문제가 없으나 현 상태의 진행 상황을 예측하여 찾아야 앞으로 일어날 수 있는 문제가 보이는 문제

  ㉢ 발견문제 : 현재로서는 담당 업무에 문제가 없으나 선진기업의 업무 방법 등 보다 좋은 제도나 기법을 발견하여 개선시킬 수 있는 문제

③ 설정형 문제(미래 문제) : 장래의 경영전략을 생각하는 것으로 앞으로 어떻게 할 것인가 하는 문제이다. 문제해결에 창조적인 노력이 요구되어 창조적 문제라고도 한다.

예제 1

D회사 신입사원으로 입사한 귀하는 신입사원 교육에서 업무수행과정에서 발생하는 문제 유형 중 설정형 문제를 하나씩 찾아오라는 지시를 받았다. 이에 대해 귀하는 교육받은 내용을 다시 복습하려고 한다. 설정형 문제에 해당하는 것은?

① 현재 직면하여 해결하기 위해 고민하는 문제
② 현재의 상황을 개선하거나 효율을 높이기 위한 문제
③ 앞으로 어떻게 할 것인가 하는 문제
④ 원인이 내재되어 있는 원인지향적인 문제

출제의도

업무수행 중 문제가 발생하였을 때 문제 유형을 구분하는 능력을 측정하는 문항이다.

해 설

업무수행과정에서 발생하는 문제 유형으로는 발생형 문제, 탐색형 문제, 설정형 문제가 있으며 ①④는 발생형 문제이며 ②는 탐색형 문제, ③이 설정형 문제이다.

답 ③

(3) 문제해결

① 정의 : 목표와 현상을 분석하고 이 결과를 토대로 과제를 도출하여 최적의 해결책을 찾아 실행·평가해 가는 활동이다.

② 문제해결에 필요한 기본적 사고

　㉠ 전략적 사고 : 문제와 해결방안이 상위 시스템과 어떻게 연결되어 있는지를 생각한다.

　㉡ 분석적 사고 : 전체를 각각의 요소로 나누어 그 의미를 도출하고 우선순위를 부여하여 구체적인 문제 해결방법을 실행한다.

　㉢ 발상의 전환 : 인식의 틀을 전환하여 새로운 관점으로 바라보는 사고를 지향한다.

　㉣ 내·외부자원의 활용 : 기술, 재료, 사람 등 필요한 자원을 효과적으로 활용한다.

③ 문제해결의 장애요소

　㉠ 문제를 철저하게 분석하지 않는 경우

　㉡ 고정관념에 얽매이는 경우

　㉢ 쉽게 떠오르는 단순한 정보에 의지하는 경우

　㉣ 너무 많은 자료를 수집하려고 노력하는 경우

④ 문제해결방법

　㉠ 소프트 어프로치 : 문제해결을 위해서 직접적인 표현보다는 무언가를 시사하거나 암시를 통하여 의사를 전달하여 문제해결을 도모하고자 한다.

　㉡ 하드 어프로치 : 상이한 문화적 토양을 가지고 있는 구성원을 가정하고, 서로의 생각을 직설적으로 주장하고 논쟁이나 협상을 통해 서로의 의견을 조정해 가는 방법이다.

ⓒ 퍼실리테이션(facilitation) : 촉진을 의미하며 어떤 그룹이나 집단이 의사결정을 잘 하도록 도와주는 일을 의미한다.

② 문제해결능력을 구성하는 하위능력

(1) 사고력

① 창의적 사고 : 개인이 가지고 있는 경험과 지식을 통해 새로운 가치 있는 아이디어를 산출하는 사고능력이다.

    ⊙ 창의적 사고의 특징
- 정보와 정보의 조합
- 사회나 개인에게 새로운 가치 창출
- 창조적인 가능성

예제 2

M사 홍보팀에서 근무하고 있는 귀하는 입사 5년차로 창의적인 기획안을 제출하기로 유명하다. S부장은 이번 신입사원 교육 때 귀하에게 창의적인 사고란 무엇인지 교육을 맡아달라고 부탁하였다. 창의적인 사고에 대한 귀하의 설명으로 옳지 않은 것은?

① 창의적인 사고는 새롭고 유용한 아이디어를 생산해 내는 정신적인 과정이다.
② 창의적인 사고는 특별한 사람들만이 할 수 있는 대단한 능력이다.
③ 창의적인 사고는 기존의 정보들을 특정한 요구조건에 맞거나 유용하도록 새롭게 조합시킨 것이다.
④ 창의적인 사고는 통상적인 것이 아니라 기발하거나, 신기하며 독창적인 것이다.

출제의도

창의적 사고에 대한 개념을 정확히 파악하고 있는지를 묻는 문항이다.

해 설

흔히 사람들은 창의적인 사고에 대해 특별한 사람들만이 할 수 있는 대단한 능력이라고 생각하지만 그리 대단한 능력이 아니며 이미 알고 있는 경험과 지식을 해체하여 다시 새로운 정보로 결합하여 가치 있는 아이디어를 산출하는 사고라고 할 수 있다.

답 ②

    ⓛ 발산적 사고 : 창의적 사고를 위해 필요한 것으로 자유연상법, 강제연상법, 비교발상법 등을 통해 개발할 수 있다.

구분	내용
자유연상법	생각나는 대로 자유롭게 발상 ex) 브레인스토밍
강제연상법	각종 힌트에 강제적으로 연결 지어 발상 ex) 체크리스트
비교발상법	주제의 본질과 닮은 것을 힌트로 발상 ex) NM법, Synectics

POINT 브레인스토밍

ㄱ 진행방법
- 주제를 구체적이고 명확하게 정한다.
- 구성원의 얼굴을 볼 수 있는 좌석 배치와 큰 용지를 준비한다.
- 구성원들의 다양한 의견을 도출할 수 있는 사람을 리더로 선출한다.
- 구성원은 다양한 분야의 사람들로 5~8명 정도로 구성한다.
- 발언은 누구나 자유롭게 할 수 있도록 하며, 모든 발언 내용을 기록한다.
- 아이디어에 대한 평가는 비판해서는 안 된다.

ㄴ 4대 원칙
- 비판엄금(Support) : 평가 단계 이전에 결코 비판이나 판단을 해서는 안 되며 평가는 나중까지 유보한다.
- 자유분방(Silly) : 무엇이든 자유롭게 말하고 이런 바보 같은 소리를 해서는 안 된다는 등의 생각은 하지 않아야 한다.
- 질보다 양(Speed) : 질에는 관계없이 가능한 많은 아이디어들을 생성해내도록 격려한다.
- 결합과 개선(Synergy) : 다른 사람의 아이디어에 자극되어 보다 좋은 생각이 떠오르고, 서로 조합하면 재미있는 아이디어가 될 것 같은 생각이 들면 즉시 조합시킨다.

② **논리적 사고** : 사고의 전개에 있어 전후의 관계가 일치하고 있는가를 살피고 아이디어를 평가하는 사고능력이다.

ㄱ 논리적 사고를 위한 5가지 요소 : 생각하는 습관, 상대 논리의 구조화, 구체적인 생각, 타인에 대한 이해, 설득

ㄴ 논리적 사고 개발 방법
- 피라미드 구조 : 하위의 사실이나 현상부터 사고하여 상위의 주장을 만들어가는 방법
- so what기법 : '그래서 무엇이지?'하고 자문자답하여 주어진 정보로부터 가치 있는 정보를 이끌어 내는 사고 기법

③ **비판적 사고** : 어떤 주제나 주장에 대해서 적극적으로 분석하고 종합하며 평가하는 능동적인 사고이다.

ㄱ 비판적 사고 개발 태도 : 비판적 사고를 개발하기 위해서는 지적 호기심, 객관성, 개방성, 융통성, 지적 회의성, 지적 정직성, 체계성, 지속성, 결단성, 다른 관점에 대한 존중과 같은 태도가 요구된다.

ㄴ 비판적 사고를 위한 태도
- 문제의식 : 비판적인 사고를 위해서 가장 먼저 필요한 것은 바로 문제의식이다. 자신이 지니고 있는 문제와 목적을 확실하고 정확하게 파악하는 것이 비판적인 사고의 시작이다.
- 고정관념 타파 : 지각의 폭을 넓히는 일은 정보에 대한 개방성을 가지고 편견을 갖지 않는 것으로 고정관념을 타파하는 일이 중요하다.

(2) 문제처리능력과 문제해결절차

① **문제처리능력** : 목표와 현상을 분석하고 이를 토대로 문제를 도출하여 최적의 해결책을 찾아 실행·평가하는 능력이다.

② **문제해결절차** : 문제 인식 → 문제 도출 → 원인 분석 → 해결안 개발 → 실행 및 평가

㉠ 문제 인식 : 문제해결과정 중 'what'을 결정하는 단계로 환경 분석 → 주요 과제 도출 → 과제 선정의 절차를 통해 수행된다.

• 3C 분석 : 환경 분석 방법의 하나로 사업환경을 구성하고 있는 요소인 자사(Company), 경쟁사(Competitor), 고객(Customer)을 분석하는 것이다.

예제 3

L사에서 주력 상품으로 밀고 있는 TV의 판매 이익이 감소하고 있는 상황에서 귀하는 B부장으로부터 3C분석을 통해 해결방안을 강구해 오라는 지시를 받았다. 다음 중 3C에 해당하지 않는 것은?

① Customer
② Company
③ Competitor
④ Content

출제의도

3C의 개념과 구성요소를 정확히 숙지하고 있는지를 측정하는 문항이다.

해 설

3C 분석에서 사업 환경을 구성하고 있는 요소인 자사(Company), 경쟁사(Competitor), 고객을 3C(Customer)라고 한다. 3C 분석에서 고객 분석에서는 '고객은 자사의 상품·서비스에 만족하고 있는지를, 자사 분석에서는 '자사가 세운 달성목표와 현상 간에 차이가 없는지를, 경쟁사 분석에서는 '경쟁 기업의 우수한 점과 자사의 현상과 차이가 없는지'에 대한 질문을 통해서 환경을 분석하게 된다.

답 ④

• SWOT 분석 : 기업내부의 강점과 약점, 외부환경의 기회와 위협요인을 분석·평가하여 문제해결 방안을 개발하는 방법이다.

		내부환경요인	
		강점(Strengths)	약점(Weaknesses)
외부환경요인	기회 (Opportunities)	SO 내부강점과 외부기회 요인을 극대화	WO 외부기회를 이용하여 내부약점을 강점으로 전환
	위협 (Threat)	ST 외부위협을 최소화하기 위해 내부강점을 극대화	WT 내부약점과 외부위협을 최소화

ⓛ 문제 도출 : 선정된 문제를 분석하여 해결해야 할 것이 무엇인지를 명확히 하는 단계로, 문제 구조 파악 → 핵심 문제 선정 단계를 거쳐 수행된다.

- Logic Tree : 문제의 원인을 파고들거나 해결책을 구체화할 때 제한된 시간 안에서 넓이와 깊이를 추구하는데 도움이 되는 기술로 주요 과제를 나무모양으로 분해 · 정리하는 기술이다.

ⓒ 원인 분석 : 문제 도출 후 파악된 핵심 문제에 대한 분석을 통해 근본 원인을 찾는 단계로 Issue 분석 → Data 분석 → 원인 파악의 절차로 진행된다.

ⓔ 해결안 개발 : 원인이 밝혀지면 이를 효과적으로 해결할 수 있는 다양한 해결안을 개발하고 최선의 해결안을 선택하는 것이 필요하다.

ⓜ 실행 및 평가 : 해결안 개발을 통해 만들어진 실행계획을 실제 상황에 적용하는 활동으로 실행계획 수립 → 실행 → Follow-up의 절차로 진행된다.

예제 4

C사는 최근 국내 매출이 지속적으로 하락하고 있어 사내 분위기가 심상치 않다. 이에 대해 Y부장은 이 문제를 극복하고자 문제처리 팀을 구성하여 해결방안을 모색하도록 지시하였다. 문제처리 팀의 문제해결 절차를 올바른 순서로 나열한 것은?

① 문제 인식 → 원인 분석 → 해결안 개발 → 문제 도출 → 실행 및 평가
② 문제 도출 → 문제 인식 → 해결안 개발 → 원인 분석 → 실행 및 평가
③ 문제 인식 → 원인 분석 → 문제 도출 → 해결안 개발 → 실행 및 평가
④ 문제 인식 → 문제 도출 → 원인 분석 → 해결안 개발 → 실행 및 평가

출제의도

실제 업무 상황에서 문제가 일어났을 때 해결 절차를 알고 있는지를 측정하는 문항이다.

해 설

일반적인 문제해결절차는 '문제 인식 → 문제 도출 → 원인 분석 → 해결안 개발 → 실행 및 평가'로 이루어진다.

답 ④

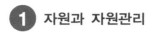
① 자원과 자원관리

(1) 자원

① 자원의 종류 : 시간, 돈, 물적자원, 인적자원

② 자원의 낭비요인 : 비계획적 행동, 편리성 추구, 자원에 대한 인식 부재, 노하우 부족

(2) 자원관리 기본 과정

① 필요한 자원의 종류와 양 확인

② 이용 가능한 자원 수집하기

③ 자원 활용 계획 세우기

④ 계획대로 수행하기

예제 1

당신은 A출판사 교육훈련 담당자이다. 조직의 효율성을 높이기 위해 전사적인 시간관리에 대한 교육을 실시하기로 하였지만 바쁜 일정 상 직원들을 집합교육에 동원할 수 있는 시간은 제한적이다. 다음 중 귀하가 최우선의 교육 대상으로 삼아야 하는 것은 어느 부분인가?

구분	긴급한 일	긴급하지 않은 일
중요한 일	제1사분면	제2사분면
중요하지 않은 일	제3사분면	제4사분면

출제의도

주어진 일들을 중요도와 긴급도에 따른 시간관리 매트릭스에서 우선순위를 구분할 수 있는가를 측정하는 문항이다.

① 중요하고 긴급한 일로 위기사항이나 급박한 문제, 기간이 정해진 프로젝트 등이 해당 되는 제1사분면
② 긴급하지는 않지만 중요한 일로 인간관계구축이나 새로운 기회의 발굴, 중장기 계획 등이 포함되는 제2사분면
③ 긴급하지만 중요하지 않은 일로 잠깐의 급한 질문, 일부 보고서, 눈 앞의 급박한 사항이 해당되는 제3사분면
④ 중요하지 않고 긴급하지 않은 일로 하찮은 일이나 시간낭비거리, 즐거운 활동 등이 포함되는 제4사분면

2 자원관리능력을 구성하는 하위능력

(1) 시간관리능력

① 시간의 특성
  ㉠ 시간은 매일 주어지는 기적이다.
  ㉡ 시간은 똑같은 속도로 흐른다.
  ㉢ 시간의 흐름은 멈추게 할 수 없다.
  ㉣ 시간은 꾸거나 저축할 수 없다.
  ㉤ 시간은 사용하기에 따라 가치가 달라진다.

② 시간관리의 효과
  ㉠ 생산성 향상
  ㉡ 가격 인상
  ㉢ 위험 감소
  ㉣ 시장 점유율 증가

③ 시간계획

　　㉠ 개념 : 시간 자원을 최대한 활용하기 위하여 가장 많이 반복되는 일에 가장 많은 시간을 분배하고, 최
　　　　단시간에 최선의 목표를 달성하는 것을 의미한다.

　　㉡ 60 : 40의 Rule

계획된 행동 (60%)	계획 외의 행동 (20%)	자발적 행동 (20%)
총 시간		

예제 2

유아용품 홍보팀의 사원 은이씨는 일산 킨텍스에서 열리는 유아용품박람회에
참여하고자 한다. 당일 회의 후 출발해야 하며 회의 종료 시간은 오후 3시이다.

장소	일시
일산 킨텍스 제2전시장	2016. 1. 20(금) PM 15:00~19:00 * 입장가능시간은 종료 2시간 전 까지

오시는 길
지하철 : 4호선 대화역(도보 30분 거리)
버스 : 8109번, 8407번(도보 5분 거리)

• 회사에서 버스정류장 및 지하철역까지 소요시간

출발지	도착지	소요시간	
회사	×× 정류장	도보	15분
		택시	5분
	지하철역	도보	30분
		택시	10분

• 일산 킨텍스 가는 길

교통편	출발지	도착지	소요시간
지하철	강남역	대화역	1시간 25분
버스	×× 정류장	일산 킨텍스 정류장	1시간 45분

위의 제시 상황을 보고 은이씨가 선택할 교통편으로 가장 적절한 것은?

① 도보 – 지하철　　　　　　② 도보 – 버스
③ 택시 – 지하철　　　　　　④ 택시 – 버스

출제의도

주어진 여러 시간정보를 수집하여 실
제 업무 상황에서 시간자원을 어떻게
활용할 것인지 계획하고 할당하는 능
력을 측정하는 문항이다.

해 설

④ 택시로 버스정류장까지 이동해서
　버스를 타고 가게 되면 택시(5분),
　버스(1시간 45분), 도보(5분)으로 1
　시간 55분이 걸린다.
① 도보-지하철 : 도보(30분), 지하철(1
　시간 25분), 도보(30분)이므로 총
　2시간 25분이 걸린다.
② 도보-버스 : 도보(15분), 버스(1시간
　45분), 도보(5분)이므로 총 2시간
　5분이 걸린다.
③ 택시-지하철 : 택시(10분), 지하철(1
　시간 25분), 도보(30분)이므로 총
　2시간 5분이 걸린다.

답 ④

(2) 예산관리능력

① 예산과 예산관리

    ㉠ 예산 : 필요한 비용을 미리 헤아려 계산하는 것이나 그 비용을 말한다.

    ㉡ 예산관리 : 활동이나 사업에 소요되는 비용을 산정하고, 예산을 편성하는 것뿐만 아니라 예산을 통제하는 것 모두를 포함한다.

② 예산의 구성요소

비용	직접비용	재료비, 원료와 장비, 시설비, 여행(출장) 및 잡비, 인건비 등
	간접비용	보험료, 건물관리비, 광고비, 통신비, 사무비품비, 각종 공과금 등

③ 예산수립 과정 : 필요한 과업 및 활동 구명 → 우선순위 결정 → 예산 배정

예제 3

당신은 가을 체육대회에서 총무를 맡으라는 지시를 받았다. 다음과 같은 계획에 따라 예산을 진행하였으나 확보된 예산이 생각보다 적게 되어 불가피하게 비용항목을 줄여야 한다. 다음 중 귀하가 비용 항목을 없애기에 가장 적절한 것은 무엇인가?

〈○○산업공단 춘계 1차 워크숍〉

1. 해당부서 : 인사관리팀, 영업팀, 재무팀
2. 일　　정 : 2016년 4월 21일~23일(2박 3일)
3. 장　　소 : 강원도 속초 ○○연수원
4. 행사내용 : 바다열차탑승, 체육대회, 친교의 밤 행사, 기타

① 숙박비   ② 식비
③ 교통비   ④ 기념품비

출제의도

업무에 소요되는 예산 중 꼭 필요한 것과 예산을 감축해야할 때 삭제 또는 감축이 가능한 것을 구분해내는 능력을 묻는 문항이다.

해　설

한정된 예산을 가지고 과업을 수행할 때에는 중요도를 기준으로 예산을 사용한다. 위와 같이 불가피하게 비용 항목을 줄여야 한다면 기본적인 항목인 숙박비, 식비, 교통비는 유지되어야 하기에 항목을 없애기 가장 적절한 정답은 ④번이 된다.

답 ④

(3) 물적관리능력

① 물적자원의 종류

    ㉠ 자연자원 : 자연상태 그대로의 자원 ex) 석탄, 석유 등

    ㉡ 인공자원 : 인위적으로 가공한 자원 ex) 시설, 장비 등

② 물적자원관리 : 물적자원을 효과적으로 관리할 경우 경쟁력 향상이 향상되어 과제 및 사업의 성공으로 이 어지며, 관리가 부족할 경우 경제적 손실로 인해 과제 및 사업의 실패 가능성이 커진다.

③ 물적자원 활용의 방해요인

    ㉠ 보관 장소의 파악 문제

    ㉡ 훼손

    ㉢ 분실

④ 물적자원관리 과정

과정	내용
사용 물품과 보관 물품의 구분	• 반복 작업 방지 • 물품활용의 편리성
동일 및 유사 물품으로의 분류	• 동일성의 원칙 • 유사성의 원칙
물품 특성에 맞는 보관 장소 선정	• 물품의 형상 • 물품의 소재

예제 4

S호텔의 외식사업부 소속인 K씨는 예약일정 관리를 담당하고 있다. 아래의 예약일정과 정보를 보고 K씨의 판단으로 옳지 않은 것은?

〈S호텔 일식 뷔페 1월 ROOM 예약 일정〉

※ 예약 : ROOM 이름(시작시간)

SUN	MON	TUE	WED	THU	FRI	SAT
					1	2
					백합(16)	장미(11) 백합(15)
3	4	5	6	7	8	9
라일락(15)		백향목(10) 백합(15)	장미(10) 백향목(17)	백합(11) 라일락(18)	백향목(15)	장미(10) 라일락(15)

ROOM 구분	수용가능인원	최소투입인력	연회장 이용시간
백합	20	3	2시간
장미	30	5	3시간
라일락	25	4	2시간
백향목	40	8	3시간

- 오후 9시에 모든 업무를 종료함
- 한 타임 끝난 후 1시간씩 세팅 및 정리
- 동 시간 대 서빙 투입인력은 총 10명을 넘을 수 없음

안녕하세요. 1월 첫째 주 또는 둘째 주에 신년회 행사를 위해 ROOM을 예약하려고 하는데요. 저희 동호회의 총 인원은 27명이고 오후 8시쯤 마무리하려고 합니다. 신정과 주말, 월요일은 피하고 싶습니다. 예약이 가능할까요?

① 인원을 고려했을 때 장미ROOM과 백향목ROOM이 적합하겠군
② 만약 2명이 안 온다면 예약 가능한 ROOM이 늘어나겠구나
③ 조건을 고려했을 때 예약 가능한 ROOM은 5일 장미ROOM뿐이겠구나
④ 오후 5시부터 8시까지 가능한 ROOM을 찾아야해

출제의도

주어진 정보와 일정표를 토대로 이용 가능한 물적자원을 확보하여 이를 정확하게 안내할 수 있는 능력을 측정하는 문항이다. 고객이 제공한 정보를 정확하게 파악하고 그 조건 안에서 가능한 자원을 제공할 수 있어야 한다.

해 설

③ 조건을 고려했을 때 5일 장미 ROOM과 7일 장미ROOM이 예약 가능하다.

① 참석 인원이 27명이므로 30명 수용 가능한 장미ROOM과 40명 수용 가능한 백향목ROOM 두 곳이 적합하다.

② 만약 2명이 안 온다면 총 참석인원 25명이므로 라일락ROOM, 장미ROOM, 백향목ROOM이 예약 가능하다.

④ 오후 8시에 마무리하려고 계획하고 있으므로 적절하다.

답 ③

(4) 인적자원관리능력

① 인맥 : 가족, 친구, 직장동료 등 자신과 직접적인 관계에 있는 사람들인 핵심인맥과 핵심인맥들로부터 알게 된 파생인맥이 존재한다.

② 인적자원의 특성 : 능동성, 개발가능성, 전략적 자원

③ 인력배치의 원칙

    ㉠ 적재적소주의 : 팀의 효율성을 높이기 위해 팀원의 능력이나 성격 등과 가장 적합한 위치에 배치하여 팀원 개개인의 능력을 최대로 발휘해 줄 것을 기대하는 것

    ㉡ 능력주의 : 개인에게 능력을 발휘할 수 있는 기회와 장소를 부여하고 그 성과를 바르게 평가하며 평가된 능력과 실적에 대해 그에 상응하는 보상을 주는 원칙

    ㉢ 균형주의 : 모든 팀원에 대한 적재적소를 고려

④ 인력배치의 유형

    ㉠ 양적 배치 : 부문의 작업량과 조업도, 여유 또는 부족 인원을 감안하여 소요인원을 결정하여 배치하는 것

    ㉡ 질적 배치 : 적재적소의 배치

    ㉢ 적성 배치 : 팀원의 적성 및 흥미에 따라 배치하는 것

예제 5

최근 조직개편 및 연봉협상 과정에서 직원들의 불만이 높아지고 있다. 온갖 루머가 난무한 가운데 인사팀원인 당신에게 사내 게시판의 직원 불만사항에 대한 진위여부를 파악하고 대안을 세우라는 팀장의 지시를 받았다. 다음 중 당신이 조치를 취해야 하는 직원은 누구인가?

① 사원 A는 팀장으로부터 업무 성과가 탁월하다는 평가를 받았는데도 조직개편으로 인한 부서 통합으로 인해 승진을 못한 것이 불만이다.

② 사원 B는 회사가 예년에 비해 높은 영업 이익을 얻었는데도 불구하고 연봉 인상에 인색한 것이 불만이다.

③ 사원 C는 회사가 급여 정책을 변경해서 고정급 비율을 낮추고 기본급과 인센티브를 지급하는 제도로 바꾼 것이 불만이다.

④ 사원 D는 입사 동기인 동료가 자신보다 업무 실적이 좋지 않고 불성실한 근무태도를 가지고 있는데, 팀장과의 친분으로 인해 자신보다 높은 평가를 받은 것이 불만이다.

출제의도

주어진 직원들의 정보를 통해 시급하게 진위여부를 가리고 조치하여 인력배치를 해야 하는 사항을 확인하는 문제이다.

해 설

사원 A, B, C는 각각 조직 정책에 대한 불만이기에 논의를 통해 조직적으로 대처하는 것이 옳지만, 사원 D는 팀장의 독단적인 전횡에 대한 불만이기 때문에 조사하여 시급히 조치할 필요가 있다. 따라서 가장 적절한 답은 ④번이 된다.

답 ④

① 직장생활에서의 대인관계

① 의미 직장생활에서 협조적인 관계를 유지하고, 조직구성원들에게 도움을 줄 수 있으며, 조직내부 및 외부의 갈등을 원만히 해결하고 고객의 요구를 충족시켜줄 수 있는 능력이다.

② 인간관계를 형성할 때 가장 중요한 것은 자신의 내면이다.

예제 1

인간관계를 형성하는데 있어 가장 중요한 것은?

① 외적 성격 위주의 사고
② 이해득실 위주의 만남
③ 자신의 내면
④ 피상적인 인간관계 기법

출제의도

인간관계형성에 있어서 가장 중요한 요소가 무엇인지 묻는 문제다.

해 설

③ 인간관계를 형성하는데 있어서 가장 중요한 것은 자신의 내면이고 이때 필요한 기술이나 기법 등은 자신의 내면에서 자연스럽게 우러나와야 한다.

답 ③

---

(2) 대인관계 향상 방법

① 감정은행계좌 : 인간관계에서 구축하는 신뢰의 정도

② 감정은행계좌를 적립하기 위한 6가지 주요 예입 수단
  ㉠ 상대방에 대한 이해심
  ㉡ 사소한 일에 대한 관심
  ㉢ 약속의 이행
  ㉣ 기대의 명확화
  ㉤ 언행일치
  ㉥ 진지한 사과

② 대인관계능력을 구성하는 하위능력

(1) 팀워크능력

① 팀워크의 의미

  ㉠ 팀워크와 응집력

  • 팀워크 : 팀 구성원이 공동의 목적을 달성하기 위해 상호 관계성을 가지고 협력하여 일을 해 나가는 것
  • 응집력 : 사람들로 하여금 집단에 머물도록 만들고 그 집단의 멤버로서 계속 남아있기를 원하게 만드는 힘

예제 2

A회사에서는 격주로 사원 소식지 '우리가족'을 발행하고 있다. 이번 호의 특집 테마는 팀워크에 대한 것으로, 좋은 사례를 모으고 있다. 다음 중 팀워크의 사례로 가장 적절하지 않은 것은 무엇인가?

① 팀원들의 개성과 장점을 살려 사내 직원 연극대회에서 대상을 받을 수 있었던 사례
② 팀장의 갑작스러운 부재 상황에서 팀원들이 서로 역할을 분담하고 소통을 긴밀하게 하면서 팀의 당초 목표를 원만하게 달성할 수 있었던 사례
③ 자재 조달의 차질로 인해 납기 준수가 어려웠던 상황을 팀원들이 똘똘 뭉쳐 헌신적으로 일한 결과 주문 받은 물품을 성공적으로 납품할 수 있었던 사례
④ 팀의 분위기가 편안하고 인간적이어서 주기적인 직무순환 시기가 도래해도 다른 부서로 가고 싶어 하지 않는 사례

출제의도

팀워크와 응집력에 대한 문제로 각 용어에 대한 정의를 알고 이를 실제 사례를 통해 구분할 수 있어야 한다.

해 설

④ 응집력에 대한 사례에 해당한다.

답 ④

  ㉡ 팀워크의 유형

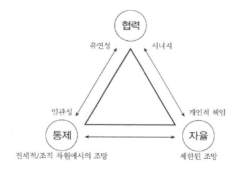

② 효과적인 팀의 특성

  ㉠ 팀의 사명과 목표를 명확하게 기술한다.

  ㉡ 창조적으로 운영된다.

  ㉢ 결과에 초점을 맞춘다.

 〳 역할과 책임을 명료화시킨다.

 〴 조직화가 잘 되어 있다.

 〵 개인의 강점을 활용한다.

 〶 리더십 역량을 공유하며 구성원 상호간에 지원을 아끼지 않는다.

 〷 팀 풍토를 발전시킨다.

 〸 의견의 불일치를 건설적으로 해결한다.

 〹 개방적으로 의사소통한다.

 〺 객관적인 결정을 내린다.

 〻 팀 자체의 효과성을 평가한다.

③ 멤버십의 의미

 ㉠ 멤버십은 조직의 구성원으로서의 자격과 지위를 갖는 것으로 훌륭한 멤버십은 팔로워십(followership)의 역할을 충실하게 수행하는 것이다.

 ㉡ 멤버십 유형 : 독립적 사고와 적극적 실천에 따른 구분

구분	소외형	순응형	실무형	수동형	주도형
자아상	• 자립적인 사람 • 일부러 반대의견 제시 • 조직의 양심	• 기쁜 마음으로 과업 수행 • 팀플레이를 함 • 리더나 조직을 믿고 헌신함	• 조직의 운영방침에 민감 • 사건을 균형 잡힌 시각으로 봄 • 규정과 규칙에 따라 행동함	• 판단, 사고를 리더에 의존 • 지시가 있어야 행동	• 스스로 생각하고 건설적 비판을 하며 자기 나름의 개성이 있고 혁신적·창조적
동료/리더의 시각	• 냉소적 • 부정적 • 고집이 셈	• 아이디어가 없음 • 인기 없는 일은 하지 않음 • 조직을 위해 자신과 가족의 요구를 양보함	• 개인의 이익을 극대화하기 위한 흥정에 능함 • 적당한 열의와 평범한 수완으로 업무 수행	• 하는 일이 없음 • 제 몫을 하지 못함 • 업무 수행에는 감독이 반드시 필요	• 솔선수범하고 주인의식을 가지며 적극적으로 참여하고 자발적, 기대 이상의 성과를 내려고 노력
조직에 대한 자신의 느낌	• 자신을 인정 안 해줌 • 적절한 보상이 없음 • 불공정하고 문제가 있음	• 기존 질서를 따르는 것이 중요 • 리더의 의견을 거스르는 것은 어려운 일임 • 획일적인 태도 행동에 익숙함	• 규정준수를 강조 • 명령과 계획의 빈번한 변경 • 리더와 부하 간의 비인간적 풍토	• 조직이 나의 아이디어를 원치 않음 • 노력과 공헌을 해도 아무 소용이 없음 • 리더는 항상 자기 마음대로 함	

④ 팀워크 촉진 방법

   ⊙ 동료 피드백 장려하기

   ⓒ 갈등 해결하기

   ⓒ 창의력 조성을 위해 협력하기

   ⓔ 참여적으로 의사결정하기

(2) 리더십능력

① 리더십의 의미 : 리더십이란 조직의 공통된 목적을 달성하기 위하여 개인이 조직원들에게 영향을 미치는 과정이다.

   ⊙ 리더십 발휘 구도 : 산업 사회에서는 상사가 하급자에게 리더십을 발휘하는 수직적 구조였다면 정보 사회로 오면서 하급자뿐만 아니라 동료나 상사에게까지도 발휘하는 정방위적 구조로 바뀌었다.

   ⓒ 리더와 관리자

리더	관리자
• 새로운 상황 창조자	• 상황에 수동적
• 혁신지향적	• 유지지향적 둠.
• 내일에 초점을 둠.	• 오늘에 초점을 둠.
• 사람의 마음에 불을 지핀다.	• 사람을 관리한다.
• 사람을 중시	• 체제나 기구를 중시
• 정신적	• 기계적
• 계산된 리스크를 취한다.	• 리스크를 회피한다.
• '무엇을 할까'를 생각한다.	• '어떻게 할까'를 생각한다.

예제 3

리더에 대한 설명으로 옳지 않은 것은?

① 사람을 중시한다.

② 오늘에 초점을 둔다.

③ 혁신지향적이다.

④ 새로운 상황 창조자이다.

출제의도

리더와 관리자에 대한 문제로 각각에 대해 완벽하게 구분할 수 있어야 한다.

해 설

② 리더는 내일에 초점을 둔다.

답 ②

② 리더십 유형

　㉠ 독재자 유형 : 정책의사결정과 대부분의 핵심정보를 그들 스스로에게만 국한하여 소유하고 고수하려는 경향이 있다. 통제 없이 방만한 상태, 가시적인 성과물이 안 보일 때 효과적이다.

　㉡ 민주주의에 근접한 유형 : 그룹에 정보를 잘 전달하려고 노력하고 전체 그룹의 구성원 모두를 목표방향으로 설정에 참여하게 함으로써 구성원들에게 확신을 심어주려고 노력한다. 혁신적이고 탁월한 부하직원들을 거느리고 있을 때 효과적이다.

　㉢ 파트너십 유형 : 리더와 집단 구성원 사이의 구분이 희미하고 리더가 조직에서 한 구성원이 되기도 한다. 소규모 조직에서 경험, 재능을 소유한 조직원이 있을 때 효과적으로 활용할 수 있다.

　㉣ 변혁적 리더십 유형 : 개개인과 팀이 유지해 온 업무수행 상태를 뛰어넘어 전체 조직이나 팀원들에게 변화를 가져오는 원동력이 된다. 조직에 있어 획기적인 변화가 요구될 때 활용할 수 있다.

③ 동기부여 방법

　㉠ 긍정적 강화법을 활용한다.

　㉡ 새로운 도전의 기회를 부여한다.

　㉢ 창의적인 문제해결법을 찾는다.

　㉣ 책임감으로 철저히 무장한다.

　㉤ 몇 가지 코칭을 한다.

　㉥ 변화를 두려워하지 않는다.

　㉦ 지속적으로 교육한다.

④ 코칭

　㉠ 코칭은 조직의 지속적인 성장과 성공을 만들어내는 리더의 능력으로 직원들의 능력을 신뢰하며 확신하고 있다는 사실에 기초한다.

　㉡ 코칭의 기본 원칙
　　• 관리는 만병통치약이 아니다.
　　• 권한을 위임한다.
　　• 훌륭한 코치는 뛰어난 경청자이다.
　　• 목표를 정하는 것이 가장 중요하다.

⑤ 임파워먼트 : 조직성원들을 신뢰하고 그들의 잠재력을 믿으며 그 잠재력의 개발을 통해 High Performance 조직이 되도록 하는 일련의 행위이다.

　㉠ 임파워먼트의 이점(High Performance 조직의 이점)
　　• 나는 매우 중요한 일을 하고 있으며, 이 일은 다른 사람이 하는 일보다 훨씬 중요한 일이다.
　　• 일의 과정과 결과에 나의 영향력이 크게 작용했다.

- 나는 정말로 도전하고 있고 나는 계속해서 성장하고 있다.
- 우리 조직에서는 아이디어가 존중되고 있다.
- 내가 하는 일은 항상 재미가 있다.
- 우리 조직의 구성원들은 모두 대단한 사람들이며, 다 같이 협력해서 승리하고 있다.

ⓛ 임파워먼트의 충족 기준
- 여건의 조건 : 사람들이 자유롭게 참여하고 기여할 수 있는 여건 조성
- 재능과 에너지의 극대화
- 명확하고 의미 있는 목적에 초점

ⓒ 높은 성과를 내는 임파워먼트 환경의 특징
- 도전적이고 흥미 있는 일
- 학습과 성장의 기회
- 높은 성과와 지속적인 개선을 가져오는 요인들에 대한 통제
- 성과에 대한 지식
- 긍정적인 인간관계
- 개인들이 공헌하며 만족한다는 느낌
- 상부로부터의 지원

ⓔ 임파워먼트의 장애요인
- 개인 차원 : 주어진 일을 해내는 역량의 결여, 동기의 결여, 결의의 부족, 책임감 부족, 의존성
- 대인 차원 : 다른 사람과의 성실성 결여, 약속 불이행, 성과를 제한하는 조직의 규범, 갈등처리 능력 부족, 승패의 태도
- 관리 차원 : 통제적 리더십 스타일, 효과적 리더십 발휘 능력 결여, 경험 부족, 정책 및 기획의 실행 능력 결여, 비전의 효과적 전달능력 결여
- 조직 차원 : 공감대 형성이 없는 구조와 시스템, 제한된 정책과 절차

⑥ 변화관리의 3단계 : 변화 이해 → 변화 인식 → 변화 수용

(3) 갈등관리능력

① 갈등의 의미 및 원인
ⓐ 갈등이란 상호 간의 의견차이 때문에 생기는 것으로 당사가 간에 가치, 규범, 이해, 아이디어, 목표 등이 서로 불일치하여 충돌하는 상태를 의미한다.
ⓛ 갈등을 확인할 수 있는 단서
- 지나치게 감정적으로 논평과 제안을 하는 것
- 타인의 의견발표가 끝나기도 전에 타인의 의견에 대해 공격하는 것
- 핵심을 이해하지 못한데 대해 서로 비난하는 것

- 편을 가르고 타협하기를 거부하는 것
- 개인적인 수준에서 미묘한 방식으로 서로를 공격하는 것

ⓒ 갈등을 증폭시키는 원인 : 적대적 행동, 입장 고수, 감정적 관여 등

② 실제로 존재하는 갈등 파악

ⓐ 갈등의 두 가지 쟁점

핵심 문제	감정적 문제
• 역할 모호성 • 방법에 대한 불일치 • 목표에 대한 불일치 • 절차에 대한 불일치 • 책임에 대한 불일치 • 가치에 대한 불일치 • 사실에 대한 불일치	• 공존할 수 없는 개인적 스타일 • 통제나 권력 확보를 위한 싸움 • 자존심에 대한 위협 • 질투 • 분노

예제 4

갈등의 두 가지 쟁점 중 감정적 문제에 대한 설명으로 적절하지 않은 것은?

① 공존할 수 없는 개인적 스타일
② 역할 모호성
③ 통제나 권력 확보를 위한 싸움
④ 자존심에 대한 위협

출제의도

갈등의 두 가지 쟁점인 핵심문제와 감정적 문제에 대해 묻는 문제로 이 두 가지 쟁점을 구분할 수 있는 능력이 필요하다.

해 설

② 갈등의 두 가지 쟁점 중 핵심 문제에 대한 설명이다.

답 ②

ⓑ 갈등의 두 가지 유형

- 불필요한 갈등 : 개개인이 저마다 문제를 다르게 인식하거나 정보가 부족한 경우, 편견 때문에 발생한 의견 불일치로 적대적 감정이 생길 때 불필요한 갈등이 일어난다.
- 해결할 수 있는 갈등 : 목표와 욕망, 가치, 문제를 바라보는 시각과 이해하는 시각이 다를 경우에 일어날 수 있는 갈등이다.

③ 갈등해결 방법

ⓐ 다른 사람들의 입장을 이해한다.

ⓑ 사람들이 당황하는 모습을 자세하게 살핀다.

ⓒ 어려운 문제는 피하지 말고 맞선다.

ⓔ 자신의 의견을 명확하게 밝히고 지속적으로 강화한다.

ⓜ 사람들과 눈을 자주 마주친다.

ⓗ 마음을 열어놓고 적극적으로 경청한다.

ⓢ 타협하려 애쓴다.

ⓞ 어느 한쪽으로 치우치지 않는다.

ⓩ 논쟁하고 싶은 유혹을 떨쳐낸다.

ⓒ 존중하는 자세로 사람들을 대한다.

④ 원-윈(Win-Win) 갈등 관리법 : 갈등과 관련된 모든 사람으로부터 의견을 받아서 문제의 본질적인 해결책을 얻고자 하는 방법이다.

⑤ 갈등을 최소화하기 위한 기본원칙

ⓖ 먼저 다른 팀원의 말을 경청하고 나서 어떻게 반응할 것인가를 결정한다.

ⓛ 모든 사람이 거의 대부분의 문제에 대해 나름의 의견을 가지고 있다는 점을 인식한다.

ⓒ 의견의 차이를 인정한다.

ⓔ 팀 갈등해결 모델을 사용한다.

ⓜ 자신이 받기를 원하지 않는 형태로 남에게 작업을 넘겨주지 않는다.

ⓗ 다른 사람으로부터 그러한 작업을 넘겨받지 않는다.

ⓢ 조금이라도 의심이 날 때에는 분명하게 말해 줄 것을 요구한다.

ⓞ 가정하는 것은 위험하다.

ⓩ 자신의 책임이 어디서부터 어디까지인지를 명확히 하고 다른 팀원의 책임과 어떻게 조화되는지를 명확히 한다.

ⓒ 자신이 알고 있는 바를 알 필요가 있는 사람들을 새롭게 파악한다.

ⓚ 다른 팀원과 불일치하는 쟁점이나 사항이 있다면 다른 사람이 아닌 당사자에게 직접 말한다.

(4) 협상능력

① 협상의 의미

ⓖ 의사소통 차원 : 이해당사자들이 자신들의 욕구를 충족시키기 위해 상대방으로부터 최선의 것을 얻어 내려 설득하는 커뮤니케이션 과정

ⓛ 갈등해결 차원 : 갈등관계에 있는 이해당사자들이 대화를 통해서 갈등을 해결하고자 하는 상호작용과정

ⓒ 지식과 노력 차원 : 우리가 얻고자 하는 것을 가진 사람의 호의를 쟁취하기 위한 것에 관한 지식이며 노력의 분야

ⓔ 의사결정 차원 : 선호가 서로 다른 협상 당사자들이 합의에 도달하기 위해 공동으로 의사결정 하는 과정

ⓜ 교섭 차원 : 둘 이상의 이해당사자들이 여러 대안들 가운데서 이해당사자들 모두가 수용 가능한 대안을 찾기 위한 의사결정과정

② 협상 과정

단계	내용
협상 시작	• 협상 당사자들 사이에 상호 친근감을 쌓음 • 간접적인 방법으로 협상의사를 전달함 • 상대방의 협상의지를 확인함 • 협상진행을 위한 체제를 짬
상호 이해	• 갈등문제의 진행상황과 현재의 상황을 점검함 • 적극적으로 경청하고 자기주장을 제시함 • 협상을 위한 협상대상 안건을 결정함
실질 이해	• 겉으로 주장하는 것과 실제로 원하는 것을 구분하여 실제로 원하는 것을 찾아 냄 • 분할과 통합 기법을 활용하여 이해관계를 분석함
해결 대안	• 협상 안건마다 대안들을 평가함 • 개발한 대안들을 평가함 • 최선의 대안에 대해서 합의하고 선택함 • 대안 이행을 위한 실행계획을 수립함
합의 문서	• 합의문을 작성함 • 합의문상의 합의내용, 용어 등을 재점검함 • 합의문에 서명함

③ 협상전략

㉠ 협력전략 : 협상 참여자들이 협동과 통합으로 문제를 해결하고자 하는 협력적 문제해결전략

㉡ 유화전략 : 양보전략으로 상대방이 제시하는 것을 일방적으로 수용하여 협상의 가능성을 높이려는 전략이다. 순응전략, 화해전략, 수용전략이라고도 한다.

㉢ 회피전략 : 무행동전략으로 협상으로부터 철수하는 철수전략이다. 협상을 피하거나 잠정적으로 중단한다.

㉣ 강압전략 : 경쟁전략으로 자신이 상대방보다 힘에 있어서 우위를 점유하고 있을 때 자신의 이익을 극대화하기 위한 공격적 전략이다.

④ 상대방 설득 방법의 종류

㉠ See-Feel-Change 전략 : 시각화를 통해 직접 보고 스스로가 느끼게 하여 변화시켜 설득에 성공하는 전략

㉡ 상대방 이해 전략 : 상대방에 대한 이해를 바탕으로 갈등해결을 용이하게 하는 전략

㉢ 호혜관계 형성 전략 : 혜택들을 주고받은 호혜관계 형성을 통해 협상을 용이하게 하는 전략

ⓔ 헌신과 일관성 전략 : 협상 당사자간에 기대하는 바에 일관성 있게 헌신적으로 부응하여 행동함으로서 협상을 용이하게 하는 전략

ⓜ 사회적 입증 전략 : 과학적인 논리보다 동료나 사람들의 행동에 의해서 상대방을 설득하는 전략

ⓗ 연결전략 : 갈등 문제와 갈등관리자를 연결시키는 것이 아니라 갈등을 야기한 사람과 관리자를 연결시킴으로서 협상을 용이하게 하는 전략

ⓢ 권위전략 : 직위나 전문성, 외모 등을 활용하여 협상을 용이하게 하는 전략

ⓞ 희소성 해결 전략 : 인적, 물적 자원 등의 희소성을 해결함으로서 협상과정상의 갈등해결을 용이하게 하는 전략

ⓩ 반항심 극복 전략 : 억압하면 할수록 더욱 반항하게 될 가능성이 높아지므로 이를 피함으로서 협상을 용이하게 하는 전략

(5) 고객서비스능력

① 고객서비스의 의미 : 고객서비스란 다양한 고객의 요구를 파악하고 대응법을 마련하여 고객에게 양질의 서비스를 제공하는 것을 말한다.

② 고객의 불만표현 유형 및 대응방안

불만표현 유형	대응방안
거만형	• 정중하게 대하는 것이 좋다. • 자신의 과시욕이 채워지도록 뽐내게 내버려 둔다. • 의외로 단순한 면이 있으므로 일단 호감을 얻게 되면 득이 될 경우도 있다.
의심형	• 분명한 증거나 근거를 제시하여 스스로 확신을 갖도록 유도한다. • 때로는 책임자로 하여금 응대하는 것도 좋다.
트집형	• 이야기를 경청하고 맞장구를 치며 추켜세우고 설득해 가는 방법이 효과적이다. • '손님의 말씀이 맞습니다.' 하고 고객의 지적이 옳음을 표시한 후 '저도 그렇게 생각하고 있습니다만……' 하고 설득한다. • 잠자코 고객의 의견을 경청하고 사과를 하는 응대가 바람직하다.
빨리빨리형	• '글쎄요.', '아마' 하는 식으로 애매한 화법을 사용하지 않는다. • 만사를 시원스럽게 처리하는 모습을 보이면 응대하기 쉽다.

③ 고객 불만처리 프로세스

단계	내용
경청	• 고객의 항의를 경청하고 끝까지 듣는다. • 선입관을 버리고 문제를 파악한다.
감사와 공감표시	• 일부러 시간을 내서 해결의 기회를 준 것에 감사를 표시한다. • 고객의 항의에 공감을 표시한다.
사과	• 고객의 이야기를 듣고 문제점에 대해 인정하고, 잘못된 부분에 대해 사과한다.
해결약속	• 고객이 불만을 느낀 상황에 대해 관심과 공감을 보이며, 문제의 빠른 해결을 약속한다.
정보파악	• 문제해결을 위해 꼭 필요한 질문만 하여 정보를 얻는다. • 최선의 해결방법을 찾기 어려우면 고객에게 어떻게 해주면 만족스러운지를 묻는다.
신속처리	• 잘못된 부분을 신속하게 시정한다.
처리확인과 사과	• 불만처리 후 고객에게 처리 결과에 만족하는지를 물어본다.
피드백	• 고객 불만 사례를 회사 및 전 직원에게 알려 다시는 동일한 문제가 발생하지 않도록 한다.

④ 고객만족 조사

  ㉠ 목적 : 고객의 주요 요구를 파악하여 가장 중요한 고객요구를 도출하고 자사가 가지고 있는 자원을 토대로 경영 프로세스의 개선에 활용함으로써 경쟁력을 증대시키는 것이다.

  ㉡ 고객만족 조사계획에서 수행되어야 할 것
   • 조사 분야 및 대상 결정
   • 조사목적 설정 : 전체적 경향의 파악, 고객에 대한 개별대응 및 고객과의 관계유지 파악, 평가목적, 개선목적
   • 조사방법 및 횟수
   • 조사결과 활용 계획

예제 5

고객중심 기업의 특징으로 옳지 않은 것은?

① 고객이 정보, 제품, 서비스 등에 쉽게 접근할 수 있도록 한다.
② 보다 나은 서비스를 제공할 수 있도록 기업정책을 수립한다.
③ 고객 만족에 중점을 둔다.
④ 기업이 행한 서비스에 대한 평가는 한번으로 끝낸다.

출제의도

고객서비스능력에 대한 포괄적인 문제로 실제 고객중심 기업의 입장에서 생각해 보면 쉽게 풀 수 있는 문제다.

해 설

④ 기업이 행한 서비스에 대한 평가는 수시로 이루어져야 한다.

답 ④

1 정보화사회와 정보능력

(1) 정보와 정보화사회

① 자료·정보·지식

구분	특징
자료Data)	객관적 실제의 반영이며, 그것을 전달할 수 있도록 기호화한 것
정보(Information)	자료를 특정한 목적과 문제해결에 도움이 되도록 가공한 것
지식(Knowledge)	정보를 집적하고 체계화하여 장래의 일반적인 사항에 대비해 보편성을 갖도록 한 것

② 정보화사회 : 필요로 하는 정보가 사회의 중심이 되는 사회

(2) 업무수행과 정보능력

① 컴퓨터의 활용 분야

    ㉠ 기업 경영 분야에서의 활용 : 판매, 회계, 재무, 인사 및 조직관리, 금융 업무 등

    ㉡ 행정 분야에서의 활용 : 민원처리, 각종 행정 통계 등

    ㉢ 산업 분야에서의 활용 : 공장 자동화, 산업용 로봇, 판매시점관리시스템(POS) 등

    ㉣ 기타 분야에서의 활용 : 교육, 연구소, 출판, 가정, 도서관, 예술 분야 등

② 정보처리과정

    ㉠ 정보 활용 절차 : 기획 → 수집 → 관리 → 활용

    ㉡ 5W2H : 정보 활용의 전략적 기획

      • WHAT(무엇을?) : 정보의 입수대상을 명확히 한다.

      • WHERE(어디에서?) : 정보의 소스(정보원)를 파악한다.

      • WHEN(언제까지) : 정보의 요구(수집)시점을 고려한다.

      • WHY(왜?) : 정보의 필요목적을 염두에 둔다.

      • WHO(누가?) : 정보활동의 주체를 확정한다.

      • HOW(어떻게) : 정보의 수집방법을 검토한다.

      • HOW MUCH(얼마나?) : 정보수집의 비용성(효용성)을 중시한다.

5W2H는 정보를 전략적으로 수집·활용할 때 주로 사용하는 방법이다. 5W2H에 대한 설명으로 옳지 않은 것은?

① WHAT : 정보의 수집방법을 검토한다.
② WHERE : 정보의 소스(정보원)를 파악한다.
③ WHEN : 정보의 요구(수집)시점을 고려한다.
④ HOW : 정보의 수집방법을 검토한다.

출제의도

방대한 정보들 중 꼭 필요한 정보와 수집 방법 등을 전략적으로 기획하고 정보수집이 이루어질 때 효과적인 정보 수집이 가능해진다. 5W2H는 이러한 전략적 정보 활용 기획의 방법으로 그 개념을 이해하고 있는지를 묻는 질문이다.

해 설

5W2H의 'WHAT'은 정보의 입수대상을 명확히 하는 것이다. 정보의 수집방법을 검토하는 것은 HOW(어떻게)에 해당되는 내용이다.

답 ①

(3) 사이버공간에서 지켜야 할 예절

① 인터넷의 역기능

  ㉠ 불건전 정보의 유통

  ㉡ 개인 정보 유출

  ㉢ 사이버 성폭력

  ㉣ 사이버 언어폭력

  ㉤ 언어 훼손

  ㉥ 인터넷 중독

  ㉦ 불건전한 교제

  ㉧ 저작권 침해

② 네티켓(netiquette) : 네트워크(network) + 에티켓(etiquette)

(4) 정보의 유출에 따른 피해사례

① 개인정보의 종류

    ㉠ 일반 정보 : 이름, 주민등록번호, 운전면허정보, 주소, 전화번호, 생년월일, 출생지, 본적지, 성별, 국적 등

    ㉡ 가족 정보 : 가족의 이름, 직업, 생년월일, 주민등록번호, 출생지 등

    ㉢ 교육 및 훈련 정보 : 최종학력, 성적, 기술자격증/전문면허증, 이수훈련 프로그램, 서클 활동, 상벌사항, 성격/행태보고 등

    ㉣ 병역 정보 : 군번 및 계급, 제대유형, 주특기, 근무부대 등

    ㉤ 부동산 및 동산 정보 : 소유주택 및 토지, 자동차, 저축현황, 현금카드, 주식 및 채권, 수집품, 고가의 예술품 등

    ㉥ 소득 정보 : 연봉, 소득의 원천, 소득세 지불 현황 등

    ㉦ 기타 수익 정보 : 보험가입현황, 수익자, 회사의 판공비 등

    ㉧ 신용 정보 : 대부상황, 저당, 신용카드, 담보설정 여부 등

    ㉨ 고용 정보 : 고용주, 회사주소, 상관의 이름, 직무수행 평가 기록, 훈련기록, 상벌기록 등

    ㉩ 법적 정보 : 전과기록, 구속기록, 이혼기록 등

    ㉪ 의료 정보 : 가족병력기록, 과거 의료기록, 신체장애, 혈액형 등

    ㉫ 조직 정보 : 노조가입, 정당가입, 클럽회원, 종교단체 활동 등

    ㉬ 습관 및 취미 정보 : 흡연/음주량, 여가활동, 도박성향, 비디오 대여기록 등

② 개인정보 유출방지 방법

    ㉠ 회원 가입 시 이용 약관을 읽는다.

    ㉡ 이용 목적에 부합하는 정보를 요구하는지 확인한다.

    ㉢ 비밀번호는 정기적으로 교체한다.

    ㉣ 정체불명의 사이트는 멀리한다.

    ㉤ 가입 해지 시 정보 파기 여부를 확인한다.

    ㉥ 남들이 쉽게 유추할 수 있는 비밀번호는 자제한다.

② 정보능력을 구성하는 하위능력

(1) 컴퓨터활용능력

① 인터넷 서비스 활용

  ㉠ 전자우편(E-mail) 서비스 : 정보 통신망을 이용하여 다른 사용자들과 편지나 여러 정보를 주고받는 통신 방법

  ㉡ 인터넷 디스크/웹 하드 : 웹 서버에 대용량의 저장 기능을 갖추고 사용자가 개인용 컴퓨터의 하드디스크와 같은 기능을 인터넷을 통하여 이용할 수 있게 하는 서비스

  ㉢ 메신저 : 인터넷에서 실시간으로 메시지와 데이터를 주고받을 수 있는 소프트웨어

  ㉣ 전자상거래 : 인터넷을 통해 상품을 사고팔거나 재화나 용역을 거래하는 사이버 비즈니스

② 정보검색 : 여러 곳에 분산되어 있는 수많은 정보 중에서 특정 목적에 적합한 정보만을 신속하고 정확하게 찾아내어 수집, 분류, 축적하는 과정

  ㉠ 검색엔진의 유형

  • 키워드 검색 방식 : 찾고자 하는 정보와 관련된 핵심적인 언어인 키워드를 직접 입력하여 이를 검색 엔진에 보내어 검색 엔진이 키워드와 관련된 정보를 찾는 방식

  • 주제별 검색 방식 : 인터넷상에 존재하는 웹 문서들을 주제별, 계층별로 정리하여 데이터베이스를 구축한 후 이용하는 방식

  • 통합형 검색방식 : 사용자가 입력하는 검색어들이 연계된 다른 검색 엔진에게 보내고 이를 통하여 얻어진 검색 결과를 사용자에게 보여주는 방식

  ㉡ 정보 검색 연산자

기호	연산자	검색조건
*, &	AND	두 단어가 모두 포함된 문서를 검색
|	OR	두 단어가 모두 포함되거나 두 단어 중에서 하나만 포함된 문서를 검색
-, !	NOT	'-' 기호나 '!' 기호 다음에 오는 단어는 포함하지 않는 문서를 검색
~, near	인접검색	앞/뒤의 단어가 가깝게 있는 문서를 검색

③ 소프트웨어의 활용

  ㉠ 워드프로세서

  • 특징 : 문서의 내용을 화면으로 확인하면서 쉽게 수정 가능, 문서 작성 후 인쇄 및 저장 가능, 글이나 그림의 입력 및 편집 가능

  • 기능 : 입력기능, 표시기능, 저장기능, 편집기능, 인쇄기능 등

ⓒ 스프레드시트
  • 특징 : 쉽게 계산 수행, 계산 결과를 차트로 표시, 문서를 작성하고 편집 가능
  • 기능 : 계산, 수식, 차트, 저장, 편집, 인쇄기능 등

예제 2

귀하는 커피 전문점을 운영하고 있다. 아래와 같이 엑셀 워크시트로 4개 지점의 원두 구매 수량과 단가를 이용하여 금액을 산출하고 있다. 귀하가 다음 중 D3셀에서 사용하고 있는 함수식으로 옳은 것은? (단, 금액 = 수량 × 단가)

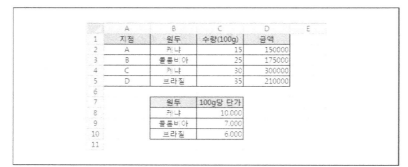

① =C3*VLOOKUP(B3, $B$8:$C$10, 1, 1)
② =B3*HLOOKUP(C3, $B$8:$C$10, 2, 0)
③ =C3*VLOOKUP(B3, $B$8:$C$10, 2, 0)
④ =C3*HLOOKUP($B$8:$C$10, 2, B3)

출제의도

본 문항은 엑셀 워크시트 함수의 활용도를 확인하는 문제이다.

해 설

"VLOOKUP(B3,$B$8:$C$10, 2, 0)"의 함수를 해설해보면 B3의 값(콜롬비아)을 B8:C10에서 찾은 후 그 영역의 2번째 열(C열, 100g당 단가)에 있는 값을 나타내는 함수이다. 금액은 "수량 × 단가"으로 나타내므로 D3셀에 사용되는 함수식은 "=C3*VLOOKUP(B3, $B$8:$C$10, 2, 0)"이다.

※ HLOOKUP과 VLOOKUP
  ㉠ HLOOKUP : 배열의 첫 행에서 값을 검색하여, 지정한 행의 같은 열에서 데이터를 추출
  ㉡ VLOOKUP : 배열의 첫 열에서 값을 검색하여, 지정한 열의 같은 행에서 데이터를 추출

답 ③

ⓒ 프레젠테이션
  • 특징 : 각종 정보를 사용자 또는 대상자에게 쉽게 전달
  • 기능 : 저장, 편집, 인쇄, 슬라이드 쇼 기능 등
ⓔ 유틸리티 프로그램 : 파일 압축 유틸리티, 바이러스 백신 프로그램

④ 데이터베이스의 필요성
  ㉠ 데이터의 중복을 줄인다.
  ㉡ 데이터의 무결성을 높인다.
  ㉢ 검색을 쉽게 해준다.
  ㉣ 데이터의 안정성을 높인다.
  ㉤ 개발기간을 단축한다.

(2) 정보처리능력

① 정보원 : 1차 자료는 원래의 연구성과가 기록된 자료이며, 2차 자료는 1차 자료를 효과적으로 찾아보기 위한 자료 또는 1차 자료에 포함되어 있는 정보를 압축·정리한 형태로 제공하는 자료이다.

    ㉠ 1차 자료 : 단행본, 학술지와 논문, 학술회의자료, 연구보고서, 학위논문, 특허정보, 표준 및 규격자료, 레터, 출판 전 배포자료, 신문, 잡지, 웹 정보자원 등

    ㉡ 2차 자료 : 사전, 백과사전, 편람, 연감, 서지데이터베이스 등

② 정보분석 및 가공

    ㉠ 정보분석의 절차 : 분석과제의 발생 → 과제(요구)의 분석 → 조사항목의 선정 → 관련정보의 수집(기존 자료 조사/신규자료 조사) → 수집정보의 분류 → 항목별 분석 → 종합·결론 → 활용·정리

    ㉡ 가공 : 서열화 및 구조화

③ 정보관리

    ㉠ 목록을 이용한 정보관리

    ㉡ 색인을 이용한 정보관리

    ㉢ 분류를 이용한 정보관리

예제 3

인사팀에서 근무하는 J씨는 회사가 성장함에 따라 직원 수가 급증하기 시작하면서 직원들의 정보관리 방법을 모색하던 중 다음과 같은 A사의 직원 정보관리 방법을 보게 되었다. J씨는 A사가 하고 있는 이 방법을 회사에도 도입하고자 한다. 이 방법은 무엇인가?

> A사의 인사부서에 근무하는 H씨는 직원들의 개인정보를 관리하는 업무를 담당하고 있다. A사에서 근무하는 직원은 수천 명에 달하기 때문에 H씨는 주요 키워드나 주제어를 가지고 직원들의 정보를 구분하여 관리하여, 찾을 때도 쉽고 내용을 수정할 때도 이전보다 훨씬 간편할 수 있도록 했다.

① 목록을 활용한 정보관리
② 색인을 활용한 정보관리
③ 분류를 활용한 정보관리
④ 1:1 매칭을 활용한 정보관리

1 기술과 기술능력

(1) 기술과 과학

① 노하우(know-how)와 노와이(know-why)

　㉠ 노하우 : 특허권을 수반하지 않는 과학자, 엔지니어 등이 가지고 있는 체화된 기술로 경험적이고 반복적인 행위에 의해 얻어진다.

　㉡ 노와이 : 기술이 성립하고 작용하는가에 관한 원리적 측면에 중심을 둔 개념으로 이론적인 지식으로서 과학적인 탐구에 의해 얻어진다.

② 기술의 특징

　㉠ 하드웨어나 인간에 의해 만들어진 비자연적인 대상, 혹은 그 이상을 의미한다.

　㉡ 기술은 노하우(know-how)를 포함한다.

　㉢ 기술은 하드웨어를 생산하는 과정이다.

　㉣ 기술은 인간의 능력을 확장시키기 위한 하드웨어와 그것의 활용을 뜻한다.

　㉤ 기술은 정의 가능한 문제를 해결하기 위해 순서화되고 이해 가능한 노력이다.

③ 기술과 과학 : 기술은 과학과 같이 추상적 이론보다는 실용성, 효용, 디자인을 강조하고 과학은 그 반대로 추상적 이론, 지식을 위한 지식, 본질에 대한 이해를 강조한다.

(2) 기술능력

① 기술능력과 기술교양 : 기술능력은 기술교양의 개념을 보다 구체화시킨 개념으로, 기술교양은 모든 사람들이 광범위한 관점에서 기술의 특성, 기술적 행동, 기술의 힘, 기술의 결과에 대해 어느 정도의 지식을 가지는 것을 의미한다.

② 기술능력이 뛰어난 사람의 특징

　㉠ 실질적 해결을 필요로 하는 문제를 인식한다.

　㉡ 인식된 문제를 위한 다양한 해결책을 개발하고 평가한다.

　㉢ 실제적 문제를 해결하기 위해 지식이나 기타 자원을 선택 · 최적화시키며 적용한다.

　㉣ 주어진 한계 속에서 제한된 자원을 가지고 일한다.

　㉤ 기술적 해결에 대한 효용성을 평가한다.

ⓗ 여러 상황 속에서 기술의 체계와 도구를 사용하고 배울 수 있다.

예제 1

Y그룹 기술연구소에 근무하는 정호는 연구 역량 강화를 위한 업계 워크숍에 참석해 기술 능력이 뛰어난 사람의 특징에 대해 기조 발표를 하려고 한다. 다음 중 정호가 발표에 포함시킬 내용으로 옳지 않은 것은?

① 기술의 체계와 같은 무형의 기술에 대한 능력과는 무관하다.
② 주어진 한계 속에서 제한된 자원을 가지고 일한다.
③ 기술적 해결에 대한 효용성을 평가한다.
④ 실질적 해결을 필요로 하는 문제를 인식한다.

출제의도

기술능력이 뛰어난 사람의 특징에 대해 묻는 문제로 문제의 길이가 길 경우 그 속에 포함된 핵심 어구를 찾는다면 쉽게 풀 수 있는 문제다.

해 설

① 여러 상황 속에서 기술의 체계와 도구를 사용하고 배울 수 있다.

답 ①

---

③ 새로운 기술능력 습득방법

　　㉠ 전문 연수원을 통한 기술과정 연수

　　㉡ E-learning을 활용한 기술교육

　　㉢ 상급학교 진학을 통한 기술교육

　　㉣ OJT를 활용한 기술교육

(3) 분야별 유망 기술 전망

① 전기전자정보공학분야 : 지능형 로봇 분야

② 기계공학분야 : 하이브리드 자동차 기술

③ 건설환경공학분야 : 지속가능한 건축 시스템 기술

④ 화학생명공학분야 : 재생에너지 기술

(4) 지속가능한 기술

① 지속가능한 발전 : 지금 우리의 현재 욕구를 충족시키면서 동시에 후속 세대의 욕구 충족을 침해하지 않는 발전

② 지속가능한 기술

　　㉠ 이용 가능한 자원과 에너지를 고려하는 기술

　　㉡ 자원이 사용되고 그것이 재생산되는 비율의 조화를 추구하는 기술

ⓒ 자원의 질을 생각하는 기술

ⓔ 자원이 생산적인 방식으로 사용되는가에 주의를 기울이는 기술

(5) 산업재해

① 산업재해란 산업 활동 중의 사고로 인해 사망하거나 부상을 당하고, 또는 유해 물질에 의한 중독 등으로 직업성 질환에 걸리거나 신체적 장애를 가져오는 것을 말한다.

② 산업 재해의 기본적 원인

　ⓐ 교육적 원인 : 안전 지식의 불충분, 안전 수칙의 오해, 경험이나 훈련의 불충분과 작업관리자의 작업 방법의 교육 불충분, 유해 위험 작업 교육 불충분 등

　ⓑ 기술적 원인 : 건물·기계 장치의 설계 불량, 구조물의 불안정, 재료의 부적합, 생산 공정의 부적당, 점검·정비·보존의 불량 등

　ⓒ 작업 관리상 원인 : 안전 관리 조직의 결함, 안전 수칙 미제정, 작업 준비 불충분, 인원 배치 및 작업 지시 부적당 등

예제 2

다음은 철재가 알아낸 산업재해 원인과 관련된 자료이다. 다음 자료에 해당하는 산업재해의 기본적인 원인은 무엇인가?

〈2015년 산업재해 현황분석 자료에 따른 사망자의 수〉

(단위 : 명)

사망원인	사망자 수
안전 지식의 불충분	120
안전 수칙의 오해	56
경험이나 훈련의 불충분	73
작업관리자의 작업방법 교육 불충분	28
유해 위험 작업 교육 불충분	91
기타	4

출처 : 고용노동부 2015 산업재해 현황분석

① 정책적 원인　　　　　② 작업 관리상 원인
③ 기술적 원인　　　　　④ 교육적 원인

출제의도

산업재해의 원인은 크게 기본적 원인과 직접적 원인으로 나눌 수 있고 이들 원인은 다시 여러 개의 세부 원인들로 나뉜다. 표에 나와 있는 각각의 원인들이 어디에 속하는지 잘 구분할 수 있어야 한다.

해 설

④ 안전 지식의 불충분, 안전 수칙의 오해, 경험이나 훈련의 불충분, 작업관리자의 작업방법 교육 불충분, 유해 위험 작업 교육 불충분 등은 산업재해의 기본적 원인 중 교육적 원인에 해당한다.

답 ④

③ 산업 재해의 직접적 원인

　　㉠ 불안전한 행동 : 위험 장소 접근, 안전장치 기능 제거, 보호 장비의 미착용 및 잘못 사용, 운전 중인 기계의 속도 조작, 기계 · 기구의 잘못된 사용, 위험물 취급 부주의, 불안전한 상태 방치, 불안전한 자세와 동장, 감독 및 연락 잘못 등

　　㉡ 불안전한 상태 : 시설물 자체 결함, 전기 기설물의 누전, 구조물의 불안정, 소방기구의 미확보, 안전 보호 장치 결함, 복장 · 보호구의 결함, 시설물의 배치 및 장소 불량, 작업 환경 결함, 생산 공정의 결함, 경계 표시 설비의 결함 등

④ 산업 재해의 예방 대책

　　㉠ 안전 관리 조직 : 경영자는 사업장의 안전 복표를 설정하고, 안전 관리 책임자를 선정해야 하며, 안전 관리 책임자는 안전 계획을 수립하고, 이를 시행 · 후원 · 감독해야 한다.

　　㉡ 사실의 발견 : 사고 조사, 안전 점검, 현장 분석, 작업자의 제안 및 여론 조사, 관찰 및 보고서 연구, 면담 등을 통하여 사실을 발견한다.

　　㉢ 원인 분석 : 재해의 발생 장소, 재해 형태, 재해 정도, 관련 인원, 직원 감독의 적절성, 공구 및 장비의 상태 등을 정확히 분석한다.

　　㉣ 시정책의 선정 : 원인 분석을 토대로 적절한 시정책, 즉 기술적 개선, 인사 조정 및 교체, 교육, 설득, 호소, 공학적 조치 등을 선정한다.

　　㉤ 시정책 적용 및 뒤처리 : 안전에 대한 교육 및 훈련 실시, 안전시설과 장비의 결함 개선, 안전 감독 실시 등의 선정된 시정책을 적용한다.

❷ 기술능력을 구성하는 하위능력

(1) 기술이해능력

① 기술시스템

　　㉠ 개념 : 기술시스템은 인공물의 집합체만이 아니라 회사, 투자회사, 법적 제도, 정치, 과학, 자연자원을 모두 포함하는 것이기 때문에, 기술적인 것(the technical)과 사회적인 것(the social)이 결합해서 공존한다.

　　㉡ 기술시스템의 발전 단계 : 발명 · 개발 · 혁신의 단계 → 기술 이전의 단계 → 기술 경쟁의 단계 → 기술 공고화 단계

② 기술혁신

　㉠ 기술혁신의 특성

　　• 기술혁신은 그 과정 자체가 매우 불확실하고 장기간의 시간을 필요로 한다.

　　• 기술혁신은 지식 집약적인 활동이다.

　　• 혁신 과정의 불확실성과 모호함은 기업 내에서 많은 논쟁과 갈등을 유발할 수 있다.

　　• 기술혁신은 조직의 경계를 넘나드는 특성을 갖고 있다.

　㉡ 기술혁신의 과정과 역할

기술혁신 과정	혁신 활동	필요한 자질과 능력
아이디어 창안	• 아이디어를 창출하고 가능성을 검증 • 일을 수행하는 새로운 방법 고안 • 혁신적인 진보를 위한 탐색	• 각 분야의 전문지식 • 추상화와 개념화 능력 • 새로운 분야의 일을 즐김
챔피언	• 아이디어의 전파 • 혁신을 위한 자원 확보 • 아이디어 실현을 위한 헌신	• 정력적이고 위험을 감수함 • 아이디어의 응용에 관심
프로젝트 관리	• 리더십 발휘 • 프로젝트의 기획 및 조직 • 프로젝트의 효과적인 진행 감독	• 의사결정 능력 • 업무 수행 방법에 대한 지식
정보 수문장	• 조직외부의 정보를 내부 구성원들에게 전달 • 조직 내 정보원 기능	• 높은 수준의 기술적 역량 • 원만한 대인 관계 능력
후원	• 혁신에 대한 격려와 안내 • 불필요한 제약에서 프로젝트 보호 • 혁신에 대한 자원 획득을 지원	• 조직의 주요 의사결정에 대한 영향력

(2) 기술선택능력

① 기술선택 : 기업이 어떤 기술을 외부로부터 도입하거나 자체 개발하여 활용할 것인가를 결정하는 것이다.

　㉠ 기술선택을 위한 의사결정

　　• 상향식 기술선택 : 기업 전체 차원에서 필요한 기술에 대한 체계적인 분석이나 검토 없이 연구자나 엔지니어들이 자율적으로 기술을 선택하는 것

　　• 하향식 기술선택 : 기술경영진과 기술기획담당자들에 의한 체계적인 분석을 통해 기업이 획득해야 하는 대상기술과 목표기술수준을 결정하는 것

ⓒ 기술선택을 위한 절차

```
          외부환경분석
              ↓
중장기 사업목표 설정 → 사업 전략 수립 → 요구기술 분석 → 기술전략 수립 → 핵심기술 선택
              ↓
          내부 역량 분석
```

- 외부환경분석 : 수요변화 및 경쟁자 변화, 기술 변화 등 분석
- 중장기 사업목표 설정 : 기업의 장기비전, 중장기 매출목표 및 이익목표 설정
- 내부 역량 분석 : 기술능력, 생산능력, 마케팅/영업능력, 재무능력 등 분석
- 사업 전략 수립 : 사업 영역결정, 경쟁 우위 확보 방안 수립
- 요구기술 분석 : 제품 설계/디자인 기술, 제품 생산공정, 원재료/부품 제조기술 분석
- 기술전략 수립 : 기술획득 방법 결정

ⓒ 기술선택을 위한 우선순위 결정

- 제품의 성능이나 원가에 미치는 영향력이 큰 기술
- 기술을 활용한 제품의 매출과 이익 창출 잠재력이 큰 기술
- 쉽게 구할 수 없는 기술
- 기업 간에 모방이 어려운 기술
- 기업이 생산하는 제품 및 서비스에 보다 광범위하게 활용할 수 있는 기술
- 최신 기술로 진부화될 가능성이 적은 기술

예제 3

주현은 건설회사에 근무하면서 프로젝트 관리를 한다. 얼마 전 대규모 프로젝트에 참가한 한 하청업체가 중간 보고회를 열고 다음과 같이 자신들이 이번 프로젝트의 성공적 마무리를 위해 노력하고 있음을 설명하고 있다. 다음 중 총괄 책임자로서 주현이 하청업체의 올바른 추진 방향으로 인정해줘야 하는 부분으로 바르게 묶인 것은?

> ⊙ 정부 및 환경단체가 요구하는 성과평가의 실천 방안을 연구하여 반영하고 있습니다.
> ⓒ 이번 프로젝트 성공을 위해 기술적 효용과 함께 환경적 효용도 추구하고 있습니다.
> ⓒ 오염 예방을 위한 청정 생산기술을 진단하고 컨설팅하면서 협력회사와 연대하고 있습니다.
> ⓒ 환경영향평가에 대해서는 철저한 사후평가 방식으로 진행하고 있습니다.

① ⊙ⓒⓒ
② ⊙ⓒⓒ
③ ⊙ⓒⓒ
④ ⓒⓒⓒ

출제의도

실제 현장에서 사용하는 기술들에 대해 바람직한 평가요소는 무엇인지 묻는 문제다.

해 설

ⓒ 환경영향평가에 대해서는 철저한 사전평가 방식으로 진행해야 한다.

답 ①

② 벤치마킹

　　㉠ 벤치마킹의 종류

기준	종류
비교대상에 따른 분류	• 내부 벤치마킹 : 같은 기업 내의 다른 지역, 타 부서, 국가 간의 유사한 활동을 비교대상으로 함 • 경쟁적 벤치마킹 : 동일 업종에서 고객을 직접적으로 공유하는 경쟁기업을 대상으로 함 • 비경쟁적 벤치마킹 : 제품, 서비스 및 프로세스의 단위 분야에 있어 가장 우수한 실무를 보이는 비경쟁적 기업 내의 유사 분야를 대상으로 함 • 글로벌 벤치마킹 : 프로세스에 있어 최고로 우수한 성과를 보유한 동일업종의 비경쟁적 기업을 대상으로 함
수행방식에 따른 분류	• 직접적 벤치마킹 : 벤치마킹 대상을 직접 방문하여 수행하는 방법 • 간접적 벤치마킹 : 인터넷 및 문서형태의 자료를 통해서 수행하는 방법

　　㉡ 벤치마킹의 주요 단계

　　　• 범위결정 : 벤치마킹이 필요한 상세 분야를 정의하고 목표와 범위를 결정하며 벤치마킹을 수행할 인력들을 결정

　　　• 측정범위 결정 : 상세분야에 대한 측정항목을 결정하고, 측정항목이 벤치마킹의 목표를 달성하는 데 적정한가를 검토

　　　• 대상 결정 : 비교분석의 대상이 되는 기업/기관들을 결정하고, 대상 후보별 벤치마킹 수행의 타당성을 검토하여 최종적인 대상 및 대상별 수행방식을 결정

　　　• 벤치마킹 : 직접 또는 간접적인 벤치마킹을 진행

　　　• 성과차이 분석 : 벤치마킹 결과를 바탕으로 성과차이를 측정항목별로 분석

　　　• 개선계획 수립 : 성과차이에 대한 원인 분석을 진행하고 개선을 위한 성과목표를 결정하며, 성과목표를 달성하기 위한 개선계획을 수립

　　　• 변화 관리 : 개선목표 달성을 위한 변화사항을 지속적으로 관리하고, 개선 후 변화사항과 예상했던 변화 사항을 비교

③ 매뉴얼 : 매뉴얼의 사전적 의미는 어떤 기계의 조작 방법을 설명해 놓은 사용 지침서이다.

　　㉠ 매뉴얼의 종류

　　　• 제품 매뉴얼 : 사용자를 위해 제품의 특징이나 기능 설명, 사용방법과 고장 조치방법, 유지 보수 및 A/S, 폐기까지 제품에 관련된 모든 서비스에 대해 소비자가 알아야 할 모든 정보를 제공하는 것

　　　• 업무 매뉴얼 : 어떤 일의 진행 방식, 지켜야할 규칙, 관리상의 절차 등을 일관성 있게 여러 사람이 보고 따라할 수 있도록 표준화하여 설명하는 지침서

ⓒ 매뉴얼 작성을 위한 Tip

- 내용이 정확해야 한다.
- 사용자가 알기 쉽게 쉬운 문장으로 쓰여야 한다.
- 사용자의 심리적 배려가 있어야 한다.
- 사용자가 찾고자 하는 정보를 쉽게 찾을 수 있어야 한다.
- 사용하기 쉬워야 한다.

(3) 기술적용능력

① 기술적용

ⓐ 기술적용 형태

- 선택한 기술을 그대로 적용한다.
- 선택한 기술을 그대로 적용하되, 불필요한 기술은 과감히 버리고 적용한다.
- 선택한 기술을 분석하고 가공하여 활용한다.

ⓑ 기술적용 시 고려 사항

- 기술적용에 따른 비용이 많이 드는가?
- 기술의 수명 주기는 어떻게 되는가?
- 기술의 전략적 중요도는 어떻게 되는가?
- 잠재적으로 응용 가능성이 있는가?

② 기술경영자와 기술관리자

ⓐ 기술경영자에게 필요한 능력

- 기술을 기업의 전반적인 전략 목표에 통합시키는 능력
- 빠르고 효과적으로 새로운 기술을 습득하고 기존의 기술에서 탈피하는 능력
- 기술을 효과적으로 평가할 수 있는 능력
- 기술 이전을 효과적으로 할 수 있는 능력
- 새로운 제품개발 시간을 단축할 수 있는 능력
- 크고 복잡하고 서로 다른 분야에 걸쳐 있는 프로젝트를 수행할 수 있는 능력
- 조직 내의 기술 이용을 수행할 수 있는 능력
- 기술 전문 인력을 운용할 수 있는 능력

다음은 기술경영자의 어떤 부분을 이야기하고 있는가?

> 어떤 일을 마무리하는 데 있어서 6개월의 시간이 걸린다면 그는 그 일을 한 달 안으로 끝낼 것을 원한다. 그에게 강한 밀어붙임을 경험한 사람들은 그에 대해 비판적인 입장을 취하기도 한다. 그의 직원 중 일부는 그 무게를 이겨내지 못하고, 다른 일부의 직원들은 그것을 스스로 더욱 열심히 할 수 있는 자극제로 사용한다고 말한다.

① 빠르고 효과적으로 새로운 기술을 습득하는 능력
② 기술 이전을 효과적으로 할 수 있는 능력
③ 기술 전문 인력을 운용할 수 있는 능력
④ 조직 내의 기술 이용을 수행할 수 있는 능력

출제의도

해당 사례가 기술경영자에게 필요한 능력 중 무엇에 해당하는 내용인지 묻는 문제로 각 능력에 대해 확실하게 이해하고 있어야 한다.

해　설

③ 기술경영자는 기술 전문 인력을 운용함에 있어 강한 리더십을 발휘하고 직원 스스로 움직일 수 있게 이끌 수 있어야 한다.

답 ③

　　ⓛ 기술관리자에게 필요한 능력

　　　• 기술을 운용하거나 문제 해결을 할 수 있는 능력
　　　• 기술직과 의사소통을 할 수 있는 능력
　　　• 혁신적인 환경을 조성할 수 있는 능력
　　　• 기술적, 사업적, 인간적인 능력을 통합할 수 있는 능력
　　　• 시스템적인 관점
　　　• 공학적 도구나 지원방식에 대한 이해 능력
　　　• 기술이나 추세에 대한 이해 능력
　　　• 기술팀을 통합할 수 있는 능력

③ 네트워크 혁명

　　㉠ 네트워크 혁명의 3가지 법칙

　　　• 무어의 법칙 : 컴퓨터의 파워가 18개월마다 2배씩 증가한다는 법칙
　　　• 메트칼피의 법칙 : 네트워크의 가치는 사용자 수의 제곱에 비례한다는 법칙
　　　• 카오의 법칙 : 창조성은 네트워크에 접속되어 있는 다양한 지수함수로 비례한다는 법칙

　　㉡ 네트워크 혁명의 역기능 : 디지털 격차(digital divide), 정보화에 따른 실업의 문제, 인터넷 게임과 채팅 중독, 범죄 및 반사회적인 사이트의 활성화, 정보기술을 이용한 감시 등

직표는 J그룹의 기술연구팀에서 근무하고 있는데 하루는 공정 개선 워크숍이 열려 최근 사내에서 이슈로 떠오른 신 제조공법의 도입과 관련해 토론을 벌이고 있다. 신 제조공법 도입으로 인한 이해득실에 대해 의견이 분분한 가운데 직표가 할 수 있는 발언으로 옳지 않은 것은?

① "기술의 수명 주기뿐만 아니라 기술의 전략적 중요성과 잠재적 응용 가능성 등도 따져봐야 합니다."
② "다른 것은 그냥 넘어가도 되지만 기계 교체로 인한 막대한 비용만큼은 철저히 고려해야 합니다."
③ "신 제조공법 도입이 우리 회사의 어떤 시장 전략과 연관되어 있는지 궁금합니다."
④ "신 제조공법의 수명을 어떻게 예상하고 있는지 알고 싶군요."

출제의도

기술적용능력에 대해 포괄적으로 묻는 문제로 신기술 적용 시 중요하게 생각해야 할 요소로는 무엇이 있는지 파악하고 있어야 한다.

해 설

② 기계 교체로 인한 막대한 비용뿐만 아니라 신 기술도입과 관련된 모든 사항에 대해 사전에 철저히 고려해야 한다.

답 ②

① 조직과 개인

(1) 조직

① 조직과 기업

    ㉠ 조직 : 두 사람 이상이 공동의 목표를 달성하기 위해 의식적으로 구성된 상호작용과 조정을 행하는 행동의 집합체

    ㉡ 기업 : 노동, 자본, 물자, 기술 등을 투입하여 제품이나 서비스를 산출하는 기관

② 조직의 유형

기준	구분	예
공식성	공식조직	조직의 규모, 기능, 규정이 조직화된 조직
	비공식조직	인간관계에 따라 형성된 자발적 조직
영리성	영리조직	사기업
	비영리조직	정부조직, 병원, 대학, 시민단체
조직규모	소규모 조직	가족 소유의 상점
	대규모 조직	대기업

(2) 경영

① 경영의 의미 : 조직의 목적을 달성하기 위한 전략, 관리, 운영활동이다.

② 경영의 구성요소

    ㉠ 경영목적 : 조직의 목적을 달성하기 위한 방법이나 과정

    ㉡ 인적자원 : 조직의 구성원·인적자원의 배치와 활용

    ㉢ 자금 : 경영활동에 요구되는 돈·경영의 방향과 범위 한정

    ㉣ 경영전략 : 변화하는 환경에 적응하기 위한 경영활동 체계화

③ 경영자의 역할

대인적 역할	정보적 역할	의사결정적 역할
• 조직의 대표자 • 조직의 리더 • 상징자, 지도자	• 외부환경 모니터 • 변화전달 • 정보전달자	• 문제 조정 • 대외적 협상 주도 • 분쟁조정자, 자원배분자, 협상가

(3) 조직체제 구성요소

① 조직목표 : 전체 조직의 성과, 자원, 시장, 인력개발, 혁신과 변화, 생산성에 대한 목표

② 조직구조 : 조직 내의 부문 사이에 형성된 관계

③ 조직문화 : 조직구성원들 간에 공유하는 생활양식이나 가치

④ 규칙 및 규정 : 조직의 목표나 전략에 따라 수립되어 조직구성원들이 활동범위를 제약하고 일관성을 부여하는 기능

예제 1

주어진 글의 빈칸에 들어갈 말로 가장 적절한 것은?

조직이 지속되게 되면 조직구성원들 간 생활양식이나 가치를 공유하게 되는데 이를 조직의 (㉠)라고 한다. 이는 조직구성원들의 사고와 행동에 영향을 미치며 일체감과 정체성을 부여하고 조직이 (㉡)으로 유지되게 한다. 최근 이에 대한 중요성이 부각되면서 긍정적인 방향으로 조성하기 위한 경영층의 노력이 이루어지고 있다.

① ㉠ : 목표, ㉡ : 혁신적
② ㉠ : 구조, ㉡ : 단계적
③ ㉠ : 문화, ㉡ : 안정적
④ ㉠ : 규칙, ㉡ : 체계적

출제의도

본 문항은 조직체계의 구성요소들의 개념을 묻는 문제이다.

해 설

조직문화란 조직구성원들 간에 공유하게 되는 생활양식이나 가치를 말한다. 이는 조직구성원들의 사고와 행동에 영향을 미치며 일체감과 정체성을 부여하고 조직이 안정적으로 유지되게 한다.

답 ③

---

(4) 조직변화의 과정

환경변화 인지 → 조직변화 방향 수립 → 조직변화 실행 → 변화결과 평가

(5) 조직과 개인

개인	지식, 기술, 경험 →	조직
	←	
	연봉, 성과급, 인정, 칭찬, 만족감	

② 조직이해능력을 구성하는 하위능력

(1) 경영이해능력

① 경영 : 조직의 목적을 달성하기 위한 전략, 관리, 운영활동이다.

　　㉠ 경영의 구성요소 : 경영목적, 인적자원, 자금, 전략

　　㉡ 경영의 과정

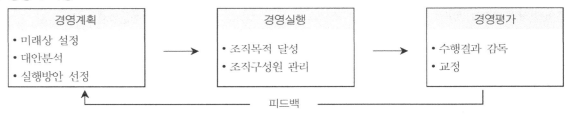

　　㉢ 경영활동 유형

　　　• 외부경영활동 : 조직외부에서 조직의 효과성을 높이기 위해 이루어지는 활동이다.

　　　• 내부경영활동 : 조직내부에서 인적, 물적 자원 및 생산기술을 관리하는 것이다.

② 의사결정과정

　　㉠ 의사결정의 과정

　　　• 확인 단계 : 의사결정이 필요한 문제를 인식한다.

　　　• 개발 단계 : 확인된 문제에 대하여 해결방안을 모색하는 단계이다.

　　　• 선택 단계 : 해결방안을 마련하며 실행가능한 해결안을 선택한다.

　　㉡ 집단의사결정의 특징

　　　• 지식과 정보가 더 많아 효과적인 결정을 할 수 있다.

　　　• 다양한 견해를 가지고 접근할 수 있다.

　　　• 결정된 사항에 대하여 의사결정에 참여한 사람들이 해결책을 수월하게 수용하고, 의사소통의 기회도 향상된다.

- 의견이 불일치하는 경우 의사결정을 내리는데 시간이 많이 소요된다.
- 특정 구성원에 의해 의사결정이 독점될 가능성이 있다.

③ 경영전략

㉠ 경영전략 추진과정

전략목표설정	환경분석	경영전략 도출	경영전략 실행	평가 및 피드백
• 비전 설정 • 미션 설정	• 내부환경 분석 • 외부환경 분석 (SWOT 등)	• 조직전략 • 사업전략 • 부문전략	• 경영목적 달성	• 경영전략 결과 평가 • 전략목표 및 경영전략 재조명

㉡ 마이클 포터의 본원적 경쟁전략

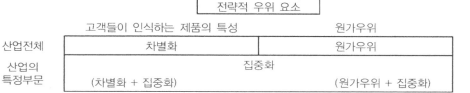

		전략적 우위 요소	
		고객들이 인식하는 제품의 특성	원가우위
전략적 목표	산업전체	차별화	원가우위
	산업의 특정부문	집중화	
		(차별화 + 집중화)	(원가우위 + 집중화)

예제 2

다음은 경영전략을 세우는 방법 중 하나인 SWOT에 따른 어느 기업의 분석결과이다. 다음 중 주어진 기업 분석 결과에 대응하는 전략은?

강점(Strength)	• 차별화된 맛과 메뉴 • 폭넓은 네트워크
약점(Weakness)	• 매출의 계절적 변동폭이 큼 • 딱딱한 기업 이미지
기회(Opportunity)	• 소비자의 수요 트랜드 변화 • 가계의 외식 횟수 증가 • 경기회복 가능성
위협(Threat)	• 새로운 경쟁자의 진입 가능성 • 과도한 가계부채

내부환경 외부환경	강점(Strength)	약점(Weakness)
기회 (Opportunity)	① 계절 메뉴 개발을 통한 분기 매출 확보	② 고객의 소비패턴을 반영한 광고를 통한 이미지 쇄신
위협 (Threat)	③ 소비 트렌드 변화를 반영한 시장 세분화 정책	④ 고급화 전략을 통한 매출 확대

출제의도

본 문항은 조직이해능력의 하위능력인 경영관리능력을 측정하는 문제이다. 기업에서 경영전략을 세우는데 많이 사용되는 SWOT분석에 대해 이해하고 주어진 분석표를 통해 가장 적절한 경영전략을 도출할 수 있는지를 확인할 수 있다.

해 설

② 딱딱한 이미지를 현재 소비자의 수요 트렌드라는 환경 변화에 대응하여 바꿀 수 있다.

답 ②

④ 경영참가제도

　　㉠ 목적
　　　• 경영의 민주성을 제고할 수 있다.
　　　• 공동으로 문제를 해결하고 노사 간의 세력 균형을 이룰 수 있다.
　　　• 경영의 효율성을 제고할 수 있다.
　　　• 노사 간 상호 신뢰를 증진시킬 수 있다.
　　㉡ 유형
　　　• 경영참가 : 경영자의 권한인 의사결정과정에 근로자 또는 노동조합이 참여하는 것
　　　• 이윤참가 : 조직의 경영성과에 대하여 근로자에게 배분하는 것
　　　• 자본참가 : 근로자가 조직 재산의 소유에 참여하는 것

예제 3

다음은 중국의 H사에서 시행하는 경영참가제도에 대한 기사이다. 밑줄 친 이 제도는 무엇인가?

> H사는 '사람' 중심의 수평적 기업문화가 발달했다. H사는 이 제도의 시행을 통해 직원들이 경영에 간접적으로 참여할 수 있게 하였는데 이에 따라 자연스레 기업에 대한 직원들의 책임 의식도 강화됐다. 참여주주는 8만2471명이다. 모두 H사의 임직원이며, 이 중 창립자인 CEO R은 개인 주주로 총 주식의 1.18%의 지분과 퇴직연금으로 주식총액의 0.21%만을 보유하고 있다.

① 노사협의회제도　　　　　　　② 이윤분배제도
③ 종업원지주제도　　　　　　　④ 노동주제도

---

(2) 체제이해능력

① 조직목표 : 조직이 달성하려는 장래의 상태

　　㉠ 조직목표의 기능
　　　• 조직이 존재하는 정당성과 합법성 제공
　　　• 조직이 나아갈 방향 제시
　　　• 조직구성원 의사결정의 기준

- 조직구성원 행동수행의 동기유발
- 수행평가 기준
- 조직설계의 기준

ⓛ 조직목표의 특징
- 공식적 목표와 실제적 목표가 다를 수 있음
- 다수의 조직목표 추구 가능
- 조직목표 간 위계적 상호관계가 있음
- 가변적 속성
- 조직의 구성요소와 상호관계를 가짐

② 조직구조

㉠ 조직구조의 결정요인 : 전략, 규모, 기술, 환경

ⓛ 조직구조의 유형과 특징

유형	특징
기계적 조직	• 구성원들의 업무가 분명하게 규정 • 엄격한 상하 간 위계질서 • 다수의 규칙과 규정 존재
유기적 조직	• 비공식적인 상호의사소통 • 급변하는 환경에 적합한 조직

③ 조직문화

㉠ 조직문화 기능
- 조직구성원들에게 일체감, 정체성 부여
- 조직몰입 향상
- 조직구성원들의 행동지침 : 사회화 및 일탈행동 통제
- 조직의 안정성 유지

ⓛ 조직문화 구성요소(7S) : 공유가치(Shared Value), 리더십 스타일(Style), 구성원(Staff), 제도·절차(System), 구조(Structure), 전략(Strategy), 스킬(Skill)

④ 조직 내 집단

㉠ 공식적 집단 : 조직에서 의식적으로 만든 집단으로 집단의 목표, 임무가 명확하게 규정되어 있다.
    예 임시위원회, 작업팀 등

ⓛ 비공식적 집단 : 조직구성원들의 요구에 따라 자발적으로 형성된 집단이다.
    예 스터디모임, 봉사활동 동아리, 각종 친목회 등

(3) 업무이해능력

① 업무 : 상품이나 서비스를 창출하기 위한 생산적인 활동이다.

ㄱ 업무의 종류

부서	업무(예)
총무부	주주총회 및 이사회개최 관련 업무, 의전 및 비서업무, 집기비품 및 소모품의 구입과 관리, 사무실 임차 및 관리, 차량 및 통신시설의 운영, 국내외 출장 업무 협조, 복리후생 업무, 법률자문과 소송관리, 사내외 홍보 광고업무 등
인사부	조직기구의 개편 및 조정, 업무분장 및 조정, 인력수급계획 및 관리, 직무 및 정원의 조정 종합, 노사관리, 평가관리, 상벌관리, 인사발령, 교육체계 수립 및 관리, 임금제도, 복리후생제도 및 지원업무, 복무관리, 퇴직관리 등
기획부	경영계획 및 전략 수립, 전사기획업무 종합 및 조정, 중장기 사업계획의 종합 및 조정, 경영정보 조사 및 기획보고, 경영진단업무, 종합예산수립 및 실적관리, 단기사업계획 종합 및 조정, 사업계획, 손익추정, 실적관리 및 분석 등
회계부	회계제도의 유지 및 관리, 재무상태 및 경영실적 보고, 결산 관련 업무, 재무제표분석 및 보고, 법인세, 부가가치세, 국세 지방세 업무자문 및 지원, 보험가입 및 보상업무, 고정자산 관련 업무 등
영업부	판매 계획, 판매예산의 편성, 시장조사, 광고 선전, 견적 및 계약, 제조지시서의 발행, 외상매출금의 청구 및 회수, 제품의 재고 조절, 거래처로부터의 불만처리, 제품의 애프터서비스, 판매원가 및 판매가격의 조사 검토 등

예제 4

다음은 I기업의 조직도와 팀장님의 지시사항이다. H씨가 팀장님의 심부름을 수행하기 위해 연락해야 할 부서로 옳은 것은?

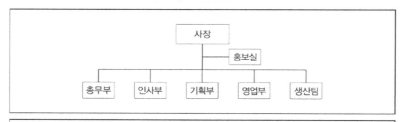

H씨! 내가 지금 너무 바빠서 그러는데 부탁 좀 들어줄래요? 다음 주 중에 사장님 모시고 클라이언트와 만나야 할 일이 있으니까 사장님 일정을 확인해주시구요. 이번 달에 신입사원 교육·훈련계획이 있었던 것 같은데 정확한 시간이랑 날짜를 확인해주세요.

① 총무부, 인사부
② 총무부, 홍보실
③ 기획부, 총무부
④ 영업부, 기획부

출제의도

조직도와 부서의 명칭을 보고 개략적인 부서의 소관 업무를 분별할 수 있는지를 묻는 문항이다.

해 설

사장의 일정에 관한 사항은 비서실에서 관리하나 비서실이 없는 회사의 경우 총무부(또는 팀)에서 비서업무를 담당하기도 한다. 또한 신입사원 관리 및 교육은 인사부에서 관리한다.

답 ①

ⓛ 업무의 특성
　　　• 공통된 조직의 목적 지향
　　　• 요구되는 지식, 기술, 도구의 다양성
　　　• 다른 업무와의 관계, 독립성
　　　• 업무수행의 자율성, 재량권
② 업무수행 계획
　　㉠ 업무지침 확인 : 조직의 업무지침과 나의 업무지침을 확인한다.
　　ⓛ 활용 자원 확인 : 시간, 예산, 기술, 인간관계
　　㉢ 업무수행 시트 작성
　　　• 간트 차트 : 단계별로 업무의 시작과 끝 시간을 바 형식으로 표현
　　　• 워크 플로 시트 : 일의 흐름을 동적으로 보여줌
　　　• 체크리스트 : 수행수준 달성을 자가점검

POINT 간트 차트와 플로 차트

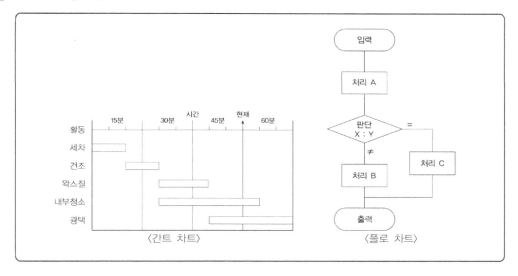

〈간트 차트〉　　　　　　　〈플로 차트〉

다음 중 업무수행 시 단계별로 업무를 시작해서 끝나는 데까지 걸리는 시간을 바 형식으로 표시하여 전체 일정 및 단계별로 소요되는 시간과 각 업무활동 사이의 관계를 볼 수 있는 업무수행 시트는?

① 간트 차트
② 워크 플로 차트
③ 체크리스트
④ 퍼트 차트

출제의도

업무수행 계획을 수립할 때 간트 차트, 워크 플로 시트, 체크리스트 등의 수단을 이용하면 효과적으로 계획하고 마지막에 급하게 일을 처리하지 않고 주어진 시간 내에 끝마칠 수 있다. 본 문항은 그러한 수단이 되는 차트들의 이해도를 묻는 문항이다.

해설

② 일의 절차 처리의 흐름을 표현하기 위해 기호를 써서 도식화한 것
③ 업무를 세부적으로 나누고 각 활동별로 수행수준을 달성했는지를 확인하는 데 효과적
④ 하나의 사업을 수행하는 데 필요한 다수의 세부사업을 단계와 활동으로 세분하여 관련된 계획 공정으로 묶고, 각 활동의 소요시간을 낙관시간, 최가능시간, 비관시간 등 세 가지로 추정하고 이를 평균하여 기대시간을 추정

답 ①

③ 업무 방해요소

　㉠ 다른 사람의 방문, 인터넷, 전화, 메신저 등

　㉡ 갈등관리

　㉢ 스트레스

(4) 국제감각

① 세계화와 국제경영

　㉠ 세계화 : 3Bs(국경 ; Border, 경계 ; Boundary, 장벽 ; Barrier)가 완화되면서 활동범위가 세계로 확대되는 현상이다.

　㉡ 국제경영 : 다국적 내지 초국적 기업이 등장하여 범지구적 시스템과 네트워크 안에서 기업 활동이 이루어지는 것이다.

② 이문화 커뮤니케이션 : 서로 상이한 문화 간 커뮤니케이션으로 직업인이 자신의 일을 수행하는 가운데 문화배경을 달리하는 사람과 커뮤니케이션을 하는 것이 이에 해당한다. 이문화 커뮤니케이션은 언어적 커뮤니케이션과 비언어적 커뮤니케이션으로 구분된다.

③ 국제 동향 파악 방법

    ㉠ 관련 분야 해외사이트를 방문해 최신 이슈를 확인한다.

    ㉡ 매일 신문의 국제면을 읽는다.

    ㉢ 업무와 관련된 국제잡지를 정기구독 한다.

    ㉣ 고용노동부, 한국산업인력공단, 산업통상자원부, 중소벤처기업부, 대한상공회의소, 산업별인적자원개발협의체 등의 사이트를 방문해 국제동향을 확인한다.

    ㉤ 국제학술대회에 참석한다.

    ㉥ 업무와 관련된 주요 용어의 외국어를 알아둔다.

    ㉦ 해외서점 사이트를 방문해 최신 서적 목록과 주요 내용을 파악한다.

    ㉧ 외국인 친구를 사귀고 대화를 자주 나눈다.

④ 대표적인 국제매너

    ㉠ 미국인과 인사할 때에는 눈이나 얼굴을 보는 것이 좋으며 오른손으로 상대방의 오른손을 힘주어 잡았다가 놓아야 한다.

    ㉡ 러시아와 라틴아메리카 사람들은 인사할 때에 포옹을 하는 경우가 있는데 이는 친밀함의 표현이므로 자연스럽게 받아주는 것이 좋다.

    ㉢ 명함은 받으면 꾸기거나 계속 만지지 않고 한 번 보고나서 탁자 위에 보이는 채로 대화하거나 명함집에 넣는다.

    ㉣ 미국인들은 시간 엄수를 중요하게 생각하므로 약속시간에 늦지 않도록 주의한다.

    ㉤ 스프를 먹을 때에는 몸쪽에서 바깥쪽으로 숟가락을 사용한다.

    ㉥ 생선요리는 뒤집어 먹지 않는다.

    ㉦ 빵은 스프를 먹고 난 후부터 디저트를 먹을 때까지 먹는다.

NCS 대표유형

의사소통능력 대표유형

의사소통은 직장생활에서 조직과 팀의 효율성과 효과성을 성취할 목적으로 이루어지는 구성원 간의 정보와 지식 전달 과정으로, 의사소통능력은 업무능력의 기본이 된다. 크게 어휘, 어법, 독해 유형으로 구분되며 공문, 보도자료, 상품설명서, 약관 등의 실용문과 함께 정치·경제·사회·과학·문화·예술 등 다양한 분야의 지문이 출제된다.

1

다음 밑줄 친 단어의 의미와 동일하게 쓰인 것은?

> 25일 막을 내린 2018 평창동계올림픽 폐막식은 개막식에 이어 다시 한 번 음악으로 전 세계인의 귀를 즐겁게 했다. 전통국악과 현대음악의 만남으로 국악의 새로운 매력을 느끼게 했다는 반응이 폐막식 이후 쏟아져 나왔다. 한국을 대표하는 소리꾼 장사익도 폐막식 무대를 빛냈다. 이날 폐막식에서 장사익은 태극기를 모티브로 한 옷을 입은 대관령초등학교 학생들과 함께 등장해 애국가를 제창했다. 특히 원곡보다 높은 키로 노래를 불러 우렁찬 기운을 강조했다. 무대를 마친 후 장사익은 "애국가는 모든 사람이 부르는 노래라서 키가 낮은 편"이라며 "보통은 조용하고 점잖게 부르지만 폐막식에서만큼은 한국인의 <u>기상</u>을 보여주고 싶었다."고 설명했다.

① 스튜어디스의 말에 의하면 <u>기상</u>에서 보는 서울 시가는 먼지 속에 싸인 것 같다고 한다.

② 이순신 장군은 늠름한 <u>기상</u>을 얼굴에 띠고 결연히 명령을 내린다.

③ 고산 지역은 하루 중에도 여러 번 날씨가 바뀔 정도로 <u>기상</u> 변화가 심하다.

④ 아침 <u>기상</u> 후 되는대로 접어 팽개쳤던 침구들을 다시 정돈하였다.

2

다음 단락을 논리적 흐름에 맞게 바르게 배열한 것은?

(개) 자본주의 사회에서 상대적으로 부유한 집단, 지역, 국가는 환경적 피해를 약자에게 전가하거나 기술적으로 회피할 수 있는 가능성을 가진다.

(내) 오늘날 환경문제는 특정한 개별 지역이나 국가의 문제에서 나아가 전 지구적 문제로 확대되었지만, 이로 인한 피해는 사회 · 공간적으로 취약한 특정 계층이나 지역에 집중적으로 나타나는 환경적 불평등을 야기하고 있다.

(대) 인간사회와 자연환경 간의 긴장관계 속에서 발생하고 있는 오늘날 환경위기의 해결 가능성은 논리적으로 뿐만 아니라 역사적으로 과학기술과 생산조직의 발전을 규정하는 사회적 생산관계의 전환을 통해서만 실현될 수 있다.

(래) 부유한 국가나 지역은 마치 환경문제를 스스로 해결한 것처럼 보이기도 하며, 나아가 자본주의 경제체제 자체가 환경문제를 해결(또는 최소한 지연)할 수 있는 능력을 갖춘 것처럼 홍보되기도 한다.

---

① (개) - (내) - (래) - (대)

② (내) - (개) - (대) - (래)

③ (내) - (개) - (래) - (대)

④ (내) - (래) - (개) - (대)

3

다음 글에서 언급한 스마트 팩토리의 특징으로 옳지 않은 것은?

최근 스포츠 브랜드인 아디다스에서 소비자가 원하는 디자인, 깔창, 굽 모양 등의 옵션을 적용하여 다품종 소량생산 할 수 있는 스피드 팩토리를 선보였고, 그밖에도 제조업을 비롯해 다양한 산업에서 스마트 팩토리를 도입하면서 미래형 제조 시스템인 스마트 팩토리에 대한 관심이 커지고 있다. 과연 스마트 팩토리 무엇이며 어떤 기술로 구현되고 이점은 무엇일까?

스마트 팩토리란 ICT기술을 기반으로 제품의 기획, 설계, 생산, 유통, 판매의 전 과정을 자동화, 지능화하여 최소 비용과 최소 시간으로 다품종 대량생산이 가능한 미래형 공장을 의미한다. 스마트 팩토리가 구현되기 위해서는 다양한 기술이 적용되는데, 먼저 클라우드 기술은 인터넷에 연결되어 축적된 데이터를 저장하고 IoT 기술은 각종 사물에 컴퓨터 칩과 통신 기능을 내장해 인터넷에 연결한다. 또한 데이터를 분석하는 빅데이터 기술, AI를 기반으로 스스로 학습하고 의사결정을 할 수 있는 차세대 로봇기술과 기계가 자가 학습하는 인공지능 기술을 비롯해 수많은 첨단 기술을 필요로 한다.

스마트 팩토리의 핵심 구현 요소는 디지털화, 연결화, 스마트화이다. 디지털화는 공장 내 사물들 간에 소통이 가능하도록 물리적 아날로그 신호를 디지털 신호로 변환하는 것으로 디지털화를 하면 무한대로 데이터를 복사할 수 있어 데이터 편집이 쉬워지고 데이터 통신이 자유롭게 이루어진다. 연결화는 사람을 포함한 모든 사물, 즉 공장 안에 존재하는 부품, 완제품, 설비, 공장, 건물, 기기를 연결하는 것으로, 이더넷이나 유무선 통신으로 설비를 연결해 생산 현황과 이상 유무를 관리한다. 작업자가 제조 라인에 서면 공정은 작업자의 역량, 경험 같은 것을 참고하여 합당한 공정을 수행하도록 지도해 주는 것이 연결화의 예라고 할 수 있다. 스마트화는 사물이 사람과 같이 스스로 판단하고 행동하는 것을 말하는 것으로 지능화, 자율화와 같은 의미이다. 수집된 데이터를 분석하여 스스로 판단하는 스마트화는 스마트 팩토리의 필수 전제조건이다.

스마트 팩토리의 이점은 제조 단계별로 구분해 볼 수 있다. 먼저 기획·설계 단계에서는 제품 성능 시뮬레이션을 통해 제작기간을 단축시키고, 맞춤형 제품을 개발할 수 있다는 이점이 있다. 다음으로 생산 단계에서는 설비 – 자재 – 시스템 간 통신으로 다품종 대량생산, 에너지와 설비 효율 제고의 효과가 있다. 그리고 유통·판매 단계에서는 모 기업과 협력사 간 실시간 연동을 통해 재고 비용을 감소시키고 품질, 물류 등 많은 분야를 협력할 수 있다.

① 스마트 팩토리는 최소 비용과 최소 시간으로 다품종 대량생산을 추구한다.

② 스마트 팩토리가 구현되기 위해서는 클라우드 기술, IoT기술, 인공지능 기술 등이 요구된다.

③ 디지털화는 공장 내 사물들 간에 소통이 가능하도록 디지털 신호를 물리적 아날로그 신호로 변환하는 것이다.

④ 스마트화는 사물이 사람과 같이 스스로 판단하고 행동하는 것으로 스마트 팩토리의 필수 전제조건이다.

4

다음은 사내게시판에 올라온 상담내용이다. 응답한 내용 중 적절하지 않은 것은?

① Q : 제가 말을 직설적으로 해서 그런지 몰라도 팀원과 갈등이 잦은 편이에요.

   A : 대인관계를 원만히 쌓아가기 위해 서로 이해하고 배려하는 마음이 전제되어야합니다. 원만한 의사소통을 위해 서로의 입장에서 생각해보고 조금 말을 둥글게 하는 게 어떤가요?

② Q : 제가 주변 사람들과 대화를 잘 나누지 못해요.

   A : 주변사람들과 대화할 때 상대에 대한 정보를 종합적으로 고려하여 상대방의 처지를 이해하면서 상호작용을 하려는 노력이 필요합니다.

③ Q : 팀원들이 회의 시에 방관하고 소극적인 자세로 임해서 걱정입니다.

   A : 집단 의사소통 상황에서 목적을 분명하게 제시하고 적극적인 방법으로 이끌어주려는 노력이 필요합니다. 필요하다면 자극적인 경쟁의 방법을 통해서라도 확실히 회의에 임할 수 있게 하는 것이 필요합니다.

④ Q : 이번 프로젝트의 발표를 담당하게 되었습니다. 앞에 나서서 말을 잘 못하는 편이라 걱정입니다.

   A : 자신의 일을 묵묵히 잘하는 것도 중요하지만 그것을 남들 앞에서 얼마나 잘 표현하느냐도 사회인이 갖추어야 할 역량입니다. 적극적으로 의견을 펼쳐 보여주는 것이 주요합니다.

5

다음 회의록의 내용을 보고 올바른 판단을 내리지 못한 것을 고르면?

인사팀 4월 회의록			
회의일시	2019년 4월 30일 14:00~15:30	회의장소	대회의실(예약)
참석자	팀장, 남 과장, 허 대리, 김 대리, 이 사원, 명 사원		
회의안건	• 직원 교육훈련 시스템 점검 및 성과 평가 • 차기 교육 프로그램 운영 방향 논의		
진행결과 및 협조 요청	〈총평〉 • 1사분기에는 지난해보다 학습목표시간을 상향조정(직급별 10~20시간)하였음에도 평균 학습시간을 초과하여 달성하는 등 상시학습문화가 정착됨 　- 1인당 평균 학습시간: 지난해 4사분기 22시간 → 올해 1사분기 35시간 • 다만, 고직급자와 계약직은 학습 실적이 목표에 미달하였는바, 앞으로 학습 진도에 대하여 사전 통보하는 등 학습목표 달성을 적극 지원할 필요가 있음 　- 고직급자: 목표 30시간, 실적 25시간, 계약직: 목표 40시간, 실적 34시간 〈운영방향〉 • 전 직원 일체감 형성을 위한 비전공유와 '매출 증대, 비용 절감' 구현을 위한 핵심과제 등 주요사업 시책교육 추진 • 직원이 가치창출의 원천이라는 인식하에 생애주기에 맞는 직급별 직무역량교육 의무화를 통해 인적자본 육성 강화 • 자기주도적 상시학습문화 정착에 기여한 학습관리시스템을 현실에 맞게 개선하고, 조직 간 인사교류를 확대		

① 올 1사분기에는 지난해보다 1인당 평균 학습시간이 50% 이상 증가하였다.

② 전체적으로 1사분기의 교육시간 이수 등의 성과는 우수하였다.

③ 2사분기에는 일부 직원들에 대한 교육시간이 1사분기보다 더 증가할 전망이다.

④ 2사분기에는 각 직급에 보다 적합한 교육이 시행될 것이다.

수리능력 대표유형

수리능력은 직장생활에서 요구되는 기본적인 사칙연산과 기초적인 통계를 이해하고 도표의 의미를 파악하거나 도표를 이용해서 결과를 효과적으로 제시하는 능력을 말한다. 따라서 기본적은 계산능력을 파악하는 유형과 함께 자료해석, 도표분석 능력 등을 요구하는 유형의 문제가 주로 출제된다.

1

A와 B가 다음과 같은 규칙으로 게임을 하였다. 규칙을 참고할 때, 두 사람 중 점수가 낮은 사람은 몇 점인가?

> • 이긴 사람은 4점, 진 사람은 2점의 점수를 얻는다.
> • 두 사람의 게임은 모두 20회 진행되었다.
> • 20회의 게임 후 두 사람의 점수 차이는 12점이었다.

① 50점　　　　　　　　　　　　　　　② 52점

③ 54점　　　　　　　　　　　　　　　④ 56점

2

영희가 걷는 속도보다 2배 빠르게 달리는 철수는 4000m의 운동장을 16분 만에 완주했다. 그렇다면 영희가 걷는 속도는?

① 125m/m

② 130m/m

③ 135m/m

④ 140m/m

3

다음은 2018년 한국인 사망 원인 '5대 암과 관련된 자료이다. 2018년 총 인구를 5,100만 명이라고 할 때, 치명률을 구하는 공식으로 옳은 것을 고르면?

종류	환자수	완치자수	후유장애자수	사망자수	치명률
폐암	101,600명	3,270명	4,408명	2,190명	2.16%
간암	120,860명	1,196명	3,802명	1,845명	1.53%
대장암	157,200명	3,180명	2,417명	1,624명	1.03%
위암	184,520명	2,492명	3,557명	1,950명	1.06%
췌장암	162,050명	3,178명	2,549명	2,765명	1.71%

※ 환자수란 현재 해당 암을 앓고 있는 사람 수를 말한다.
※ 완치자수란 과거에 해당 암을 앓았던 사람으로 일상생활에 문제가 되는 장애가 남지 않고 5년 이내 재발이 없는 경우를 말한다.
※ 후유장애자수란 과거에 해당 암을 앓았던 사람으로 암으로 인하여 일상생활에 문제가 되는 영구적인 장애가 남은 경우를 말한다.
※ 사망자수란 해당 암으로 사망한 사람 수를 말한다.

① 치명률 $= \dfrac{\text{완치자수}}{\text{환자수}} \times 100$

② 치명률 $= \dfrac{\text{후유장애자수}}{\text{환자수}} \times 100$

③ 치명률 $= \dfrac{\text{사망자수}}{\text{환자수}} \times 100$

④ 치명률 $= \dfrac{\text{사망자수} + \text{후유장애자수}}{\text{인구수}} \times 100$

4

제시된 자료를 참조하여, 2013년부터 2015년의 건강수명 비교에 대한 설명으로 옳은 것은?

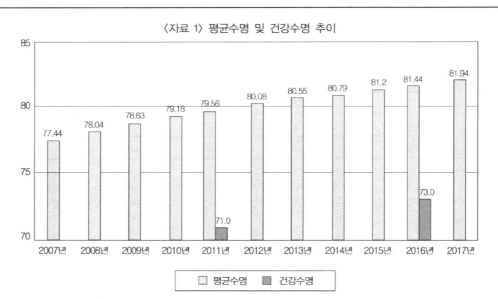

〈자료 1〉 평균수명 및 건강수명 추이

※ 평균수명 : 0세의 출생자가 향후 생존할 것으로 기대되는 평균생존연수 '0세의 기대여명' 을 나타냄

※ 건강수명 : 평균수명에서 질병이나 부상으로 인하여 활동하지 못한 기간을 뺀 기간을 나타냄

※ 2017년은 예상 수치임

〈자료 2〉 건강수명 예상치 추정 정보

• 건강수명 예상치의 범위는 평균수명의 90%에서 ±1% 수준이다.

• 건강수명 예상치는 환경 개선 정도에 영향을 받는다고 가정한다.

연도	2012년	2013년	2014년	2015년
환경 개선	보통	양호	불량	불량

– 해당 연도 환경 개선 정도가 '양호'이면 최대치(+1%)로 계산된다.

– 해당 연도 환경 개선 정도가 '보통'이면 중간치(±0%)로 계산된다.

– 해당 연도 환경 개선 정도가 '불량'이면 최소치(−1%)로 계산된다.

① 2013년 건강수명이 2014년 건강수명보다 짧다.

② 2014년 건강수명이 2015년 건강수명보다 짧다.

③ 2013년 건강수명이 2015년 건강수명 보다 짧다.

④ 2014년 환경 개선 정도가 보통일 경우 2013년 건강수명이 2014년 건강수명보다 짧다.

5

다음은 1977년부터 2057년까지 10년을 주기로 있었던 또는 예상되는 출생아수와 사망자수에 대한 그래프이다. 다음을 바르게 분석한 것은?

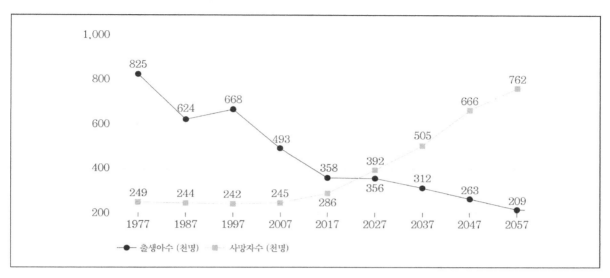

① 출생아수와 사망자수는 각각 계속 증가·감소하고 있다.

② 10년전 대비 출생아수의 변화율이 가장 큰 것은 2007년이다.

③ 2057년의 사망자수는 80년 전에 비해 약 3배 증가하였다.

④ 1997년과 2057년의 출생아수와 사망자수의 비율은 3:1로 동일하다.

문제해결능력 대표유형

문제란 업무를 수행함에 있어 답을 요구하는 질문이나 의논하여 해결해야 하는 사항으로, 문제해결을 위해서는 전략적이고 분석적인 사고는 물론 발상의 전환과 효율적인 자원활용 등 다양한 능력이 요구된다. 따라서 명제나 추론 같은 일반적인 논리추론 유형과 함께 수리, 자원관리 등이 융합된 문제해결 유형이나 실무이해를 바탕으로 하는 유형의 문제도 다수 출제된다.

1

다음과 같은 조건이 주어졌을 때 조건들로만 보기를 추리하려고 한다. 이때 마지막으로 필요한 조건은 무엇인가?

- 모든 학생의 나이는 짝수이다.
- 학생들은 수학, 과학, 영어, 국어 학원에 다니며 부산, 울산, 서울, 파주에 살고 있다.
- 국어 학원에 다니는 학생은 18살로 가장 나이가 많다.
- 울산에 사는 학생은 3번째로 나이가 많다.
- 나이가 가장 적은 학생은 12살로 서울에 살며 과학 학원을 다니고 있지 않는다.

〈보기〉			
18살	16살	14살	12살
국어학원	수학학원	과학학원	영어학원
파주	부산	울산	서울

① 부산에 살고 있는 학생은 수학학원에 다닌다.

② 서울에 사는 학생은 국어학원을 다니지 않는다.

③ 수학학원에 다니는 학생은 서울에 살고 있지 않다.

④ 국어학원을 다니지 않는 학생은 울산에 살고 있다.

2

다음은 유진이가 학교에 가는 요일에 대한 설명이다. 이들 명제가 모두 참이라고 가정할 때, 유진이가 학교에 가는 요일은?

⊙ 목요일에 학교에 가지 않으면 월요일에 학교에 간다.
⊙ 금요일에 학교에 가지 않으면 수요일에 학교에 가지 않는다.
⊙ 수요일에 학교에 가지 않으면 화요일에 학교에 간다.
⊙ 월요일에 학교에 가면 금요일에 학교에 가지 않는다.
⊙ 유진이는 화요일에 학교에 가지 않는다.

① 월, 수
② 월, 수, 금
③ 수, 목, 금
④ 수, 금

3

다음은 ○○항공사의 항공이용에 관한 조사 설계의 일부분이다. 본 설문조사의 목적으로 가장 적합하지 않은 것은?

1. 조사 목적

2. 과업 범위
• 조사 대상 : 서울과 수도권에 거주하고 있으며 최근 3년 이내 여행 및 출장 목적의 해외방문 경험이 있고 향후 1년 이내 해외로 여행 및 출장 의향이 있는 만 20~60세 이상의 성인 남녀
• 조사 방법 : 구조화된 질문지를 이용한 온라인 설문조사
• 표본 규모 : 총 1,000명

3. 조사 내용
• 시장 환경 파악 : 여행 출장 시장 동향 (출국 목적, 체류기간 등)
• 과거 해외 근거리 당일 왕복항공 이용 실적 파악 : 이용 빈도, 출국 목적, 목적지 등
• 향후 해외 근거리 당일 왕복항공 잠재 수요 파악 : 이용의향 빈도, 출국 목적 등
• 해외 근거리 당일 왕복항공 이용을 위한 개선 사항 파악 : 해외 근거리 당일 왕복항공을 위한 개선사항 적용 시 해외 당일 여행 계획 또는 의향
• 배경정보 파악 : 인구사회학적 특성 (성별, 연령, 거주 지역 등)

4. 결론 및 기대효과

① 단기 해외 여행의 수요 증가 현황과 관련 항공 시장 파악
② 해외 당일치기 여객의 수요에 부응할 수 있는 노선 구축 근거 마련
③ 해외 근거리 당일 왕복항공을 이용한 실적 및 행태 파악
④ 근거리 국가로 여행 또는 출장을 위해 당일 왕복항공을 이용할 의향과 수용도 파악

4

다음은 L공사의 국민임대주택 예비입주자 통합 정례모집 관련 신청자격에 대한 사전 안내이다. 甲~戊 중 국민임대주택 예비입주자로 신청할 수 있는 사람은? (단, 함께 살고 있는 사람은 모두 세대별 주민등록표 상에 함께 등재되어 있고, 제시되지 않은 사항은 모두 조건을 충족한다고 가정한다)

□ 2019년 5월 정례모집 개요

구분	모집공고일	대상지역
2019년 5월	2019. 5. 7(화)	수도권
	2019. 5. 15(수)	수도권 제외한 나머지 지역

□ 신청자격

입주자모집공고일 현재 무주택세대구성원으로서 아래의 소득 및 자산보유 기준을 충족하는 자

※ 무주택세대구성원이란?

다음의 세대구성원에 해당하는 사람 전원이 주택(분양권 등 포함)을 소유하고 있지 않은 세대의 구성원을 말합니다.

세대구성원(자격검증대상)	비고
• 신청자	
• 신청자의 배우자	신청자와 세대 분리되어 있는 배우자도 세대구성원에 포함
• 신청자의 직계존속 • 신청자의 배우자의 직계존속	신청자 또는 신청자의 배우자와 세대별 주민등록상에 함께 등재되어 있는 사람에 한함
• 신청자의 직계비속 • 신청자의 직계비속의 배우자	
• 신청자의 배우자의 직계비속	신청자와 세대별 주민등록상에 함께 등재되어 있는 사람에 한함

※ 소득 및 자산보유 기준

구분	소득 및 자산보유 기준		
	가구원수	월평균소득기준	참고사항
소득	3인 이하 가구	3,781,270원 이하	• 가구원수는 세대구성원 전원을 말함(외국인 배우자와 임신 중인 경우 태아 포함) • 월평균소득액은 세전금액으로서 세대구성원 전원의 월평균소득액을 모두 합산한 금액임
	4인 가구	4,315,641원 이하	
	5인 가구	4,689,906원 이하	
	6인 가구	5,144,224원 이하	
	7인 가구	5,598,542원 이하	
	8인 가구	6,052,860원 이하	
자산	• 총자산가액 : 세대구성원 전원이 보유하고 있는 총자산가액 합산기준 28,000만 원 이하		
	• 자동차 : 세대구성원 전원이 보유하고 있는 전체 자동차가액 2,499만 원 이하		

① 甲의 아내는 주택을 소유하고 있지만, 甲과 세대 분리가 되어 있다.

② 아내의 부모님을 모시고 살고 있는 乙 가족의 월평균소득은 500만 원이 넘는다.

③ 丙은 재혼으로 만난 아내의 아들과 함께 살고 있는데, 아들은 전 남편으로부터 물려받은 아파트 분양권을 소유하고 있다.

④ 어머니를 모시고 사는 丁은 아내가 셋째 아이를 출산하면서 丁 가족의 월평균소득으로는 1인당 80만 원도 돌아가지 않게 되었다.

5

다음은 어느 레스토랑의 3C분석 결과이다. 이 결과를 토대로 하여 향후 해결해야 할 전략 과제를 선택하고자 할 때 적절하지 않은 것은?

3C	상황분석
고객/시장	• 포장기술 발달 • 신세대 및 뉴패밀리 층의 출현 • 유명브랜드와 기술제휴 지향 • 식생활의 서구화
경쟁 회사	• 많은 점포수 • 자유로운 분위기와 저렴한 가격 • 외국인 고용으로 인한 외국인 손님 배려 • 전문 패밀리 레스토랑으로 차별화
자사	• 높은 가격대 • 고객증가에 따른 즉각적 응대 한계 • 안정적 자금 공급 • 업계 최고의 시장점유율

① 즉각적인 응대를 위한 인력 증대

② 안정적인 자금 확보를 위한 자본구조 개선

③ 유명 브랜드와의 장기적 기술제휴

④ 원가 절감을 통한 가격 조정

자원관리능력 대표유형

자원에는 시간, 돈, 물적자원, 인적자원 등이 포함된다. 자원관리란 이러한 자원을 적재적소에 활용하는 것으로 필요한 자원의 종류와 양을 확인하고 이용 가능한 자원을 수집하며, 수집한 자원을 계획적으로 활용하는 전 과정을 말한다. 따라서 자원관리능력에서는 업무 수행을 위한 시간 및 예산관리, 물적·인적자원의 배분 및 활용에 관한 상황을 전제로 한 문제가 주로 출제된다.

1
'물품의 활용 빈도가 높은 것은 상대적으로 가져다 쓰기 쉬운 위치에 보관한다.'는 물품보관 원칙 중 무엇에 해당되는가?

① 개별성의 원칙

② 동일성의 원칙

③ 유사성의 원칙

④ 회전대응 보관 원칙

2

제시된 자료는 ○○기관 직원의 교육비 지원에 대한 내용이다. 다음 중 A~D 직원 4명의 총 교육비 지원 금액은 얼마인가?

교육비 지원 기준

- 임직원 본인의 대학 및 대학원 학비 : 100% 지원
- 임직원 가족의 대학 및 대학원 학비
- 임직원의 직계 존·비속 : 90% 지원
- 임직원의 형제 및 자매 : 80% 지원(단, 직계 존·비속 지원이 우선되며, 해당 신청이 없을 경우에 한하여 지급함)
- 교육비 지원 신청은 본인을 포함 최대 3인에 한한다.

교육비 신청 내역

A 직원	본인 대학원 학비 3백만 원, 동생 대학 학비 2백만 원
B 직원	딸 대학 학비 2백만 원
C 직원	본인 대학 학비 3백만 원, 아들 대학 학비 4백만 원
D 직원	본인 대학 학비 2백만 원, 딸 대학 학비 2백만 원, 아들 대학원 학비 2백만 원

① 15,200,000원

② 17,000,000원

③ 18,600,000원

④ 26,200,000원

3

다음은 차량 A, B, C의 연료 및 경제속도 연비, 연료별 리터당 가격에 대한 자료이다. 제시된 〈조건〉을 적용하였을 때, 두 번째로 높은 연료비가 소요되는 차량과 해당 차량의 연료비를 바르게 나열한 것은?

〈A, B, C 차량의 연료 및 경제속도 연비〉

차량＼구분	연료	경제속도 연비(km/L)
A	LPG	10
B	휘발유	16
C	경유	20

※ 차량 경제속도는 60km/h 이상 90km/h 미만임

〈연료별 리터당 가격〉

연료	LPG	휘발유	경유
리터당 가격(원/L)	1,000	2,000	1,600

〈조건〉

1. A, B, C 차량은 모두 아래와 같이 각 구간을 한 번씩 주행하고, 각 구간별 주행속도 범위 내에서만 주행한다.

구간	1구간	2구간	3구간
주행거리(km)	100	40	60
주행속도(km/h)	30 이상 60 미만	60 이상 90 미만	90 이상 120 미만

2. A, B, C 차량의 주행속도별 연비적용률은 다음과 같다.

차량	주행속도(km/h)	연비적용률(%)
A	30 이상 60 미만	50.0
	60 이상 90 미만	100.0
	90 이상 120 미만	80.0
B	30 이상 60 미만	62.5
	60 이상 90 미만	100.0
	90 이상 120 미만	75.0
C	30 이상 60 미만	50.0
	60 이상 90 미만	100.0
	90 이상 120 미만	75.0

※ 연비적용률이란 경제속도 연비 대비 주행속도 연비를 백분율로 나타낸 것임

① A, 31,500원   ② B, 24,500원
③ B, 35,000원   ④ C, 25,600원

4

다음은 통신사별 시행하는 데이터 요금제 방식이다. 다음과 같은 방식으로 영희가 한 달에 약 5.6G의 데이터를 사용한다면 어느 통신사를 선택하는 것이 가장 유리한가?

요금제		A사	B사	C사	D사
2G까지	기본요금	3,000	3,500	3,200	2,850
2G이후	100M 단위요금	7.4	7	6.8	8.2

① A사

② B사

③ C사

④ D사

5

K공사는 사내 냉방 효율을 위하여 층별 에어컨 수와 종류를 조정하려고 한다. 사내 냉방 효율 조정 방안을 충족하되 버리는 구형 에어컨과 구입하는 신형 에어컨을 최소화하고자 할 때, K공사는 신형 에어컨을 몇 대 구입해야 하는가?

	사내 냉방 효율 조정 방안	
적용순서	조건	미충족 시 조정 방안
1	층별 월 전기료 60만 원 이하	구형 에어컨을 버려 조건 충족
2	구형 에어컨 대비 신형 에어컨 비율 1/2 이상 유지	신형 에어컨을 구입해 조건 충족

※ 구형 에어컨 1대의 월 전기료는 4만원이고, 신형 에어컨 1대의 월 전기료는 3만원이다.

	사내 냉방시설 현황					
	1층	2층	3층	4층	5층	6층
구형	9	15	12	8	13	10
신형	5	7	6	3	4	5

① 1대
③ 3대

② 2대
④ 4대

대인관계능력 대표유형

대인관계란 집단생활 속 구성원 상호 간의 관계로, 직장생활에서 대인관계는 조직구성원 간의 관계뿐만 아니라 조직 외부의 관계자, 고객 등과의 관계를 전제로 한다. 리더십능력, 갈등관리능력, 협상능력, 고객서비스능력 등이 대인관계능력을 측정하기 위한 문제로 출제된다.

1

다음 사례에서 나오는 마부장의 리더십은 어떤 유형인가?

> ○○그룹의 마부장은 이번에 새로 보직 이동을 하면서 판매부서로 자리를 옮겼다. 그런데 판매부서는 ○○그룹에서도 알아주는 문제가 많은 부서 중에 한 곳으로 모두들 이곳으로 옮기기를 꺼려한다. 그런데 막상 이곳으로 온 마부장은 이곳 판매부서가 비록 직원이 3명밖에 없는 소규모의 부서이지만 세 명 모두가 각자 나름대로의 재능과 경험을 가지고 있고 단지 서로 화합과 협력이 부족하여 성과가 저조하게 나타났음을 깨달았다. 또한 이전 판매부장은 이를 간과한 채 오직 성과내기에 급급하여 직원들을 다그치기만 하자 팀 내 사기마저 떨어지게 된 것이다. 이에 마부장은 부원들의 단합을 위해 매주 등산모임을 만들고 수시로 함께 식사를 하면서 많은 대화를 나눴다. 또한 각자의 능력을 살릴 수 있도록 업무를 분담해 주고 작은 성과라도 그에 맞는 보상을 해 주었다. 이렇게 한 달, 두 달이 지나자 판매부서의 성과는 눈에 띄게 높아졌으며 직원들의 사기 역시 높게 나타났다.

① 카리스마 리더십　　　　　　　　② 독재자형 리더십

③ 변혁적 리더십　　　　　　　　　④ 거래적 리더십

2

다음 사례에서 민수의 행동 중 잘못된 행동은 무엇인가?

> 민수는 Y기업 판매부서의 부장이다. 그의 부서는 크게 3개의 팀으로 구성되어 있는데 이번에 그의 부서에서 본사의 중요한 프로젝트를 맡게 되었고 그는 세 팀의 팀장들에게 이번 프로젝트를 성공시키면 전원 진급을 시켜주겠다고 약속하였다. 각 팀의 팀장들은 민수의 말을 듣고 한 달 동안 야근을 하면서 마침내 거액의 계약을 따내게 되었다. 이로 인해 각 팀의 팀장들은 회사로부터 약간의 성과급을 받게 되었지만 정작 진급은 애초에 세 팀 중에 한 팀만 가능하다는 사실을 뒤늦게 통보받았다. 각 팀장들은 민수에게 불만을 표시했고 민수는 미안하게 됐다며 성과급 받은 것으로 만족하라는 말만 되풀이하였다.

① 상대방에 대한 이해   ② 기대의 명확화

③ 사소한 일에 대한 관심   ④ 약속의 불이행

3

다음 대화를 통해 알 수 있는 내용으로 가장 알맞은 것은?

> 팀장 : 좋은 아침입니다. 어제 말씀드린 보고서는 다 완성이 되었나요?
> 사원 : 예, 아직 완성을 하지 못했습니다. 시간이 많이 부족한 것 같습니다.
> 팀장 : 보고서를 작성하는데 어려움이 있었나요?
> 사원 : 팀장님의 지시대로 하는데 어려움은 없습니다. 그러나 저에게 주신 자료 중 잘못된 부분이 있는 것 같습니다.
> 팀장 : 아, 저도 몰랐던 부분이네요. 잘못된 점이 무엇인가요?
> 사원 : 직접 보시면 아실 것 아닙니까? 일부러 그러시는 겁니까?
> 팀장 : 아 그렇습니까?

① 사원은 팀장과 사이가 좋지 못하다.

② 팀장은 리더로서의 역할이 부족하다.

③ 사원은 팀원으로서의 팔로워십이 부족하다.

④ 팀장은 아침부터 사원을 나무라고 있다.

4

직장생활을 하다보면 조직원들 사이에 갈등이 존재할 수 있다. 이러한 갈등은 서로 불일치하는 규범, 이해, 목표 등이 충돌하는 상태를 의미한다. 다음 중 갈등을 확인 할 수 있는 단서로 볼 수 없는 것은?

① 지나치게 논리적으로 논평과 제안을 하는 태도

② 무조건 편을 가르고 타협하기를 거부하는 태도

③ 타인의 의결발표가 끝나기도 전에 타인의 의견에 공격하는 태도

④ 핵심을 이해하지 않고 무조건 상대를 비난하는 태도

5

다음 사례에서 유팀장이 부하직원들의 동기부여를 위해 행한 방법으로 옳지 않은 것은?

> 전자제품을 생산하고 있는 △△기업은 매년 신제품을 출시하는 것으로 유명하다. 그것도 시리즈 별로 하나씩 출시하기 때문에 실제로 출시되는 신제품은 1년에 2~3개가 된다. 이렇다 보니 자연히 직원들은 새로운 제품을 출시하고도 곧바로 또 다른 제품에 대한 아이디어를 내야하고 결국 이것이 스트레스로 이어져 업무에 대한 효율성이 떨어지게 되었다. 유팀장의 부하직원들 또한 이러한 이유로 고민을 하고 있다. 따라서 유팀장은 자신의 팀원들에게 아이디어를 하나씩 낼 때마다 게시판에 적힌 팀원들 이름 아래 스티커를 하나씩 붙이고 스티커가 다 차게 되면 휴가를 보내주기로 하였다. 또한 최근 들어 출시되는 제품들이 모두 비슷하기만 할 뿐 새로운 면을 찾아볼 수 없어 뭔가 혁신적인 기술을 제품에 넣기로 하였다. 특히 △△기업은 전자제품을 주로 취급하다 보니 자연히 보안에 신경을 쓸 수 밖에 없었고 유팀장은 이 기회에 새로운 보안시스템을 선보이기로 하였다. 그리하여 부하직원들에게 지금까지 아무도 시도하지 못한 새로운 보안시스템을 개발해 보자고 제안하였고 팀원들도 그 의견에 찬성하였다. 나아가 유팀장은 직원들의 스트레스를 좀 더 줄이고 업무효율성을 극대화시키기 위해 기존에 유지되고 있던 딱딱한 업무환경을 개선할 필요가 있음을 깨닫고 직원들에게 자율적으로 출퇴근을 할 수 있도록 하는 한편 사내에 휴식공간을 만들어 수시로 직원들이 이용할 수 있도록 변화를 주었다. 그 결과 이번에 새로 출시된 제품은 △△기업 사상 최고의 매출을 올리며 큰 성과를 거두었고 팀원들의 사기 또한 하늘을 찌르게 되었다.

① 긍정적 강화법을 활용한다. ② 새로운 도전의 기회를 부여한다.

③ 지속적으로 교육한다. ④ 변화를 두려워하지 않는다.

정보능력 대표유형

정보(Information)란 자료를 특정한 목적과 문제해결에 도움이 되도록 가공한 것으로, 지식정보사회에서 정보는 기업 생존에 중요한 요소로 자리하고 있다. 정보능력에서 빈출되는 대표유형으로는 컴퓨터활용능력 측정을 위한 소프트웨어 활용, 자료(Data)의 규칙을 찾아 정보 파악하기, 간단한 코딩 시스템의 이해 등이 있다.

1

S정보통신에 입사한 당신은 시스템 모니터링 업무를 담당하게 되었다. 다음의 시스템 매뉴얼을 확인한 후 제시된 상황에서 적절한 입력코드를 고르면?

〈S정보통신 시스템 매뉴얼〉

❏ 항목 및 세부사항

항목	세부사항
Index@@ of Folder@@	• 오류 문자 : Index 뒤에 나타나는 문자 • 오류 발생 위치 : Folder 뒤에 나타나는 문자
Error Value	• 오류 문자와 오류 발생 위치를 의미하는 문자에 사용된 알파벳을 비교하여 오류 문자 중 오류 발생 위치의 문자와 일치하지 않는 알파벳의 개수 확인
Final Code	• Error Value를 통하여 시스템 상태 판단

❏ 판단 기준 및 처리코드(Final Code)

판단 기준	처리코드
일치하지 않는 알파벳의 개수 = 0	Qfgkdn
0 < 일치하지 않는 알파벳의 개수 ≤ 3	Wxmt
3 < 일치하지 않는 알파벳의 개수 ≤ 5	Atnih
5 < 일치하지 않는 알파벳의 개수 ≤ 7	Olyuz
7 < 일치하지 않는 알파벳의 개수 ≤ 10	Cenghk

〈상황〉

System is processing requests...
System Code is X.
Run...

Error Found!
Index HEPGNV of Folder XWQMOUK
Final Code? _____

① Qfgkdn   ② Wxmt

③ Atnih   ④ Olyuz

2
다음의 시트에서 수식 '=DSUM(A1:D7, 4, B1:B2)'를 실행하였을 때 결과 값은?

	A	B	C	D
1	성명	부서	3/4분기	4/4분기
2	김하나	영업부	20	15
3	유진영	총무부	30	35
4	고금순	영업부	15	20
5	이영훈	총무부	10	15
6	김영대	총무부	20	10
7	채수빈	영업부	15	20

① 45   ② 50

③ 55   ④ 60

| 3~4 | 다음 물류 창고 책임자와 각 창고 내 재고상품의 코드 목록을 보고 이어지는 질문에 답하시오.

책임자	재고상품 코드번호	책임자	재고상품 코드번호
정보연	2008011F033321754	심현지	2001052G099918513
이규리	2011054L066610351	김준후	2002121D011120789
김원희	2006128T055511682	유연석	2013016Q044412578
이동성	2009060B022220123	강희철	2012064L100010351
신병임	2015039V100029785	송지혜	2016087S088824567

[재고상품 코드번호 예시]
2016년 11월에 4,586번째로 입고된 경기도 戊출판사에서 발행한 「소형선박조종사 자격증 한 번에 따기」 도서 코드
2016111E055524586

201611	1E	05552	4586
입고연월	지역코드 + 고유번호	분류코드 + 고유번호	입고순서

입고연월	발행 출판사				도서 종류			
	지역코드		고유번호		분류코드		고유번호	
	0	서울	A	甲출판사	01	가정 · 살림	111	임신/출산
			B	乙출판사			112	육아
	1	경기도	C	丙출판사	02	건강 · 취미	221	다이어트
			D	丁출판사			222	스포츠
			E	戊출판사	03	경제 · 경영	331	마케팅
			F	己출판사			332	재테크
• 200611	2	강원도	G	庚출판사			333	CEO
−2006년 11월			H	辛출판사	04	대학 교재	441	경상계열
• 201007	3	충청 남도	I	壬출판사			442	공학계열
−2010년 7월			J	癸출판사	05	수험 · 자격	551	공무원
• 201403	4	충청 북도	K	子출판사			552	자격증
−2014년 3월			L	丑출판사	06	어린이	661	예비 초등
	5	경상 남도	M	寅출판사			662	초등
			N	卯출판사	07	자연 과학	771	나노과학
			O	辰출판사			772	생명과학
	6	경상 북도	P	巳출판사			773	뇌과학
			Q	午출판사	08	예술	881	미술
	7	전라 남도	R	未출판사			882	음악
			S	申출판사	09	여행	991	국내여행
	8	전라 북도	T	酉출판사			991	해외여행
			U	戊출판사	10	IT · 모바일	001	게임
	9	제주도	V	亥출판사			002	웹사이트

3

재고상품 중 2010년도에 8,491번째로 입고된 충청남도 쫓출판사에서 발행한 「뇌과학 첫걸음」 도서의 코드로 알맞은 것은 무엇인가?

① 2010113J077718491

② 2010093J077738491

③ 2010083I077738491

④ 2011123J077738491

4

다음 중 발행 출판사와 입고순서가 동일한 도서를 담당하는 책임자들로 짝지어진 것은?

① 정보연 - 김준후

② 이규리 - 강희철

③ 이동성 - 송지혜

④ 심현지 - 유연석

5

다음의 알고리즘에서 인쇄되는 S는?

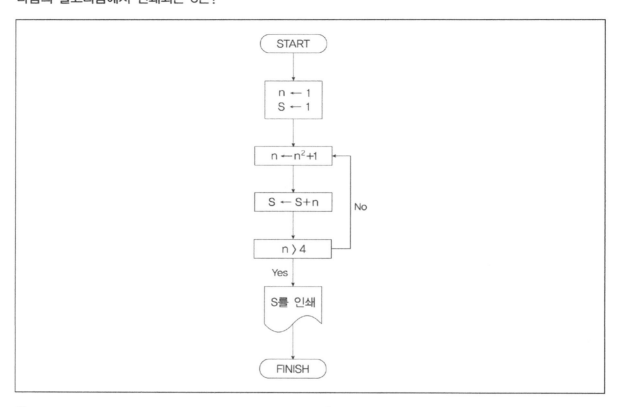

① 1

② 3

③ 8

④ 34

기술능력 대표유형

기술은 과학과 같이 추상적인 이론보다는 실용성, 효용, 디자인을 강조한다. 기술능력은 기술시스템 및 기술혁신 등에 대해 이해하고 업무에 적절한 기술을 선택·적용하는 능력을 말한다. 따라서 기술이해와 관련된 모듈형 문제와 더불어 매뉴얼 이해, 기술적용의 실제 등 다양한 유형의 문제가 출제된다.

❚1~2❚ 다음 표를 참고하여 물음에 답하시오.

스위치	기능
☆	1번과 3번 기계를 180° 회전
★	1번과 4번 기계를 180° 회전
○	2번과 3번 기계를 180° 회전
●	2번과 4번 기계를 180° 회전
◇	1번과 4번 기계를 시계방향으로 90° 회전
◆	2번과 3번 기계를 시계방향으로 90° 회전
□	1번과 4번 기계를 반시계방향으로 90° 회전
■	2번과 3번 기계를 반시계방향으로 90° 회전

1

왼쪽의 상태에서 스위치를 두 번 눌렀더니 오른쪽과 같은 상태로 바뀌었다. 어떤 스위치를 눌렀는가?

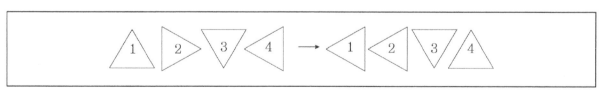

① ★, ◆　　　　　　　　　　　　② ■, ○

③ ☆, ◇　　　　　　　　　　　　④ ●, □

2

왼쪽의 상태에서 스위치를 세 번 눌렀더니 오른쪽과 같은 상태로 바뀌었다. 어떤 스위치를 눌렀는가?

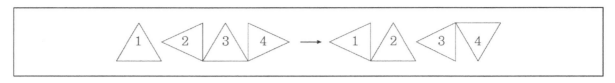

① ☆, ◇, ●
② ★, ○, ●
③ ◇, □, ■
④ ☆, ◆, ◇

3

다음 중 인쇄 기본 설정 창을 여는 순서로 적절한 것은?

1. 제품의 특장점
(1) 친환경적인 제품
　① 토너 소모량과 용지 사용량을 줄여 인쇄하는 에코 기능
　② 한 장의 용지에 여러 페이지를 인쇄하여 용지를 절약
　③ 용지 양면에 인쇄하여 (수동 양면 인쇄) 용지를 절약
　④ 일정 시간 제품을 사용하지 않으면 자동으로 절전 모드로 들어가 전력 소모를 절약
(2) 뛰어난 인쇄 품질 및 속도
　① 청록색, 심홍색, 노란색, 검은색의 모든 계열의 색상을 사용해 인쇄
　② 최대 2,400×600dpi 고화질의 선명한 해상도로 인쇄
　③ 빠르고 신속한 인쇄
(3) 편리성
　① 프린터의 NFC 태그에 휴대폰을 갖다 대면 인쇄 작업을 수행
　② 애플리케이션을 사용하면 이동 시에도 스마트폰이나 컴퓨터에서 인쇄
　③ Easy Capture Manager를 이용하여 캡처한 화면을 쉽게 편집
　④ 스마트 업데이트를 사용하여 최신 프린터 드라이버 설치
(4) 다양한 기능과 인쇄환경 지원
　① 다양한 용지 사이즈 지원
　② 워터마크 지원
　③ 포스터 인쇄 지원
　④ 다양한 운영체제에서 인쇄 가능
　⑤ USB 인터페이스 또는 네트워크 인터페이스
(5) 다양한 무선 설정 방법 지원
　① WPS 버튼 이용하기
　② USB 케이블 또는 네트워크 케이블 이용하기
　③ Wi-Fi Direct 이용하기

2. 기본 사용법
(1) 인쇄하기
　① 인쇄하려는 문서를 여세요.
　② 파일 메뉴에서 인쇄를 선택하세요.
　③ 프린터 선택 목록에서 사용 중인 제품을 선택하세요.
　④ 인쇄 매수 및 인쇄 범위 등 기본 인쇄 설정은 인쇄 창에서 선택할 수 있습니다.
　⑤ 인쇄를 시작하려면 인쇄 창에서 확인 또는 인쇄를 클릭하세요.
(2) 인쇄 작업 취소
　① Windows 작업줄에 표시된 제품 아이콘을 더블클릭하여 인쇄 대기열을 열 수도 있습니다.
　② 조작부의 취소버튼을 눌러서 인쇄를 취소할 수 있습니다.
(3) 인쇄 기본 설정 창 열기
　① 인쇄하려는 문서를 여세요.
　② 파일 메뉴에서 인쇄를 선택하세요.
　③ 프린터 선택에서 사용 중인 제품을 선택하세요.
　④ 프린터 속성 또는 기본 설정을 클릭하세요.

ⓐ 파일 메뉴에서 인쇄를 선택한다.
ⓑ 인쇄하려는 문서를 연다.
ⓒ 프린터 선택에서 사용 중인 제품을 선택한다.
ⓓ 프린터 속성 또는 기본 설정을 클릭한다.

① ㉠㉣㉢㉡　　　　　　　　② ㉡㉠㉢㉣

③ ㉢㉠㉣㉡　　　　　　　　④ ㉣㉢㉠㉡

┃4~5┃ 아래 〈보기〉는 그래프 구성 명령어 실행 예시이다. 〈보기〉를 참고하여 다음 물음에 답하시오.

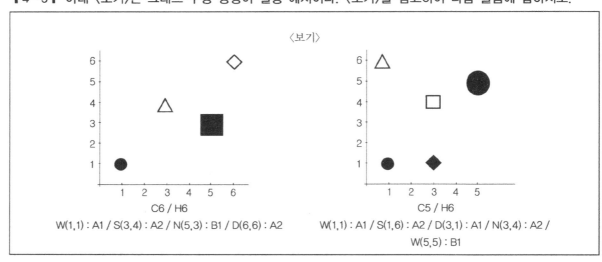

4

다음 그래프에 알맞은 명령어는 무엇인가?

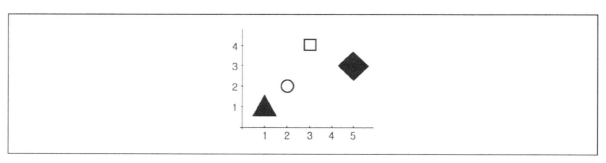

① C5 / H4   S(1,1) : B1/W(2,2) : A2/N(3,4) : A2/D(5,3) : B1

② C4 / H5   S(1,1) : A1/W(2,2) : B2/N(3,4) : B2/D(5,3) : A1

③ C4 / H5   S(1,1) : B2/W(2,2) : A1/N(3,4) : A1/D(5,3) : B2

④ C5 / H4   S(1,1) : A2/W(2,2) : B1/N(3,4) : B1/D(5,3) : A2

5

다음 명령어에 알맞은 그래프는 무엇인가?

C6 / H5   D(1,5) : B1 / S(2,4) : A2 / N(3,1) : A1

①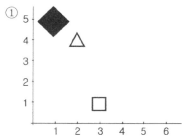

②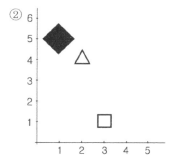

③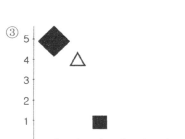

④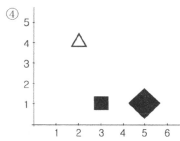

조직이해능력 대표유형

조직은 공동의 목표를 달성하기 위해 구성된 집합체이다. 조직이해능력은 조직경영, 조직구조, 조직업무 등 조직과 관련된 전 분야에 걸쳐 작용한다. 대표유형으로는 조직구조(조직도)의 이해, 경영전략, 조직문화 등 거시적 관점의 문제와 결재규정, 사내복지제도, 업무처리 등 미시적 관점의 문제가 고루 출제된다.

1

다음과 같은 팀장의 지시 사항을 수행하기 위하여 업무협조를 구해야 할 조직의 명칭이 순서대로 바르게 나열된 것은?

> 다들 사장님 보고 자료 때문에 정신이 없는 모양인데 이건 자네가 좀 처리해줘야겠군. 다음 주에 있을 기자단 간담회 자료가 필요한데 옆 부서 박 부장한테 말해 두었으니 오전 중에 좀 가져다주게나. 그리고 내일 사장님께서 보고 직전에 외부에서 오신다던데 어디서 오시는 건지 일정 좀 확인해서 알려주고, 이틀 전 퇴사한 엄 차장 퇴직금 처리가 언제 마무리 될 지도 알아봐 주게나. 아, 그리고 말이야, 자네는 아직 사원증이 발급되지 않았나? 확인해 보고 얼른 요청해서 걸고 다니게.

① 기획실, 경영관리실, 총무부, 비서실

② 영업2팀, 홍보실, 회계팀, 물류팀

③ 총무부, 구매부, 비서실, 인사부

④ 홍보실, 비서실, 인사부, 총무부

2

다음 조직도 (A), (B)와 같은 형태를 지닌 조직의 특징을 바르게 비교하지 못한 것은?

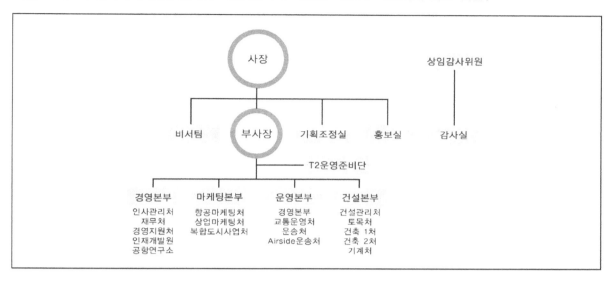

① 경영본부와 마케팅본부에 소속된 처의 개수는 동일하다.

② 건설본부는 모든 본부 중 가장 많은 처를 관리하고 있다.

③ 부사장은 4개의 본부를 이끌고 있다.

④ 감사실은 사장 직속이 아닌 상임감사위원 직속으로 되어 있다.

3

다음 표를 참조하여 괄호 안에 들어갈 말이 바르게 짝지어진 것을 고르시오.

목표	(가) 교환관계	(나) 변혁/변화
성격	소극적	적극적
관심대상	단기적 효율성과 타산	장기적 효과가 가치의 창조
동기부여 전략	부하들에게 즉각적이고 가시적은 보상으로 동기부여 – 외재적 동기부여	부하들에게 자아실현과 같은 높은 수준의 개인적 목표를 동경하도록 동기부여 – 내재적 동기부여
행동 기준	부하들이 규칙과 관례에 따르기를 선호	변화에 대한 새로운 도전을 하도록 부하를 격려

① 서번트 리더십, 셀프 리더십

② 거래적 리더십, 변혁적 리더십

③ 셀프 리더십, 거래적 리더십

④ 변혁적 리더십, 거래적 리더십

4

'SWOT 분석'에 대한 〈보기〉 설명을 읽고 휴대폰 제조업체가 실시한 아래 환경분석 결과에 대응하는 전략을 적절하게 분석한 것은?

〈보기〉

　　SWOT이란, 강점(Strength), 약점(Weakness), 기회(Opportunity), 위험(Threat)의 머리말을 모아 만든 단어로 경영전략을 수립하기 위한 분석도구이다. SWOT분석을 통해 도출된 조직의 외부/내부 환경을 분석 결과를 통해 각각에 대응하는 도출하게 된다.

　　SO 전략이란 기회를 활용하면서 강점을 더욱 강화하는 공격적인 전략이고, WO 전략이란 외부환경의 기회를 활용하면서 자신의 약점을 보완하는 전략으로 이를 통해 기업이 처한 국면의 전환을 가능하게 할 수 있다. ST전략은 외부환경의 위험요소를 회피하면서 강점을 활용하는 전략이며, WT 전략이란 외부환경의 위협요인을 회피하고 자사의 약점을 보완하는 전략으로 방어적 성격을 갖는다.

내/외부환경 구분	강점(Strength)	약점(Weakness)
기회(Opportunity)	① SO 전략(강점/기회전략)	② WO 전략(약점/기회전략)
위협(Threat)	③ ST 전략(강점/위협전략)	④ WT 전략(약점/위협전략)

〈휴대폰 제조업체의 환경분석 결과〉

강점(Strength)	• 다양한 부가기능 탑재를 통한 성능 우위 • 기타 디지털기기 기능의 흡수를 통한 영역확대
약점(Weakness)	• 제품의 수익성 악화 • 제품 간 성능, 디자인의 평준화 • 국산 제품의 가격경쟁력 악화
기회(Opportunity)	• 신흥시장의 잠재적 수요 • 개인 휴대용기기의 대중화
위협(Threat)	• 전자제품의 사용기간 단축 • MP3폰 등 기타 디지털기기와의 경쟁 심화

내/외부환경 구분	강점(Strength)	약점(Weakness)
기회(Opportunity)	① 기능의 다양화로 잠재 시장의 수요 창출	② 휴대기기의 대중화에 힘입어 MP3폰의 성능 강화
위협(Threat)	③ 다양한 기능을 추가한 판매 신장으로 이익 확대	④ 휴대용 기기 보급 확대에 따라 디지털기기와 차별화된 제품 개발

5
다음의 위임전결규정을 보고 잘못 이해한 것은?

[위임전결규정]
- 결재를 받으려는 업무에 대해서는 최고결재권자(대표이사)를 포함한 이하 직책자의 결재를 받아야 한다.
- '전결'이라 함은 회사의 경영활동이나 관리활동을 수행함에 있어 의사 결정이나 판단을 요하는 일에 대하여 최고결재권자의 결재를 생략하고, 자신의 책임 하에 최종적으로 의사 결정이나 판단을 하는 행위를 말한다.
- 전결사항에 대해서도 위임 받은 자를 포함한 이하 직책자의 결재를 받아야 한다.
- 표시내용 : 결재를 올리는 자는 최고결재권자로부터 전결 사항을 위임 받은 자가 있는 경우 결재란에 전결이라고 표시하고 최종 결재권자란에 위임 받은 자를 표시한다. 다만, 결재가 불필요한 직책자의 결재란은 상향대각선으로 표시한다.
- 최고결재권자의 결재사항 및 최고결재권자로부터 위임된 전결사항은 아래의 표에 따른다.
- 본 규정에서 정한 전결권자가 유고 또는 공석 시 그 직급의 직무 권한은 직상급직책자가 수행함을 원칙으로 하며, 각 직급은 긴급을 요하는 업무처리에 있어서 상위 전결권자의 결재를 득할 수 없을 경우 차상위자의 전결로 처리하며, 사후 결재권자의 결재를 득해야 한다.

업무내용		결재권자			
		사장	부사장	본부장	팀장
주간업무보고					O
팀장급 인수인계			O		
일반 예산 집행	잔업수당	O			
	회식비			O	
	업무활동비			O	
	교육비		O		
	해외연수비	O			
	시내교통비			O	
	출장비	O			
	도서인쇄비				O
	법인카드사용		O		
	소모품비				O
	접대비(식대)			O	
	접대비(기타)				O
이사회 위원 위촉		O			
임직원 해외 출장		O(임원)		O(직원)	
임직원 휴가		O(임원)		O(직원)	
노조관련 협의사항			O		

※ 100만 원 이상의 일반예산 집행과 관련한 내역은 사전 사장 품의를 득해야 하며, 품의서에 경비 집행 내역을 포함하여 준비한다. 출장계획서는 품의서를 대체한다.

※ 위의 업무내용에 필요한 결재서류는 다음과 같다.

　– 품의서, 주간업무보고서, 인수인계서, 예산집행내역서, 위촉장, 출장보고서(계획서), 휴가신청서, 노조협의사항 보고서

① 전결권자 공석 시의 최종결재자는 차상위자가 된다.

② 전결권자 업무 복귀 시, 부재 중 결재 사항에 대하여 반드시 사후 결재를 받아두어야 한다.

③ 팀장이 새로 부임하면 부사장 전결의 인수인계서를 작성하게 된다.

④ 전결권자가 해외 출장으로 자리를 비웠을 경우에는 차상위자가 직무 권한을 위임받는다.

PART

II

NCS 예상문제

정답 및 해설 p.249

1 다음은 은행을 사칭한 대출 주의 안내문이다. 이에 대한 설명으로 옳지 않은 것은?

> 항상 ○○은행을 이용해 주시는 고객님께 감사드립니다.
>
> 최근 ○○은행을 사칭하면서 대출 협조문이 Fax로 불특정 다수에게 발송되고 있어 각별한 주의가 요망됩니다. ○○은행은 절대로 Fax를 통해 대출 모집을 하지 않으니 아래의 Fax 발견 시 즉시 폐기하시기 바랍니다.
>
> ---
>
> 아래 내용을 검토하시어 자금문제로 고민하는 대표이하 직원 여러분들에게 저희 은행의 금융정보를 공유할 수 있도록 업무협조 부탁드립니다.
>
> 수신 : 직장인 및 사업자
> 발신 : ○○은행 여신부
> 여신상담전화번호 : 070-xxxx-xxxx
>
> | 대상 | 직장인 및 개인/법인 사업자 |
> |---|---|
> | 금리 | 개인신용등급적용 (최저 4.8~) |
> | 연령 | 만 20세~만 60세 |
> | 상환 방식 | 1년만기일시상환, 원리금균등분할상환 |
> | 대출 한도 | 100만원~1억원 |
> | 대출 기간 | 12개월~최장 60개월까지 설정가능 |
> | 서류 안내 | 공통서류 – 신분증
직장인 – 재직, 소득서류
사업자 – 사업자 등록증, 소득서류 |
>
> ※ 기타사항
> • 본 안내장의 내용은 법률 및 관련 규정 변경시 일부 변경될 수 있습니다.
> • 용도에 맞지 않을 시, 연락 주시면 수신거부 처리 해드리겠습니다.
>
> 현재 ○○은행을 사칭하여 문자를 보내는 불법업체가 기승입니다. ○○은행에서는 본 안내장 외엔 문자를 발송치 않으니 이점 유의하시어 대처 바랍니다.

① Fax 수신문에 의하면 최대 대출한도는 1억원까지이다.
② Fax로 수신되는 대출 협조문은 ○○은행에서 보낸 것이 아니다.

③ Fax로 수신되는 대출 협조문은 즉시 폐기하여야 한다.

④ ○○은행에서는 대출 협조문을 문자로 발송한다.

2 다음은 H공단의 신입사원 채용에 관한 안내문의 일부 내용이다. 다음을 근거로 할 때, 안내문의 내용에 부합되게 취한 행동으로 볼 수 없는 것은?

- 모든 응시자는 1인 1개의 분야만 지원 가능합니다. (중복 지원 시 모든 분야 불합격)
- 응시희망자는 지역제한 등 응시 자격을 미리 확인하고 응시원서를 접수해야하며, 응시원서 기재사항의 착오·누락, 시험 점수·자격증·장애인·취업지원 대상자 가산점수·가산비율 기재 착오, 연락불능 등으로 발생하는 불이익은 응시자의 책임으로 합니다.
- 입사지원서 작성내용은 추후 증빙서류 제출 및 관계기관에 조회할 예정이며 내용을 허위로 입력한 경우 합격이 취소됩니다.
- 응시자는 시험장소 공고문, 답안지 등에서 안내하는 응시자 주의사항에 유의하여야하며, 이를 준수하지 않은 경우 응시자 본인에게 불이익이 될 수 있습니다.
- 원서접수결과 지원자가 채용예정인원 수와 같거나 미달이더라도 적격자가 없는 경우 선발하지 않을 수 있습니다.
- 시험일정은 사정에 의해 변경될 수 있으며 변경내용은 7일 전까지 공단 채용홈페이지를 통해 공고할 계획입니다.
- 제출된 서류는 본 채용목적 이외에는 사용하지 않으며, 채용절차의 공정화에 관한 법령에 따라 최종합격자 발표일 이후 180일 이내에 반환청구를 할 수 있습니다.
- 최종합격자 중 신규임용후보자 등록을 하지 않거나 관계법령에 의한 신체검사에 불합격한 자 또는 공단 인사규정 제21조에 의한 응시자격 미달 자는 신규임용후보자 자격을 상실하고 차순위자를 추가합격자로 선발할 수 있습니다.
- 임용은 교육 성적을 포함한 채용시험 성적순으로 순차적으로 임용하되, 장애인 또는 경력자의 경우 성적순위에도 불구하고 우선 임용될 수 있습니다.
  ※ 공사 인사규정 제22조 제2항에 의거 신규임용후보자의 자격은 임용후보자 등록일로부터 1년으로 하며, 필요에 따라 1년의 범위 안에서 연장될 수 있습니다.

① 30명의 선발이 계획되어 있는 분야에 30명이 지원을 하였으나 20명만 선발하였다.

② 최종합격자 중 신규임용후보자 자격을 상실한 자가 있어 불합격자 중 임의의 인원을 추가 선발하였다.

③ 채용시험 성적이 하위권에 있는 경력자 A씨를 채용하였다.

④ 동일한 응시자가 운영직과 업무직에 동시 지원한 사실이 뒤늦게 발견되어 합격자 우선순위에 있었지만 불합격처리를 하였다.

▌3~4▌ 다음은 환전 안내문이다. 이를 보고 물음에 답하시오.

일반 해외여행자(해외체재자 및 해외유학생이 아닌 분)의 해외여행경비
• 관광, 출장, 방문 등의 목적으로 해외여행시 아래와 같이 외화를 환전할 수 있다.

환전 한도	제출 서류
• 금액 제한 없음(다만, 외국인 거주자는 1만불 이내) ※ 동일인 기준 미화 1만불 초과 환전 시 국세청 및 관세청에 통보된다. ※ 미화 1만불 초과하여 휴대 출국시, 출국 전에 관할 세관의장에게 신고하여야 한다.	• 실명확인증표 • 여권(외국인 거주자의 경우)

해외체재자(해외유학생 포함)의 해외여행경비
• 상용, 문화, 공무, 기술훈련, 6개월 미만의 국외연수 등으로 외국에 체재하는 기간이 30일을 초과하는 자(해외체재자) 및 외국의 교육기관 등에서 6개월 이상 수학, 연구, 연수목적 등으로 외국에 체재하는 자(해외유학생)에 대해 아래와 같이 외화를 환전할 수 있다.

환전 한도	제출 서류
• 금액 제한 없음 ※ 건당 미화 1만불 초과 환전시, 지정거래은행으로부터 "외국환신고(확인)필증"을 발급 받으시기 바랍니다. ※ 연간 미화 10만불 초과 환전 및 송금시, 국세청에 통보된다.	• 여권 • 입학허가서 등 유학사실 입증서류(해외유학생) • 소속 단체장 또는 국외연수기관장의 출장, 파견증명서(해외체재자)

소지 목적의 외화환전
• 국민인 거주자는 소지를 목적으로 외국환은행으로부터 금액 제한 없이 외국통화 및 여행자수표를 매입할 수 있다.

환전 한도	제출 서류
• 금액 제한 없음 ※ 동일인 기준 미화 1만불 초과 환전 시 국세청 및 관세청에 통보된다.	• 실명확인증표

북한지역 관광객 및 남북한 이산가족 방문여행자

환전 한도	제출 서류
• 미화 2천불	• 여권 • 북한지역관광경비 지급영수증

3 관광 목적으로 미국을 여행하려는 자가 미화 1만 5천불을 휴대하여 출국하려는 경우에는 누구에게 신고하여야 하는가?

① 한국은행 총재
② 국세청장
③ 관세청장
④ 관할 세관의장

4 해외유학생이 미화 1만 5천불을 환전하는 경우에는 지정거래은행으로부터 어떤 서류를 발급 받아야 하는가?

① 소요 경비확인서
② 외국환신고(확인)필증
③ 취득경위 입증서류
④ 수수료 지급영수증

5 다음 대화의 빈칸에 말로 가장 적절한 것은?

> A : Hello. This is the long distance operator.
> B : Hello, operator. I'd like to make a person to person call to Mr. James at the Royal hotel in Seoul.
> A : Do you know the number of the hotel?
> B : No, I don't. _____
> A : Just a moment, please. The number is 123-4567.

① Would you find out for me?
② Would you hold the line, please?
③ May I take a message?
④ Do you know?

6 다음 글의 내용과 부합하는 것은?

> 뇌가 우리의 생명이 의존하고 있는 수많은 신체 기능을 조율하기 위해서는 다양한 신체 기관을 매 순간 표상하는 지도가 필요하다. 뇌가 신체의 각 부분에서 어떤 일이 일어나는지 아는 것은 신체의 특정 기능을 작동시키고 조절하기 위해서 필수적인 것이다. 그렇게 함으로써 뇌는 생명 조절 기능을 적절하게 수행할 수 있다. 외상이나 감염에 의한 국소적 손상, 심장이나 신장 같은 기관의 기능 부전, 호르몬 불균형 등에서 이런 조절이 일어나는 것을 발견할 수 있다. 그런데 생명의 조절 기능에서 결정적인 역할을 하는 이 신경 지도는, 우리가 흔히 '느낌'이라고 부르는 심적 상태와 직접적으로 관련을 맺는다.
>
> 느낌은 어쩌면 생명을 관장하는 뇌의 핵심적 기능을 고려 할 때 지극히 부수적인 것으로 생각될 수 있다. 더구나 신체 상태에 대한 신경 지도가 없다면 느낌 역시 애초에 존재하지 않았을 것이다. 생명 조절의 기본적인 절차는 자동적이고 무의식적이기 때문에 의식적으로 간주되는 느낌은 아예 불필요하다는 입장이 있다. 이 입장에서는 뇌가 의식적인 느낌의 도움 없이 신경 지도를 통해 생명의 현상을 조율하고 생리적 과정을 실행할 수 있다고 말한다. 그 지도의 내용이 의식적으로 드러날 필요가 없다는 것이다. 그러나 이러한 주장은 부분적으로만 옳다.
>
> 신체 상태를 표상하는 지도가, 생명체 자신이 그런 지도의 존재를 의식하지 못하는 상태에서도 뇌의 생명 관장 활동을 돕는다는 말은 어느 범위까지는 진실이다. 그러나 이러한 주장은 중요한 사실을 간과하고 있다. 이런 신경 지도는 의식적 느낌 없이는 단지 제한된 수준의 도움만을 뇌에 제공할 수 있다는 것이다. 이러한 지도들은 문제의 복잡성이 어느 정도 수준을 넘어서면 혼자서 문제를 해결하지 못한다. 문제가 너무나 복잡해져서 자동적 반응 뿐만 아니라 추론과 축적된 지식의 힘을 함께 빌어야 할 경우가 되면 무의식 속의 지도는 뒤로 물러서고 느낌이 구원투수로 나선다.

① 신경 지도는, 우리가 흔히 '느낌'이라고 부르는 심적 상태와 간접적으로 관련을 맺는다.
② 신체 상태에 대한 신경 지도가 없더라도 느낌은 존재했을 것이다.
③ 신경 지도는 문제가 복잡해질수록 혼자서 문제를 잘 해결한다.
④ 신경 지도는 의식적 느낌 없이는 단지 일부분의 도움만을 뇌에 제공한다.

7 다음 중 글의 내용과 일치하지 않는 것은?

> 언어가 정보 교환이나 기록 수단에 그치는 것이 아니라 반성적 사고를 가능케 하는 표상의 역할도 해 왔을 것이 쉽게 추측된다. 사실상 학자에 따라서는 최초의 언어가 통신을 위해서가 아니라 사고를 위한 표상으로 발생하였으리라 주장하기도 한다. 그러므로 반성적 사고를 통하여 정신세계가 구현되었다고 하는 것은 두뇌의 정보 지각 역량이 충분히 성숙하여 언어를 개발하게 된 것과 때를 같이 한다고 볼 수 있다. 일단 언어가 출현하여 정보의 체외 기록이 가능해지면 정보의 비축 용량은 거의 무제한으로 확대된다. 이렇게 되면 두뇌의 기능은 정보의 보관 기구로서 보다 정보의 처리 기구로서 더 중요한 의미를 가진다. 기록된 정보를 해독하고 현실에 옮기며 새로운 정보를 기록하는 작업이 모두 두뇌를 통해서 이뤄져야 하기 때문이다. 이러한 상황을 핵산~단백질 기구와 비교해 보자면, 정보가 기록된 DNA에 해당하는 것이 언어로 상황을 표시된 모든 기록 장치, 좀 넓게는 모든 유형 문화가 되겠고, 정보를 해독하여 행동으로 옮기는 단백질에 해당하는 것이 두뇌의 역할이라 할 수 있다. 그리고 DNA 정보가 진화되어 나가는 것과 대단히 흡사한 방법으로 인간의 문화 정보도 진화되어 나간다. 이와 병행하여 언어의 출현은 인간의 사회화를 촉진시키는 기능을 가진다. 특히 세대에서 세대로 전승해 가는 유형 및 무형 문화는 이미 사회 공유물이라고 할 수 있다.

① DNA 정보는 기계적 수단으로 그것을 정확히 다룰 수 있기 때문이다.
② 두뇌의 기능은 정보의 처리 기구로서의 역할이 보관 기구로서의 역할보다 더 중요하다.
③ 언어의 출현은 인간의 사회화를 촉진시키는 기능을 가진다.
④ 어떤 학자들은 최초의 언어가 사고를 위한 표상으로 발생하였을 것이라고 주장한다.

8 다음 중 밑줄 친 부분의 내용에 가장 어울리는 한자성어는?

> 슈탈은 베커의 아이디어를 발전시켜 이 기름 성분의 흙을 플로지스톤이라고 명명하고 물질의 연소를 플로지스톤의 분리로 해석했다. 이 설은 17 · 18세기를 통해 영향력이 대단했기 때문에 많은 과학자들은 새로운 현상이 발견되면 일단 플로지스톤으로 설명하려 들었다. 또 플로지스톤으로 설명이 잘 안 되면 억지로 새로운 성질을 부가하기도 했다. 예를 들어 <u>금속과 같은 물질을 가열하면 무게가 늘어나는 현상을 플로지스톤의 분리로는 잘 설명할 수 없었다. 왜냐하면 플로지스톤이 빠져 나왔는데 되레 무게가 는다는 것은 논리적이지 않기 때문이다. 그래서 머리를 짜낸 게 플로지스톤은 때때로 음(−)의 무게를 갖기도 한다고 편리한 대로 끼워 맞췄다.</u> 오늘날의 관점으로 보면 어이없을 정도로 황당한 풀이지만 정교한 개념 체계가 잡혀 있는 것도 아닌데다 실험 데이터도 충분히 축적되지 않은 상태에서 아리스토텔레스의 '상식적인 역학'이 오랜 기간 지배했듯이 플로지스톤 이론도 상식선에서 별 잘못이 없어 보였으므로 강력한 반론이 제기되지 않고 있었다. 플로지스톤의 지지자들을 훗날 가벼우면서도 타기도 잘 타는 기체인 수소를 발견하고, 이 기체야말로 바로 플로지스톤이라고 단정하기도 했다.

① 인지상정(人之常情)
② 곡학아세(曲學阿世)
③ 좌정관천(坐井觀天)
④ 견강부회(牽强附會)

9

> ㉠ 그러나 인간이 살고 있는 환경 자체의 건강에 대해서는 아직도 많은 관심을 쏟고 있지는 않는 것 같다.
> ㉡ 생태계 파괴는 곧 인간에게 영향을 미치므로 생태계의 건강관리에도 많은 주의를 기울여야 할 것이다.
> ㉢ 최근 '웰빙'이라는 말이 유행하면서 건강에 더 많은 신경을 쓰는 사람들이 늘고 있다.
> ㉣ 공산품을 제조·유통·사용·폐기하는 과정에서 생태계가 정화시킬 수 있는 정도 이상의 오염물이 배출되고 있기 때문에 다양한 형태의 생태계 파괴가 일어나고 있다.

① ㉢㉠㉡㉣ ② ㉢㉡㉠㉣
③ ㉢㉠㉣㉡ ④ ㉢㉣㉠㉡

10

> ㉠ 청과물의 거래 방식으로 밭떼기, 수의계약, 경매가 있고, 이 중 한 가지를 농가가 선택한다고 하자.
> ㉡ 수의계약은 수확기에 농가가 도매시장 내 도매상과의 거래를 성사시킨 후 직접 수확하여 보내는 방식인데, 이때 운송 책임은 농가가 진다.
> ㉢ 경매는 농가가 수확한 청과물을 도매시장에 보내서 경매를 위임하는 방식인데, 도매시장에 도착해서 경매가 끝날 때까지 최소 하루가 걸린다.
> ㉣ 밭떼기는 재배 초기에 수집 상인이 산지에 와서 계약을 하고 대금을 지급한 다음, 수확기에 가져가 도매시장의 상인에게 파는 방식이다.

① ㉠㉡㉢㉣ ② ㉠㉣㉡㉢
③ ㉡㉣㉢㉠ ④ ㉡㉠㉢㉣

▐ 11~12 ▐ 다음은 어느 쇼핑몰 업체의 자주 묻는 질문을 모아놓은 것이다. 다음을 보고 물음에 답하시오.

Q1. 주문한 상품은 언제 배송되나요?
Q2. 본인인증에 자꾸 오류가 나는데 어떻게 해야 하나요?
Q3. 비회원으로는 주문을 할 수가 없나요?
Q4. 교환하려는 상품은 어디로 보내면 되나요?
Q5. 배송 날짜와 시간을 지정할 수 있나요?
Q6. 반품 기준을 알고 싶어요.
Q7. 탈퇴하면 개인정보는 모두 삭제되나요?
Q8. 메일을 수신거부 했는데 광고 메일이 오고 있어요.
Q9. 휴대폰 결제시 인증번호가 발송되지 않습니다.
Q10. 취소했는데 언제 환불되나요?
Q11. 택배사에서 상품을 분실했다고 하는데 어떻게 해야 하나요?
Q12. 휴대폰 소액결제시 현금영수증을 발급 받을 수 있나요?
Q13. 교환을 신청하면 언제쯤 새 상품을 받아볼 수 있나요?
Q14. 배송비는 얼마인가요?

11 쇼핑몰 사원 L씨는 고객들이 보기 쉽게 질문들을 분류하여 정리하려고 한다. ㉠~㉣에 들어갈 질문으로 연결된 것 중에 적절하지 않은 것은?

자주 묻는 질문			
배송 문의	회원 서비스	주문 및 결제	환불/반품/교환
㉠	㉡	㉢	㉣

① ㉠ : Q1, Q5, Q11

② ㉡ : Q2, Q7, Q8

③ ㉢ : Q3, Q9, Q12

④ ㉣ : Q4, Q6, Q10, Q13, Q14

12 쇼핑몰 사원 L씨는 상사의 조언에 따라 메뉴를 변경하려고 한다. [메뉴]−[키워드]−질문의 연결로 옳지 않은 것은?

> 〈상사의 조언〉
> 고객들이 보다 손쉽게 정보를 찾을 수 있도록 질문을 키워드 중심으로 정리해 놓으세요.

① [배송 문의]−[배송비용]−Q14
② [주문 및 결제]−[휴대폰 결제]−Q9
③ [환불/반품/교환]−[환불시기]−Q10
④ [환불/반품/교환]−[교환시기]−Q4

13 다음 중 설득력 있는 의사표현으로 옳지 않은 것은?

① 이번에도 결과가 좋지 않으면 나나 자네나 지방으로 발령이 날지도 모르네. 우리 좀 더 애써보세.
② (회의 내내 말이 없던 박 대리에게) 박 대리는 이 의견에 대해서 어떻게 생각하나?
③ 자네의 의견보다는 내 의견이 좀 더 타당해 보이는 군. 그렇지 않은가?
④ 지금까지 애써 왔지만 보다 완벽한 것이 될 수 있도록 한 번 더 노력해 주기를 바라네.

▌14~15 ▌ 다음 제시된 개요의 결론으로 알맞은 것을 고르시오.

14

제목 : 생태 관광
Ⅰ. 서론 : 생태 관광의 의의와 현황

Ⅱ. 본론
㉠ 문제점 분석
  • 생태자원 훼손
  • 지역 주민들의 참여도 부족
  • 수익 위주의 운영
  • 안내 해설 미흡
㉡ 개선 방안 제시
  • 인지도 및 관심 증대
  • 지역 주민들의 참여 유도
  • 관련 법규의 재정비
  • 생태관광가이드 육성

Ⅲ. 결론 : (   )

① 자연생태계 훼손 최소화
② 생태 관광의 지속적인 발전
③ 생물자원의 가치 증대
④ 바람직한 생태 관광을 위한 노력 촉구

15

제목 : 우리말 사랑하고 가꾸기

Ⅰ. 서론 : 우리말의 오용 실태

Ⅱ. 본론

㉠ 우리말 오용의 원인
- 우리말에 대한 사랑과 긍지 부족
- 외국어의 무분별한 사용
- 우리말 연구 기관에 대한 정책적 지원 부족
- 외국어 순화 작업의 중요성 간과

㉡ 우리말을 가꾸는 방법
- 우리말에 대한 이해와 적극적인 관심
- 외국어의 무분별한 사용 지양
- 바른 우리말 사용 캠페인
- 대중 매체에 사용되는 우리말의 순화

Ⅲ. 결론 : (   )

① 우리말을 사랑하고 가꾸기 위한 노력 제고
② 언어순화 작업의 중요성 강조
③ 잘못된 언어습관 지적의 필요성
④ 우리말 연구 기관에 대한 예산지원의 효과

16 다음 글의 밑줄 친 부분을 고쳐 쓰기 위한 방안으로 가장 적절하지 않은 것은?

1977년 하버드대학교를 갓 졸업한 아이린 페퍼버그는 대담한 실험에 착수했다. 동물에게 말을 걸어 무슨 생각을 하는지 알아내려고 마음먹은 것이다. 동물을 기계나 로봇처럼 단순한 존재로 취급하던 시대에 말이다. 아이린은 한 살짜리 수컷 아프리카회색앵무새 한 마리를 연구실로 데려와 알렉스라는 이름을 지어주고 영어발음을 따라하도록 가르쳤다. 페퍼버그가 알렉스와 대화를 시도할 무렵 ㉠동물의 사고능력은 없다는 것이 과학계의 통설이었다. 동물은 자극에 기계적으로 반응하는 수동적 존재일 뿐 스스로 생각하거나 느낄 수 없다는 것이다. ㉡즉 애완동물을 기르는 사람이라면 생각이 다를 것이다. 강아지의 눈빛에 어린 사랑을 느낄 수 있고 바둑이도 감정과 생각이 있다고 말할 것이다. ㉢그래서 이런 주장은 여전히 논란의 대상이 되고 있다. 그렇게 느끼는 건 육감일뿐 과학이 아니며, 인간은 자신의 생각과 감정을 동물에 투사하는 오류에 빠지기 쉽기 때문이다. 그렇다면 ㉣동물이 생각할 수 없다는 것, 다시 말해 세상에 대한 정보를 습득하고 습득한 정보에 따라 행동할 수 있다는 걸 어떻게 과학적으로 증명할 수 있을까?

① ㉠은 '동물이 사고능력이 존재한다는 것이 과학계의 통설이었다.'로 고쳐 쓴다.
② ㉡은 부적절하므로 '물론'으로 고쳐 쓴다.
③ ㉢은 글의 통일성을 위해 '하지만'으로 고쳐 쓴다.
④ ㉣은 '동물이 생각할 수 있다는 것'으로 고쳐 쓴다.

17 다음 글의 밑줄 친 부분을 고쳐 쓰기 위한 방안으로 적절하지 않은 것은?

세계기상기구(WMO)에서 발표한 자료에 따르면 지난 100년간 지구 온도가 뚜렷하게 상승하고 있다고 한다. ㉠그러나 지구가 점점 더워지고 있다는 말이다. 산업 혁명 이후 석탄과 석유 등의 화석연료를 지속적으로 사용한 결과로 다량의 온실 가스가 대기로 배출되었기 때문에 지구 온난화 현상이 심화된 것이다. ㉡비록 작은 것일지라도 실천할 수 있는 방법들을 찾아보아야 한다. 자전거를 타거나 걸어다니는 것을 실천해야겠다. ㉢나는 이번 여름에는 꼭 수영을 배울 것이다. 또, 과대 포장된 물건의 구입을 ㉣지향해야겠다.

① ㉠은 부적절하므로 '다시 말하면'으로 바꾼다.
② ㉡은 '일지라도'와 호응하지 않으므로 '만약'으로 바꾼다.
③ ㉢은 글의 통일성을 깨뜨리므로 삭제한다.
④ ㉣은 의미상 어울리지 않으므로 '지양'으로 바꾼다.

18 다음 글에서 호준이가 의사소통능력을 향상시키기 위해 노력한 것으로 옳지 않은 것은?

> ○○기업에 다니는 호준이는 평소 자기주장이 강하고 남의 말을 잘 듣지 않았다. 오늘도 그는 같은 팀 동료들과 새로운 프로젝트를 위한 회의에서 자신의 의견만을 고집하다가 결국 일부 팀 동료들이 자리를 박차고 나가 마무리를 짓지 못했다. 이로 인해 호준은 팀 내에서 은근히 따돌림을 당했고 자신의 행동에 잘못이 있음을 깨달았다. 그 후 그는 서점에서 다양한 의사소통과 관련된 책을 읽으면서 조금씩 자신의 단점을 고쳐나가기로 했다. 먼저 그는 자신이 너무 자기주장만을 내세운다고 생각하고 이를 절제하기 위해 꼭 하고 싶은 말만 간단명료하게 하기로 마음먹었다. 그리고 말을 할 때에도 상대방의 입장에서 먼저 생각하고 상대방을 배려하는 마음을 가지려고 노력하였다. 또한 남의 말을 잘 듣기 위해 중요한 내용은 메모하는 습관을 들이고 상대방이 말할 때 적절하게 반응을 보였다. 이렇게 6개월을 꾸준히 노력하자 등을 돌렸던 팀 동료들도 그의 노력에 감탄하며 다시 마음을 열기 시작했고 이후 그의 팀은 중요한 프로젝트를 성공적으로 해내 팀원이 한 직급씩 승진을 하게 되었다.

① 배려하기
② 반응하기
③ 생각하기
④ 시선공유

19 다음과 같은 상황에서 김 과장이 취할 행동으로 가장 바람직한 것은?

> 무역회사에 근무하는 김 과장은 아침부터 밀려드는 일에 정신이 없다. 오늘 독일의 고객사에서 보내온 주방용품 컨테이너 수취확인서를 보내야하고, 운송장을 작성해야 하는 일이 꼬여버려 국제전화로 걸려오는 수취확인 문의전화와 다른 고객사의 클레임을 받느라 전화도 불이 난다. 어제 오후 퇴근하기 전에 자리를 비운 박 대리에게 운송장을 영문으로 작성해서 오전 중에 메일로 보내줄 것을 지시한 메모를 잘 보이도록 책상 모니터에 붙여두고 갔는데 점심시간이 다 되도록 박 대리에게 메일을 받지 못했다.

① 박 대리가 점심 먹으러 나간 사이 다시 메모를 남겨놓는다.
② 바쁜 사람 여러 번 이야기하게 한다고 박 대리를 다그친다.
③ 바쁜 시간을 쪼개어 스스로 영문 운송장을 작성한다.
④ 메모를 못 본 것일 수 있으니 다시 한 번 업무를 지시한다.

20 다음 중 공문서의 작성법으로 옳은 것은?

① 날짜 다음에 괄호를 사용할 때에는 마침표를 찍지 않는다.
② 복잡한 내용일 때에는 도표나 그림을 활용한다.
③ 업무상 상사에게 제출하는 문서이므로, 궁금한 점을 질문 받을 것에 대비한다.
④ 분량이 많으므로 글의 내용이 한눈에 파악되도록 목차구성에 신경 쓴다.

1 배를 타고 길이가 10km인 강을 거슬러 올라가는 데 1시간, 내려오는 데 30분이 걸렸다. 이 강에 종이배를 띄운다면 이 종이배가 1km를 떠내려가는데 몇 분이 걸리는가? (단, 배와 강물의 속력은 일정하고, 종이배는 바람 등의 외부의 영향을 받지 않는다.)

① 10분
② 12분
③ 14분
④ 16분

2 정아와 민주가 계단에서 가위바위보를 하는데, 이긴 사람은 2계단을 올라가고, 진 사람은 1계단을 내려간다고 한다. 두 사람이 가위바위보를 하여 처음보다 정아는 14계단, 민주는 5계단을 올라갔을 때, 민주는 몇 번 이겼는가? (단, 비기는 경우는 없다.)

① 7회
② 8회
③ 10회
④ 11회

3 학생 수가 50명인 초등학교 교실이 있다. 이 중 4명을 제외한 나머지 학생 모두가 방과 후 교실 프로그램으로 승마 또는 골프를 배우고 있다. 승마를 배우는 학생이 26명이고 골프를 배우는 학생이 30명일 때, 승마와 골프를 모두 배우는 학생은 몇 명인가?

① 9명
② 10명
③ 11명
④ 12명

4 지수가 낮잠을 자는 동안 엄마가 집에서 마트로 외출을 했다. 곧바로 잠에서 깬 지수는 엄마가 출발하고 10분 후 엄마의 뒤를 따라 마트로 출발했다. 엄마는 매분 100m의 속도로 걷고, 지수는 매분 150m의 속도로 걷는다면 지수는 몇 분 만에 엄마를 만나게 되는가?

① 10분   ② 20분

③ 30분   ④ 40분

5 소금 40g으로 5%의 소금물을 만들었다. 이 소금물에 새로운 소금물 40g을 넣었더니 농도가 7%가 되었다. 이때 넣은 소금물의 농도는?

① 41%   ② 43%

③ 45%   ④ 47%

6 물통에 물을 가득 채우는데 A호스만으로는 12시간, B호스만으로는 18시간이 걸린다. 이 물통에 A호스로 2시간 넣은 후 A, B호스를 같이 사용하여 물통을 가득 채웠다. A호스를 B호스와 같이 사용한 시간은?

① 5시간   ② 6시간

③ 7시간   ④ 8시간

7 A, B 두 사람이 가위바위보를 하여 이긴 사람은 세 계단씩 올라가고 진 사람은 한 계단씩 내려가기로 하였다. 이 게임이 끝났을 때 A는 처음보다 27계단, B는 7계단 올라가 있었다. A가 이긴 횟수는?

① 8회   ② 9회

③ 10회   ④ 11회

┃8~9┃ 다음 표는 1885~1892년 동안 조선의 대청·대일 무역규모를 나타낸 자료이다. 다음 표를 보고 물음에 답하시오.

(단위 : 달러)

연도	조선의 수출액		조선의 수입액	
	대청	대일	대청	대일
1885	9,479	377,775	313,342	1,377,392
1886	15,977	488,041	455,015	2,064,353
1887	18,873	783,752	742,661	2,080,787
1888	71,946	758,238	860,328	2,196,115
1889	109,789	1,122,276	1,101,585	2,299,118
1890	70,922	3,475,098	1,660,075	3,086,897
1891	136,464	3,219,887	2,148,294	3,226,468
1892	149,861	2,271,628	2,055,555	2,555,675

※ 무역수지＝수출액－수입액

8 위의 표에 대한 설명으로 옳지 않은 것은?

① 1889년 조선의 대청 수출액은 수입액보다 적었다.
② 1887년 조선의 대일 수출액은 1885년의 대일 수출액의 2배 이상이다.
③ 1885~1892년 동안 조선의 대일 수입액은 매년 증가하고 있다.
④ 1885~1892년 동안 매년 조선의 대일 수출액은 대청 수출액의 10배 이상이다.

9 1890년 조선의 대일 무역수지를 구하면?

① 378,201　　　　　　　　② 388,201
③ 398,210　　　　　　　　④ 387,201

10 다음 표는 2006~2008년 동안 국립공원 내 사찰의 문화재 관람료에 관한 자료이다. 다음 자료에 대한 설명으로 옳지 않은 것은?

(단위 : 원)

국립공원	사찰	2006년	2007년	2008년
지리산	쌍계사	1,800	1,800	1,800
	화엄사	2,200	3,000	3,000
	천은사	1,600	1,600	1,600
	연곡사	1,600	2,000	2,000
경주	불국사	0	0	4,000
	석굴암	0	0	4,000
	기림사	0	0	3,000
계룡산	동학사	1,600	2,000	2,000
	갑사	1,600	2,000	2,000
	신원사	1,600	2,000	2,000
한려해상	보리암	1,000	1,000	1,000
설악산	신흥사	1,800	2,500	2,500
	백담사	1,600	0	0
속리산	법주사	2,200	3,000	3,000
내장산	내장사	1,600	2,000	2,000
	백양사	1,800	2,500	2,500
가야산	해인사	1,900	2,000	2,000
덕유산	백련사	1,600	0	0
	안국사	1,600	0	0
오대산	월정사	1,800	2,500	2,500
주왕산	대전사	1,600	2,000	2,000
치악산	구룡사	1,600	2,000	2,000
소백산	희방사	1,600	2,000	2,000
월출산	도갑사	1,400	2,000	2,000
변산반도	내소사	1,600	2,000	2,000

① 2008년에 관람료 인상폭이 가장 큰 국립공원은 경주이다.

② 2008년 관람료가 2,000원인 사찰은 11곳이다.

③ 2007년 무료로 관람할 수 있는 사찰은 6곳이다.

④ 3년 내내 동일한 관람료를 받고 있는 사찰은 4곳뿐이다.

(단위 : 대, 백만달러)

이용부문	판매대수	매출액
정부	317,593	122.7
교육	190,301	41.0
일반 가정	1,092,452	121.2
자영업	704,415	165.5
소규모 기업	759,294	270.6
중규모 기업	457,886	207.9
대규모 기업	415,620	231.4
계	3,937,561	1,160.3

※ 시장가격 $= \dfrac{\text{매출액}}{\text{판매대수}}$

11 위의 표에 대한 설명으로 옳지 않은 것은?

① 판매대수가 가장 많은 부문은 일반 가정 부문이다.

② 판매대수 총계에서 정부의 판매대수가 차지하는 비중은 10% 이하이다.

③ 판매대수가 많은 부문일수록 매출액도 크다.

④ 판매대수가 가장 적은 부문은 교육 부문이다.

12 위의 표에서 교육 부문의 시장가격은 약 얼마인가?

① 200달러   ② 215달러

③ 230달러   ④ 245달러

【13~15】 다음은 연도별 유·초·중고등 휴직 교원의 휴직사유를 나타낸 표이다. 다음을 보고 물음에 답하시오.

(단위 : 명)

구분	질병	병역	육아	간병	동반	학업	기타
2019	1,202	1,631	20,826	721	927	327	2,928
2018	1,174	1,580	18,719	693	1,036	353	2,360
2017	1,019	1,657	15,830	719	1,196	418	2,043
2016	547	1,677	12,435	561	1,035	420	2,196
2015	532	1,359	10,925	392	1,536	559	808
2014	495	1,261	8,911	485	1,556	609	806
2013	465	1,188	6,098	558	1,471	587	752
2012	470	1,216	5,256	437	1,293	514	709
2011	471	1,071	4,464	367	1,120	456	899

13 위의 표에 대한 설명으로 옳지 않은 것은?

① 2016년부터 2019년까지 휴직의 사유를 보면 육아의 비중이 가장 높다.
② 2011년부터 2019년까지 휴직의 사유 중 병역은 항상 질병의 비중보다 높다.
③ 2018년부터는 육아가 휴직 사유에서 차지하는 비중이 70%를 넘어서고 있다.
④ 2016년 휴직 사유 중 간병의 비중이 질병보다 낮다.

14 2013년 휴직의 사유 중 간병이 차지하는 비중으로 옳은 것은? (소수 둘째자리에서 반올림하시오)

① 4.7%

② 4.8%

③ 4.9%

④ 5.0%

15 2018년의 휴직 사유 중 육아가 차지하는 비율은 질병이 차지하는 비율의 몇 배인가?(모든 계산은 소수 첫째자리에서 반올림하시오)

① 12배

② 13배

③ 14배

④ 15배

▌16~17▐ 다음 〈표〉는 2008~2010년 동안 어느 지역의 용도별 물 사용량 현황을 나타낸 자료이다. 다음 자료를 보고 물음에 답하시오.

(단위 : m^3, %, 명)

용도 \ 연도 구분	2008		2009		2010	
	사용량	비율	사용량	비율	사용량	비율
생활용수	136,762	56.2	162,790	56.2	182,490	56.1
가정용수	65,100	26.8	72,400	25.0	84,400	26.0
영업용수	11,000	4.5	19,930	6.9	23,100	7.1
업무용수	39,662	16.3	45,220	15.6	47,250	14.5
욕탕용수	21,000	8.6	25,240	8.7	27,740	8.5
농업용수	45,000	18.5	49,050	16.9	52,230	16.1
공업용수	61,500	25.3	77,900	26.9	90,300	27.8
총 사용량	243,262	100.0	289,740	100.0	325,020	100.0
사용인구	379,300		430,400		531,250	

※ 1명당 생활용수 사용량(m^3/명) $= \dfrac{\text{생활용수 총 사용량}}{\text{사용인구}}$

16 위의 표에 대한 설명으로 옳지 않은 것은?

① 생활용수의 사용량은 계속 증가하고 있다.

② 2009년에는 생활용수의 사용량은 증가했지만 비율은 2008년과 같다.

③ 매년 생활용수 중 가장 비중이 높은 것은 가정용수이다.

④ 욕탕용수의 비율은 매년 증가하고 있다.

17 2010년 1명당 생활용수 사용량을 구하면? (m^3/명)

① 0.21

② 0.34

③ 0.40

④ 0.45

18 다음은 2011년부터 2014년까지의 국내총생산과 경상수지액이다. 경상수지비율이 가장 높은 연도는?

구분	2011년	2012년	2013년	2014년
국내총생산 (10억 달러)	1,203	1,222	1,305	1,410
경상수지액 (100만 달러)	18,656	50,835	81,148	89,220

※ 경상수지비율＝(경상수지액÷GDP)×100

① 2011년

② 2012년

③ 2013년

④ 2014년

┃19~20┃ 다음 〈표〉는 지역별 등급별 사회복지사 자격증 교부자수에 관한 자료이다. 다음 〈표〉를 보고 물음에 답하시오.

(단위 : 명)

등급 지역	1급 교부자	2급 교부자	3급 교부자
서울특별시	41,411	95,158	11,184
부산광역시	7,251	33,718	391
대구광역시	5,461	30,299	204
인천광역시	3,364	15,451	38
광주광역시	4,671	35,518	139
대전광역시	4,596	22,520	97
울산광역시	941	7,383	18
경기도	11,902	70,028	142
강원도	2,548	16,492	43
충청북도	3,692	21,790	97
충청남도	3,890	18,434	104
전라북도	5,648	29,121	125
전라남도	3,858	38,528	33
경상북도	6,018	41,805	65
경상남도	4,300	29,333	63
제주도	967	8,866	12
전체	110,518	514,344	12,755

19 위의 표에 관한 설명으로 옳은 것은?

① 2급 교부자 수는 1급 교부자 수의 5배 이상이다.
② 1급 교부자 중에서 경기도 지역의 교부자는 약 10%를 차지한다.
③ 3급 교부자 중에서 대전광역시 교부자는 충청북도 교부자 수보다 많다.
④ 2급 교부자 수가 3번째로 많은 지역은 전라남도이다.

20 3급 교부자 수 중에서 부산광역시 교부자가 차지하는 비중은 약 얼마인가?

① 3%   ② 4%
③ 5%   ④ 6%

03 문제해결능력

1 O회사에 근무하고 있는 채과장은 거래 업체를 선정하고자 한다. 업체별 현황과 평기기준이 다음과 같을 때, 선정되는 업체는?

〈업체별 현황〉

국가명	시장매력도	정보화수준	접근가능성
	시장규모(억 원)	정보화순위	수출액(백만 원)
A업체	550	106	9,103
B업체	333	62	2,459
C업체	315	91	2,597
D업체	1,706	95	2,777

〈평가기준〉

- 업체별 종합점수는 시장매력도(30점 만점), 정보화수준(30점 만점), 접근가능성(40점 만점)의 합계(100점 만점)로 구하며, 종합점수가 가장 높은 업체가 선정된다.
- 시장매력도 점수는 시장매력도가 가장 높은 업체에 30점, 가장 낮은 업체에 0점, 그 밖의 모든 업체에 15점을 부여한다. 시장규모가 클수록 시장매력도가 높다.
- 정보화수준 점수는 정보화순위가 가장 높은 업체에 30점, 가장 낮은 업체에 0점, 그 밖의 모든 업체에 15점을 부여한다.
- 접근가능성 점수는 접근가능성이 가장 높은 업체에 40점, 가장 낮은 업체에 0점, 그 밖의 모든 국가에 20점을 부여한다. 수출액이 클수록 접근가능성이 높다.

① A
② B
③ C
④ D

2 다음은 전기요금 계산 안내문이다. 영희는 주택용 전력 고압 350kWh를 사용하고, 민수는 주택용 전력 저압 250kWh를 사용한다면, 영희와 민수의 전기요금 합산 금액으로 옳은 것은?

전력		기본요금(원/호)	전력량 요금(원/kWh)
200kWh 이하	저압	900	90
	고압		70
400kWh 이하	저압	1,800	180
	고압	1,200	150
400kWh 초과	저압	7,200	270
	고압	6,300	210

- 전력량 요금은 200kWh를 기준으로 끊어 계산한다.
- 예 : 저압 300kWh 사용 → 200kWh까지 90원으로 계산 + 남은 전력은 180원으로 계산
- 필수사용량 보장공제 : 200kWh 이하 사용
- 저압 : 월 4,000원 감액(감액 후 최저요금 1,000원)
- 고압 : 월 2,500원 감액(감액 후 최저요금 1,000원)
- 슈퍼유저요금(7~8월, 12~2월)
- 저압 : 1,000kWh 초과 전력량 요금은 720원/kWh 적용
- 고압 : 1,000kWh 초과 전력량 요금은 590원/kWh 적용

① 66,000원

② 66,500원

③ 67,000원

④ 67,500원

┃3~4┃ 다음은 금융 관련 긴급상황 발생시 행동요령에 대한 내용이다. 이를 읽고 물음에 답하시오.

금융 관련 긴급상황 발생 행동요령

1. 신용카드 및 체크카드를 분실한 경우

   카드를 분실했을 경우 카드회사 고객센터에 분실신고를 하여야 한다.

   분실신고 접수일로부터 60일 전과 신고 이후에 발생한 부정 사용액에 대해서는 납부의무가 없다. 카드에 서명을 하지 않은 경우, 비밀번호를 남에게 알려준 경우, 카드를 남에게 빌려준 경우 등 카드 주인의 특별한 잘못이 있는 경우에는 보상을 하지 않는다.

   비밀번호가 필요한 거래(현금인출, 카드론, 전자상거래)의 경우 분실신고 전 발생한 제2자의 부정사용액에 대해서는 카드사가 책임을 지지 않는다. 그러나 저항할 수 없는 폭력이나 생명의 위협으로 비밀번호를 누설한 경우 등 카드회원의 과실이 없는 경우는 제외한다.

2. 다른 사람의 계좌에 잘못 송금한 경우

   본인의 거래은행에 잘못 송금한 사실을 먼저 알린다. 전화로 잘못 송금한 사실을 말하고 거래은행 영업점을 방문해 착오입금반환의뢰서를 작성하면 된다.

   수취인과 연락이 되지 않거나 돈을 되돌려 주길 거부하는 경우에는 부당이득반환소송 등 법적 조치를 취하면 된다.

3. 대출사기를 당한 경우

   대출사기를 당했거나 대출수수료를 요구할 땐 경찰서, 금융감독원에 전화로 신고를 하여야 한다. 아니면 금감원 홈페이지 참여마당 → 금융범죄/비리/기타신고 → 불법 사금융 개인정보 불법유통 및 불법대출 중개수수료 피해신고 코너를 통해 신고하면 된다.

4. 신분증을 잃어버린 경우

   가까운 은행 영업점을 방문하여 개인정보 노출자 사고 예방 시스템에 등록을 한다. 신청인의 개인정보를 금융회사에 전파하여 신청인의 명의로 금융거래를 하면 금융회사가 본인확인을 거쳐 2차 피해를 예방한다.

3 만약 당신이 신용카드를 분실했을 경우 가장 먼저 취해야 할 행동으로 적절한 것은?

① 경찰서에 전화로 분실신고를 한다.

② 해당 카드회사에 전화로 분실신고를 한다.

③ 금융감독원에 분실신고를 한다.

④ 카드사에 전화를 걸어 카드를 해지한다.

4 매사 모든 일에 철두철미하기로 유명한 당신이 보이스피싱에 걸려 대출사기를 당했다고 느껴질 경우 당신이 취할 수 있는 가장 적절한 행동은?

① 가까운 은행을 방문하여 개인정보 노출자 사고 예방 시스템에 등록을 한다.
② 해당 거래 은행에 송금 사실을 전화로 알린다.
③ 경찰서나 금융감독원에 전화로 신고를 한다.
④ 법원에 부당이득반환소송을 청구한다.

5 G 음료회사는 신제품 출시를 위해 시제품 3개를 만들어 전직원을 대상으로 블라인드 테스트를 진행한 후 기획팀에서 회의를 하기로 했다. 독창성, 대중성, 개인선호도 세 가지 영역에 총 15점 만점으로 진행된 테스트 결과가 다음과 같을 때, 기획팀 직원들의 발언으로 옳지 않은 것은?

	독창성	대중성	개인선호도	총점
시제품 A	5	2	3	10
시제품 B	4	4	4	12
시제품 C	2	5	5	12

① 우리 회사의 핵심가치 중 하나가 창의성 아닙니까? 저는 독창성 점수가 높은 A를 출시해야 한다고 생각합니다.
② 독창성이 높아질수록 총점이 낮아지는 것을 보지 못하십니까? 저는 그 의견에 반대합니다.
③ 무엇보다 현 시점에서 회사의 재정상황을 타계하기 위해서는 대중성을 고려하여 높은 이윤이 날 것으로 보이는 C를 출시해야 하지 않겠습니까?
④ 그럼 독창성과 대중성, 개인선호도를 모두 고려하여 B를 출시하는 것이 어떻겠습니까?

6 다음은 특보의 종류 및 기준에 관한 자료이다. ㉠과 ㉡의 상황에 어울리는 특보를 올바르게 짝지은 것은?

〈특보의 종류 및 기준〉

종류	주의보	경보
강풍	육상에서 풍속 14m/s 이상 또는 순간풍속 20m/s 이상이 예상될 때. 다만, 산지는 풍속 17m/s 이상 또는 순간풍속 25m/s 이상이 예상될 때	육상에서 풍속 21m/s 이상 또는 순간풍속 26m/s 이상이 예상될 때. 다만, 산지는 풍속 24m/s 이상 또는 순간풍속 30m/s 이상이 예상될 때
호우	6시간 강우량이 70mm 이상 예상되거나 12시간 강우량이 110mm 이상 예상될 때	6시간 강우량이 110mm 이상 예상되거나 12시간 강우량이 180mm 이상 예상될 때
태풍	태풍으로 인하여 강풍, 풍랑, 호우 현상 등이 주의보 기준에 도달할 것으로 예상될 때	태풍으로 인하여 풍속이 17m/s 이상 또는 강우량이 100mm 이상 예상될 때. 다만, 예상되는 바람과 비의 정도에 따라 아래와 같이 세분한다.
폭염	6월~9월에 일최고기온이 33℃ 이상이고, 일최고열지수가 32℃ 이상인 상태가 2일 이상 지속될 것으로 예상될 때	6월~9월에 일최고기온이 35℃ 이상이고, 일최고열지수가 41℃ 이상인 상태가 2일 이상 지속될 것으로 예상될 때

	3급	2급	1급
바람(m/s)	17~24	25~32	33이상
비(mm)	100~249	250~399	400이상

㉠ 태풍이 남해안에 상륙하여 울산지역에 270mm의 비와 함께 풍속 26m/s의 바람이 예상된다.
㉡ 지리산에 오후 3시에서 오후 9시 사이에 약 130mm의 강우와 함께 순간풍속 28m/s가 예상된다.

	㉠	㉡
①	태풍경보 1급	호우주의보
②	태풍경보 2급	호우경보 + 강풍주의보
③	태풍주의보	강풍주의보
④	태풍경보 2급	호우경보 + 강풍경보

7 Z회사에 근무하는 7명의 직원이 교육을 받으려고 한다. 교육실에서 직원들이 앉을 좌석의 조건이 다음과 같을 때 직원 중 빈 자리 바로 옆 자리에 배정받을 수 있는 사람은?

〈교육실 좌석〉

첫 줄	A	B	C
중간 줄	D	E	F
마지막 줄	G	H	I

〈조건〉

- 직원은 강훈, 연정, 동현, 승만, 문성, 봉선, 승일 7명이다.
- 서로 같은 줄에 있는 좌석들끼리만 바로 옆 자리일 수 있다.
- 봉선의 자리는 마지막 줄에 있다.
- 동현이의 자리는 승만이의 바로 옆 자리이며, 또한 빈 자리 바로 옆이다.
- 승만이의 자리는 강훈이의 바로 뒷 자리이다.
- 문성이와 승일이는 같은 줄의 좌석을 배정 받았다.
- 문성이나 승일이는 누구도 강훈이의 바로 옆 자리에 배정받지 않았다.

① 승만　　　　　　　　　② 문성
③ 연정　　　　　　　　　④ 봉선

8 다음 글의 내용과 날씨를 근거로 판단할 경우 A가 출장을 다녀온 시기로 가능한 것은?

- A는 비행기로 '한국→중국→일본→중국→한국' 순으로 3박 4일의 출장을 다녀왔다.
- '한국→중국' 항공은 매일 오전 10시, '중국→한국'은 매일 오후 3시에 출발하며, 편도 운항에 3시간이 소요된다.
- 중국에서 출발하여 일본을 돌아보는 항공은 매주 화·목요일 오전 8시에 출발하여 당일 오전 11시에 돌아온다.
- 최대 풍속이 30knot 이상인 날은 모든 노선의 비행기가 이륙하지 않는다.
- A는 매주 금요일에 술을 마시는데, 그 다음날을 멀미로 비행기를 탈 수 없다.
- 이번 출장 중 A는 중국 전통 무술 체험을 했는데, 이 체험은 매주 월·금요일 오후 6시에만 할 수 있다.

일	월	화	수	목	금	토
12	13	14	15	16	17	18
14knot	18knot	32knot	27knot	28knot	37knot	20knot
19	20	21	22	23	24	25
17knot	33knot	28knot	27knot	15knot	32knot	33knot

① 13~16일
② 16~19일
③ 19~22일
④ 21~24일

9 다음은 신용대출의 중도상환에 관한 내용이다. 甲씨는 1년 후에 일시 상환하는 조건으로 500만 원을 신용대출 받았다. 그러나 잔여기간이 100일 남은 상태에서 중도 상환하려고 한다. 甲씨가 부담해야 하는 해약금은 약 얼마인가? (단, 원단위는 절사한다)

> • 중도상환해약금 : 중도상환금액×중도상환적용요율×(잔여기간/대출기간)
>
> | 구분 | 가계대출 | | 기업대출 | |
> |---|---|---|---|---|
> | | 부동산
담보대출 | 신용/기타
담보대출 | 부동산
담보대출 | 신용/기타
담보대출 |
> | 적용요율 | 1.4% | 0.8% | 1.4% | 1.0% |
>
> • 대출기간은 대출개시일로부터 대출기간만료일까지의 일수로 계산하되, 대출기간이 3년을 초과하는 경우에는 3년이 되는 날을 대출기간만료일로 한다.
> • 잔여기간은 대출기간에서 대출개시일로부터 중도상환일까지의 경과일수를 차감하여 계산한다.

① 10,950원

② 11,950원

③ 12,950원

④ 13,950원

10 일식, 이식, 삼식, 사식, 오식 5명이 마피아 게임을 하고 있다. 마피아는 1명이며, 5명의 진술 중 한명만이 진실을 말하고 4명은 거짓말을 하고 있다. 진실을 말하는 사람은 누구인가?

> • 일식 : 이식이가 마피아다.
> • 이식 : 일식이는 거짓말을 하고 있다.
> • 삼식 : 나는 마피아가 아니다.
> • 사식 : 마피아는 일식이다.
> • 오식 : 내가 마피아다.

① 일식

② 이식

③ 삼식

④ 사식

11 용의자 A, B, C, D 4명이 있다. 이들 중 A, B, C는 조사를 받는 중이며 D는 아직 추적 중이다. 4명 중에서 한 명만이 진정한 범인이며, A, B, C의 진술 중 한명의 진술만이 참일 때 보기에서 옳은 것을 고르면?

> • A : B가 범인이다.
> • B : 내가 범인이다.
> • C : D가 범인이다.

〈보기〉

> ㉠ A가 범인이다.   ㉡ B가 범인이다.
> ㉢ D가 범인이다.   ㉣ B는 범인이 아니다.
> ㉤ C는 범인이 아니다.

① ㉠㉣㉤   ② ㉡㉤
③ ㉠㉤   ④ ㉢㉣㉤

12 빨간색, 파란색, 노란색 구슬이 하나씩 있다. 이 세 개의 구슬을 A, B, C 세 사람에게 하나씩 나누어 주고, 세 사람 중 한 사람만 진실을 말하도록 하였더니 구슬을 받고 난 세 사람이 다음과 같이 말하였다. 빨간색, 파란색, 노란색의 구슬을 받은 사람을 차례대로 나열한 것은?

> • A : 나는 파란색 구슬을 가지고 있다.
> • B : 나는 파란색 구슬을 가지고 있지 않다.
> • C : 나는 노란색 구슬을 가지고 있지 않다.

① A-B-C   ② A-C-B
③ C-A-B   ④ C-B-A

13 언어영역 3문항, 수리영역 4문항, 외국어영역 3문항, 과학탐구영역 2문항이 있다. A ,B, C, D 네 사람에게 3문항씩 각각 다른 영역의 문항을 서로 중복되지 않게 나누어 풀게 하였다. 다음은 네 사람이 푼 문항을 조사한 결과의 일부다. 다음 중 항상 옳은 것은?

- A는 언어영역 1문항을 풀었다.
- B는 외국어영역 1문항을 풀었다.
- C는 과학탐구영역 1문항을 풀었다.
- D는 외국어영역 1문항을 풀었다.

---

① A가 과학탐구영역 문항을 풀었다면 D는 언어영역 문항을 풀지 않았다.
② A가 외국어영역 문항을 풀었다면 C는 언어영역 문항을 풀었다.
③ A가 외국어영역 문항을 풀었다면 B는 언어영역 문항을 풀었다.
④ A가 외국어영역 문항을 풀었다면 D는 언어영역 문항을 풀었다.

14 수혁, 준이, 영주, 민지, 해수, 나영, 영희의 시험 성적에 대한 다음의 조건으로부터 추론할 수 있는 것은?

- 수혁이는 준이보다 높은 점수를 받았다.
- 준이는 영주보다 높은 점수를 받았다.
- 영주는 민지보다 높은 점수를 받았다.
- 해수는 준이와 나영이 보다 높은 점수를 받았다.
- 영희는 해수 보다 높은 점수를 받았다.
- 준이는 나영이 보다 높은 점수를 받았다.

---

① 영주가 나영이 보다 높은 점수를 받았다.
② 영희가 1등을 하였다.
③ 나영이 꼴등을 하였다.
④ 준이는 4등 안에 들었다.

15

A, B, C, D, E 5명이 일렬로 앉아 있을 때 다음 조건에 따라 거짓인 것은?

- B는 E보다 앞에 앉아 있다.
- A는 D보다 앞에 앉아 있다.
- B는 C보다 앞에 앉아 있다.
- C는 E보다 앞에 앉아 있다.
- E는 A보다 앞에 앉아 있다.

① E는 앞에서 두 번째에 앉아 있다. 　② B가 맨 앞에 앉아 있다.
③ 맨 뒤에 앉은 사람은 D이다. 　④ C는 D보다 앞에 앉아 있다.

16

진영, 은수, 홍희, 영수, 민서, 진숙, 진현, 희연이가 3개의 택시에 나누어 타려고 한다. 각 택시에는 3자리가 있으며 택시의 색은 각각 빨간색, 노란색, 검은색이다. 빨간색 택시에는 두 사람만이 탈 수 있고, 민서가 노란색 택시를 타고 있다면 검은색 택시에 타고 있지 않은 사람은?

- 진영이는 반드시 빨간색 택시에 타야 한다.
- 은수와 홍희는 반드시 같은 택시에 타야 한다.
- 영수는 민서와 같은 택시에 탈 수 없다.
- 진숙이는 진영이와 같은 택시에 타야 한다.
- 진현이가 탄 택시에는 민서 또는 진영이가 타고 있어야 한다.

① 영수 　② 은수
③ 홍희 　④ 희연

17

다음 중 창의적인 사고에 대한 설명으로 옳지 않은 것은?

① 문제를 다른 방법으로 해결하기 위해 노력한다.
② 새롭고 신기한 것이라면 유용성은 중요하지 않다.
③ 확산적인 사고로 아이디어가 많고 다양한 것을 의미한다.
④ 통상적인 것이 아니라 기발하거나 독창적인 것이다.

18 다음은 발산적(창의적) 사고를 개발하기 위한 방법이다. 이에 해당하는 것은?

> 이 방법은 어떤 생각에서 다른 생각을 계속해서 떠올리는 작업을 통해 어떤 주제에서 생각나는 것을 계속해서 열거해 나가는 방법이다.

① 브레인스토밍
② 체크리스트
③ NM법
④ Synectics

19 SWOT 분석에 따라 발전전략을 수립할 때 외부 환경의 위협을 최소화하기 위해 내부 강점을 극대화하는 전략은?

① SO전략
② WO전략
③ ST전략
④ WT전략

20 다음 중 찾는 문제에 해당하는 것은?

① 고객센터의 센터장 A에게 친절도에 대한 고객들의 클레임이 발생했다.
② 제작부서의 B에게 제작능률을 15% 높이라는 임무가 떨어졌다.
③ 해외영업팀의 C에게 해외 시장 진출에 있어 발생 가능한 문제를 파악하라는 지시가 내려왔다.
④ 생산부서의 D는 중국에 공장을 설치할 때 고려해야 하는 문제들이 무엇인지 판단해야 하는 상황에 직면했다.

1 다음 글과 〈조건〉을 근거로 판단할 때, 중국으로 출장 가는 사람으로 짝지어진 것은?

> C회사에서는 업무상 외국 출장이 잦은 편이다. 인사부 A씨는 매달 출장 갈 직원들을 정하는 업무를 맡고 있다. 이번 달에는 총 4국가로 출장을 가야 하며 인원은 다음과 같다.
>
> | 미국 | 영국 | 중국 | 일본 |
> |------|------|------|------|
> | 1명 | 4명 | 3명 | 4명 |
>
> 출장을 갈 직원은 이과장, 김과장, 신과장, 류과장, 임과장, 장과장, 최과장이 있으며, 개인별 출장 가능한 국가는 다음과 같다.
>
> | 국가 ＼ 직원 | 이과장 | 김과장 | 신과장 | 류과장 | 임과장 | 장과장 | 최과장 |
> |------|------|------|------|------|------|------|------|
> | 미국 | ○ | × | ○ | × | × | × | × |
> | 영국 | ○ | × | ○ | ○ | ○ | × | × |
> | 중국 | × | ○ | ○ | ○ | ○ | × | ○ |
> | 일본 | × | × | ○ | × | ○ | ○ | ○ |
>
> ※ ○ : 출장 가능, × : 출장 불가능
> ※ 어떤 출장도 일정이 겹치진 않는다.
>
> 〈조건〉
> • 한 사람이 두 국가까지만 출장 갈 수 있다.
> • 모든 사람은 한 국가 이상 출장을 가야 한다.

① 김과장, 최과장, 류과장　　　　　② 김과장, 신과장, 류과장
③ 신과장, 류과장, 임과장　　　　　④ 김과장, 임과장, 최과장

2 K회사에서는 1년에 한 명을 선발하여 해외연수를 보내주는 제도가 있다. A, B, C, D 네 명이 지원한 가운데 '선발기준'과 '지원자 현황'을 참고하여 선발될 확률이 가장 높은 사람을 고르시오.

〈지원자 현황〉

구분	A	B	C	D
포상	2	4	0	5
근무 경력	27년	25년	13년	4년

〈선발 기준〉

구분	외국어 성적	근무 경력	포상	근무 성적	계
점수	50	20	20	10	100
비고		100%: 15년 이상 70%: 10년 이상 50%: 10년 미만	100%: 3회 이상 50%: 1~2회 1회 미만은 0점		

※ 근무 경력은 최소 5년 이상인 자만 선발 자격이 있다.

※ 외국어 성적은 A와 B가 만점 대비 50%이며, C가 80%, D가 100%이다.

※ 근무 성적은 B가 만점이고 나머지는 만점 대비 90%이다.

① A   ② B

③ C   ④ D

3 다음은 어느 회사의 성과상여금 지급기준이다. 다음 기준에 따를 때 성과상여금을 가장 많이 받는 사원과 가장 적게 받는 사원의 금액 차이는 얼마인가?

〈성과상여금 지급기준〉

지급원칙

• 성과상여금은 적용대상사원에 대하여 성과(근무성적, 업무난이도, 조직 기여도의 평점 합) 순위에 따라 지급한다.

성과상여금 지급기준액

5급 이상	6급~7급	8급~9급	계약직
500만원	400만원	200만원	200만원

지급등급 및 지급률

• 5급 이상

지급등급	S등급	A등급	B등급	C등급
성과 순위	1위	2위	3위	4위 이하
지급률	180%	150%	120%	80%

• 6급 이하 및 계약직

지급등급	S등급	A등급	B등급
성과 순위	1위~2위	3~4위	5위 이하
지급률	150%	130%	100%

지급액 산정방법

개인별 성과상여금 지급액은 지급기준액에 해당등급의 지급율을 곱하여 산정한다.

<表>

사원	평점			직급
	근무성적	업무난이도	조직기여도	
수현	8	5	7	계약직
이현	10	6	9	계약직
서현	8	8	6	4급
진현	5	5	8	5급
준현	9	9	10	6급
지현	9	10	8	7급

〈소속사원 성과 평점〉

① 260만원　　　　　　　　② 340만원
③ 400만원　　　　　　　　④ 450만원

4 甲회사 인사부에 근무하고 있는 H부장은 각 과의 요구를 모두 충족시켜 신규직원을 배치하여야 한다. 각 과의 요구가 다음과 같을 때 홍보과에 배정되는 사람은 누구인가?

〈신규직원 배치에 대한 각 과의 요구〉
• 관리과 : 5급이 1명 배정되어야 한다.
• 홍보과 : 5급이 1명 배정되거나 6급이 2명 배정되어야 한다.
• 재무과 : B가 배정되거나 A와 E가 배정되어야 한다.
• 총무과 : C와 D가 배정되어야 한다.

〈신규직원〉
• 5급 2명(A, B)
• 6급 4명(C, D, E, F)

① A　　　　　　　　　　　② B
③ C와 D　　　　　　　　　④ E와 F

5 어느 회사에서 영업부, 편집부, 홍보부, 전산부, 영상부, 사무부에 대한 직무조사 순서를 정할 때 다음과 같은 조건을 충족시켜야 한다면 순서로 가능한 것은?

> • 편집부에 대한 조사는 전산부 또는 영상부 중 어느 한 부서에 대한 조사보다 먼저 시작되어야 한다.
> • 사무부에 대한 조사는 홍보부나 전산부에 대한 조사보다 늦게 시작될 수는 있으나, 영상부에 대한 조사보다 나중에 시작될 수 없다.
> • 영업부에 대한 조사는 아무리 늦어도 홍보부 또는 전산부 중 적어도 어느 한 부서에 대한 조사보다는 먼저 시작되어야 한다.

① 홍보부 – 편집부 – 사무부 – 영상부 – 전산부 – 영업부
② 영상부 – 홍보부 – 편집부 – 영업부 – 사무부 – 전산부
③ 전산부 – 영업부 – 편집부 – 영상부 – 사무부 – 홍보부
④ 편집부 – 홍보부 – 영업부 – 사무부 – 영상부 – 전산부

6 다음은 A와 B제품을 1개씩 만드는 데 필요한 연료와 전력 및 하루 사용 제한량을 나타낸 표이다. A는 5개에 15만원, B는 3개에 3만원의 이익이 생긴다. A와 B를 총 50개 생산할 때, 최대한 많은 이익을 얻기 위한 A의 생산 개수와 그 때의 총이익은 얼마인가?

제품	A	B	제한
연료(L)	2	5	220
전력(kWh)	45	15	1,800

① 10개, 65만원
② 10개, 90만원
③ 35개, 120만원
④ 35개, 250만원

7 S기관은 업무처리시 오류 발생을 줄이기 위해 2016년부터 오류 점수를 계산하여 인사고과에 반영한다고 한다. 이를 위해 매월 직원별로 오류 건수를 조사하여 오류 점수를 다음과 같이 계산한다고 할 때, 가장 높은 오류 점수를 받은 사람은 누구인가?

〈오류 점수 계산 방식〉
• 일반 오류는 1건당 10점, 중대 오류는 1건당 20점씩 오류 점수를 부과하여 이를 합산한다.
• 전월 우수사원으로 선정된 경우, 합산한 오류 점수에서 80점을 차감하여 월별 최종 오류 점수를 계산한다.

〈S기관 벌점 산정 기초자료〉

직원	오류 건수(건)		전월 우수사원 선정 여부
	일반 오류	중대 오류	
A	5	20	미선정
B	10	20	미선정
C	15	15	선정
D	20	10	미선정

① A

② B

③ C

④ D

8 Z회사는 6대(A~F)의 자동차 생산을 주문받았다. 오늘을 포함하여 30일 이내에 자동차를 생산할 계획이며 Z회사의 하루 최대투입가능 근로자 수는 100명이다. 다음 〈공정표〉에 근거할 때 Z회사가 벌어들일 수 있는 최대 수익은 얼마인가? (단, 작업은 오늘부터 개시되며 각 근로자는 자신이 투입된 자동차의 생산이 끝나야만 다른 자동차의 생산에 투입될 수 있고 1일 필요 근로자 수 이상의 근로자가 투입되더라도 자동차당 생산 소요기간은 변하지 않는다)

〈공정표〉

자동차	소요기간	1일 필요 근로자 수	수익
A	5일	20명	15억 원
B	10일	30명	20억 원
C	10일	50명	40억 원
D	15일	40명	35억 원
E	15일	60명	45억 원
F	20일	70명	85억 원

① 150억 원 ② 155억 원
③ 160억 원 ④ 165억 원

9 정 과장은 계약 체결을 위해 부산에 2시까지 도착해서 미팅을 하러 간다. 집에서 기차역까지 30분, 고속버스터미널까지 15분이 걸린다. 교통비와 스케줄이 다음과 같을 때, 정 과장의 선택은 무엇인가? (단, 시간이 동일하다면 비용이 저렴한 것을 우선순위로 둔다.)

	방법	출발 시간	환승 시간	이동 시간	걷는 시간	비용(원)
(가)	고속버스-기차	7:20	10분	6시간	10분	7만 2천
(나)	기차-버스	7:25	20분	5시간 30분		10만 2천
(다)	고속버스	8:05	없음	5시간 25분		7만
(라)	기차	8:25		5시간		10만

① (가) ② (나)
③ (다) ④ (라)

10 다음에서 설명하는 예산제도는 무엇인가?

> 이것은 정부 예산이 여성과 남성에게 미치는 영향을 평가하고 이를 반영함으로써 예산에 뒷받침되는 정책과 프로그램이 성별 형평성을 담보하고, 편견과 고정관념을 배제하며, 남녀 차이를 고려하여 의도하지 않은 예산의 불평등한 배분효과를 파악하고, 이에 대한 개선안을 제시함으로써 궁극적으로 예산의 배분규칙을 재정립할 수 있도록 하는 제도이다. 또한 정책의 공정성을 높일 수 있으며, 남녀의 차이를 고려하므로 정책이 더 효율적이고 양성 평등한 결과를 기대할 수 있다. 그리하여 남성과 여성이 동등한 수준의 삶의 질을 향유할 수 있다는 장점이 있다.

① 품목별예산제도 ② 성인지예산제도
③ 영기준예산제도 ④ 성과주의예산제도

11 다음 사례에 나오는 효진의 시간관리 유형은 무엇인가?

> 효진은 하루 24시간 중 8시간의 회사 업무 이외에도 8시간을 효율적으로 활용하고 8시간동안 충분히 숙면도 취한다. 그녀는 어느 누구보다도 하루하루를 정신없이 바쁘게 살아가는 사람 중 한 명이다.

① 시간 창조형   ② 시간 소비형
③ 시간 절약형   ④ 시간 파괴형

12 다음 사례를 읽고 분석한 내용으로 옳지 않은 것은?

> 경수는 영화를 보기 위해 5,000원을 지불하고 영화표를 예매하였다. 하지만 영화를 보기로 한 날 갑작스럽게 친구가 등산을 가자고 제안하였다. 경수는 잠시 고민하였지만 결국 영화를 보기로 결정하고 친구와의 등산은 다음으로 미뤘다. 여기서 영화 관람과 등산에 소요되는 시간은 동일하고 경수에게 영화 관람의 편익은 10,000원이고 등산의 편익은 3,000원이다. 또한 영화표의 환불이나 양도는 불가하다.

① 영화 관람과 등산 중 경수에게 더 큰 실익을 주는 것은 영화관람이다.
② 영화 관람으로 인한 기회비용은 3,000원이다.
③ 경수가 영화를 관람하기로 한 것은 합리적 선택이다.
④ 영화 관람을 위해 지불한 5,000원은 회수할 수 없는 한계비용이다.

13 다음은 철수가 운영하는 회사에서 작성한 3월 지출내역이다. 여기에서 알 수 있는 판매비와 일반관리비의 총 합계 금액으로 옳은 것은?

3월 지출내역

광고선전비	320,000원	직원들의 급여	3,600,000원
통신비	280,000원	접대비	1,100,000원
조세공과금	300,000원	대출이자	2,000,000원

① 5,600,000원
② 4,500,000원
③ 6,500,000원
④ 7,600,000원

14 다음은 자원관리 기본 과정을 임의로 나타낸 것이다. 순서대로 나열한 것은 무엇인가?

> (가) 이용 가능한 자원 수집하기
> (나) 계획대로 수행하기
> (다) 자원 활용 계획 세우기
> (라) 필요한 자원의 종류와 양 확인하기

① (다)－(라)－(가)－(나)
② (다)－(가)－(라)－(나)
③ (라)－(다)－(가)－(나)
④ (라)－(가)－(다)－(나)

15 물적 자원 활용의 방해요인 중 다음 사례에 해당되는 것끼리 바르게 묶인 것은?

> 건설회사에 다니는 박과장은 하나의 물건을 오랫동안 사용하지 못하고 수시로 바꾸는 것으로 동료들에게 유명하다. 며칠 전에도 사무실에서 작업공구를 사용하고 아무 곳에 놓았다가 잊어버려 새로 구입하였고 오늘은 며칠 전에 구입했던 핸드폰을 만지다 떨어뜨려 A/S센터에 수리를 맡기기도 했다. 박과장은 이렇게 물건을 사용하고 제자리에 두기만 하면 오랫동안 잃어버리지 않고 사용할 수 있는데도 평소 아무 생각 없이 물건을 방치하여 새로 구입한 적이 허다하고 조금만 조심해서 사용하면 굳이 비싼 돈을 들여 다시 수리를 맡기지 않아도 될 것을 함부로 다루다가 망가뜨려 수리를 맡긴 적이 한두 번이 아니다. 박과장은 이러한 일로 매달 월급의 3분의 1을 소비하며 매일 자기 자신의 행동에 대해 후회하고 있다.

① 구입하지 않은 경우, 훼손 및 파손된 경우
② 보관 장소를 파악하지 못한 경우, 훼손 및 파손된 경우
③ 구입하지 않은 경우, 분실한 경우
④ 보관 장소를 파악하지 못한 경우, 분실한 경우

16 다음은 어느 기업의 직원별 과제 수행 결과에 대한 평가표이다. 가장 나쁜 평가를 받은 사람은 누구인가?

〈직원별 과제 수행 결과 평가표〉		
성명	과제 수행 결과	점수
정은	정해진 기한 내에서 작업 완료	
석준	주어진 예산 한도 내에서 작업 완료	
환욱	계획보다 적은 인원을 투입하여 작업 완료	
영재	예상보다 더 많은 양의 부품을 사용하여 작업 완료	

① 정은　　　　　　　　　　② 석준
③ 환욱　　　　　　　　　　④ 영재

17 인사팀에 신입사원 민기씨는 회사에서 NCS채용 도입을 위한 정보를 얻기 위해 NCS기반 능력중심채용 설명회를 다녀오려고 한다. 민기씨는 오늘 오후 1시까지 김대리님께 보고서를 작성해서 드리고 30분 동안 피드백을 받기로 했다. 오전 중에 정리를 마치려면 시간이 빠듯할 것 같다. 다음에 제시된 설명회 자료와 교통편을 보고 민기씨가 생각한 것으로 틀린 것은?

최근 이슈가 되고 있는 공공기관의 NCS 기반 능력중심 채용에 관한 기업들의 궁금증 해소를 위하여 붙임과 같이 설명회를 개최하오니 많은 관심 부탁드립니다.
감사합니다.

－붙임－

설명회 장소	일시	비고
서울고용노동청(5층) 컨벤션홀	2016. 7. 29(금) 15:00~17:00	설명회의 원활한 진행을 위해 설명회 시작 15분 뒤부터는 입장을 제한합니다.

오시는 길
지하철 : 2호선 을지로입구역 4번 출구(도보 10분 거리)
버스 : 149, 152번 ○○센터(도보 5분 거리)

• 회사에서 버스정류장 및 지하철역까지 소요시간

출발지	도착지	소요시간	
회사	×× 정류장	도보	30분
		택시	10분
	지하철역	도보	20분
		택시	5분

• 서울고용노동청 가는 길

교통편	출발지	도착지	소요시간
지하철	잠실역	을지로입구역	1시간(환승포함)
버스	×× 정류장	○○센터 정류장	50분(정체 시 1시간 10분)

① 택시를 타지 않아도 버스를 타고 가면 늦지 않게 설명회에 갈 수 있다.

② 어떤 방법으로 이동하더라도 설명회에 입장은 가능하다.

③ 택시를 타지 않아도 지하철을 타고 가면 늦지 않게 설명회에 갈 수 있다.

④ 정체가 되지 않는다면 버스를 타고 가는 것이 지하철보다 빠르게 갈 수 있다.

18 다음 사례에 나타난 자원 낭비 요인으로 옳지 않은 것은?

> 진수는 평소 시간에 대해서 중요하게 생각한 적이 없다. '시간이란 누구에게나 무한하게 있는 것으로 사람들은 왜 그렇게 시간을 중요하게 생각하는지 모르겠다.' 이것이 진수의 생각이다. 따라서 그는 어떤 일이나 약속을 하더라도 그때그때 기분에 따라서 행동을 하지 결코 계획을 세워 행동한 적이 없고 그 결과 중요한 약속을 지키지 못하거나 일을 그르친 적이 한두 번이 아니었다. 그리고 약간의 노하우만 있으면 쉽고 빨리 할 수 있는 일들도 진수는 다른 사람들에 비해 어렵고 오랜 시간을 들여 행하는 편이다. 이러한 이유로 사람들은 점점 진수를 신뢰하지 못하게 되었고 진수의 인간관계는 멀어지게 되었다.

① 비계획적 행동
② 편리성 추구
③ 자원에 대한 인식 부재
④ 노하우 부족

19 연초에 동일한 투자비용이 소요되는 투자계획 A와 B가 있다. A는 금년 말에 10억 원, 내년 말에 20억 원의 수익을 내고, B는 내년 말에 31억 원의 수익을 낸다. 수익성 측면에서 A와 B를 동일하게 만드는 이자율 수준은 얼마인가?

① 5%
② 10%
③ 15%
④ 20%

20 다음은 여행사를 통해 구입한 전자항공권 내용의 일부이다. 항공권의 내용에 대한 설명 중 가장 옳지 않는 것은?

Passenger Name		Jang/Hyo-Mi		Booking Reference		810-1850
Ticket Number		1803841764936-937				
서울(ICN)-파리(CDG)		D901 (예약번호:EN2BD4)		14:00/18:00		17FEB16
파리(CDG)-Kishasa(FIH)		A898 (예약번호:3DGM20)		10:50/18:40		18FEB16
Kishasa(FIH)- 아디스아바바(ADD)		E831 (예약번호:3DGM20)		13:45/20:05		21FEB16
아디스아바바(ADD)- 두바이(DXB)		E724 (예약번호:ES66X3)		19:35/00:35		24FEB16
두바이(DXB)-서울(ICN)		D5952 (예약번호:EN2BD4)		03:00/16:00		25FEB16

① 전체 여정의 예약번호는 810-1850이다.

② 각 항공 일정의 개별 변경이 필요한 경우에는 개별 예약번호를 통해 변경해야 한다.

③ 두바이에서 출발하여 서울에 도착하는 날짜는 2월 26일이 될 것이다.

④ 서울에서 파리에 가는 항공편과 두바이에서 서울로 돌아오는 항공편은 같은 항공회사이다.

05 대인관계능력

1 다음 사례에서 오부장이 취할 행동으로 가장 적절한 것은?

> 오부장이 다니는 J의류회사는 전국 각지에 매장을 두고 있는 큰 기업 중 하나이다. 따라서 매장별로 하루에도 수많은 손님들이 방문하며 그 중에는 옷에 대해 불만을 품고 찾아오는 손님들도 간혹 있다. 하지만 고지식하며 상부의 지시를 중시 여기는 오부장은 이러한 사소한 일들도 하나하나 보고하여 상사의 지시를 받으라고 부하직원들에게 강조하고 있다. 그러다 보니 매장 직원들은 사소한 문제 하나라도 스스로 처리하지 못하고 일일이 상부에 보고를 하고 상부의 지시가 떨어지면 그때서야 문제를 해결한다. 이로 인해 자연히 불만고객에 대한 대처가 늦어지고 항의도 잇따르게 되었다. 오늘도 한 매장에서 소매에 단추 하나가 없어 이를 수선해 줄 것을 요청하는 고객의 불만을 상부에 보고해 지시를 기다리다가 결국 고객이 기다리지 못하고 환불요청을 한 사례가 있었다.

① 오부장이 직접 그 고객에게 가서 불만사항을 처리한다.

② 사소한 업무처리는 매장 직원들이 스스로 해결할 수 있도록 어느 정도 권한을 부여한다.

③ 매장 직원들에게 고객의 환불요청에 대한 책임을 물어 징계를 내린다.

④ 앞으로 이러한 실수가 일어나지 않도록 옷을 수선하는 직원들의 교육을 다시 시킨다.

2 다음 사례에서 이부장이 취할 수 있는 행동으로 적절하지 않은 것은?

> ○○기업에 다니는 이부자은 최근 경기침체에 따른 회사의 매출부진과 관련하여 근무환경을 크게 변화시키기로 결정하였다. 하지만 그의 부하들은 물론 상사와 동료들조차도 이부장의 결정에 회의적이었고 부정적인 시각을 내보였다. 그들은 변화에 소극적이었으며 갑작스러운 변화는 오히려 회사의 존립자체를 무너뜨릴 수 있다고 판단하였다. 하지만 이부장은 갑작스러운 변화가 처음에는 회사를 좀 더 어렵게 할 수 는 있으나 장기적으로 본다면 틀림없이 회사에 큰 장점으로 작용할 것이라고 확신하고 있었고 여기에는 전 직원의 노력과 협력이 필요하다고 말하였다.

① 변화의 긍정적인 면을 강조한다.
② 직원들의 감정을 세심하게 살핀다.
③ 주관적인 자세를 유지한다.
④ 변화에 적응할 시간을 준다.

3 대인관계능력을 구성하는 하위능력 중 현재 동신과 명섭의 팀에게 가장 필요한 능력은 무엇인가?

> 올해 E그룹에 입사하여 같은 팀에서 근무하게 된 동신과 명섭은 다른 팀에 있는 입사동기들과 외딴 섬으로 신입사원 워크숍을 가게 되었다. 그 곳에서 각 팀별로 1박 2일 동안 스스로 의·식·주를 해결하며 주어진 과제를 수행하는 임무가 주어졌는데 동신은 부지런히 섬 이 곳 저 곳을 다니며 먹을 것을 구해오고 숙박할 장소를 마련하는 등 솔선수범 하였지만 명섭은 단지 섬을 돌아다니며 경치 구경만 하고 사진 찍기에 여념이 없었다. 그리고 과제수행에 있어서도 동신은 적극적으로 임한 반면 명섭은 소극적인 자세를 취해 그 결과 동신과 명섭의 팀만 과제를 수행하지 못했고 결국 인사상의 불이익을 당하게 되었다.

① 리더십능력　　　　　　　　② 팀워크능력
③ 협상능력　　　　　　　　　④ 고객서비스능력

4 다음 사례에서 장부장이 취할 수 있는 가장 적절한 행동은 무엇인가?

> 서울에 본사를 둔 T그룹은 매년 상반기와 하반기에 한 번씩 전 직원이 워크숍을 떠난다. 이는 평소 직원들 간의 단체생활을 중시 여기는 T그룹 회장의 지침 때문이다. 하지만 워낙 직원이 많은 T그룹이다 보니 전 직원이 한꺼번에 움직이는 것은 불가능하고 각 부서별로 그 부서의 장이 재량껏 계획을 세우고 워크숍을 진행하도록 되어 있다. 이에 따라 생산부서의 장부장은 부원들과 강원도 태백산에 가서 1박 2일로 야영을 하기로 했다. 하지만 워크숍을 가는 날 아침 갑자기 예약한 버스가 고장이 나서 출발을 못한다는 연락을 받았다.

① 워크숍은 장소보다도 이를 통한 부원들의 단합과 화합이 중요하므로 서울 근교의 적당한 장소를 찾아 워크숍을 진행한다.

② 무슨 일이 있어도 계획을 실행하기 위해 새로 예약 가능한 버스를 찾아보고 태백산으로 간다.

③ 어쩔 수 없는 일이므로 상사에게 사정을 얘기하고 이번 워크숍은 그냥 집에서 쉰다.

④ 각 부원들에게 의견을 물어보고 각자 자율적으로 하고 싶은 활동을 하도록 한다.

5 다음 사례에서 이 고객에 대한 적절한 응대법으로 옳은 것은?

> 은지는 옷가게를 운영하고 있는데 어느 날 한 여성 고객이 찾아왔다. 그녀는 매장을 둘러보면서 이 옷, 저 옷을 만져보고 입어보더니 "어머, 여기는 옷감이 좋아보이지도 않는데 가격은 비싸네.", "여긴 별로 예쁜 옷이 없네. 디자이너가 아직 경험이 부족한 것 같은데." 등의 말을 하면서 거만하게 자신도 디자이너 출신이고 아가씨가 아직 경험이 부족한 것 같아 자신이 조금 조언을 해 주겠다며 은지에게 옷을 만들 때 옷감은 어떤 걸로 해야 하고 매듭은 어떻게 지어야 한다는 둥의 말을 늘어놓았다. 그러는 동안 옷가게에는 몇 명의 다른 손님들이 옷을 둘러보며 은지를 찾다가 그냥 되돌아갔다.

① 자신의 과시욕이 채워지도록 뽐내게 내버려 둔다.

② 분명한 증거나 근거를 제시하여 스스로 확신을 갖도록 유도한다.

③ 이야기를 경청하고 맞장구를 치며 치켜세우고 설득해 간다.

④ "글쎄요.", "아마"와 같은 애매한 화법을 사용하지 않는다.

6   다음 사례에서 직장인으로서 옳지 않은 행동을 한 사람은?

〈사례1〉

K그룹에 다니는 철환이는 어제 저녁 친구들과 횟집에서 회를 먹고 오늘 일어나자 갑자기 배가 아파 병원에 간 결과 식중독에 걸렸다는 판정을 받고 입원을 하게 되었다. 생각지도 못한 일로 갑자기 결근을 하게 된 철환이는 즉시 회사에 연락해 사정을 말한 후 연차를 쓰고 입원하였다.

〈사례2〉

여성 구두를 판매하는 S기업의 영업사원으로 입사한 상빈이는 업무상 여성고객들을 많이 접하고 있다. 어느 날 외부의 한 백화점에서 여성고객을 만나게 된 상빈이는 그 고객과 식사를 하기 위해 식당이 있는 위층으로 에스컬레이터를 타고 가게 되었다. 이때 그는 그 여성고객에게 먼저 타도록 하고 자신은 뒤에 타고 올라갔다.

〈사례3〉

한창 열심히 근무하는 관모에게 한 통의 전화가 걸려 왔다. 얼마 전 집 근처에 있는 공인중개사에 자신의 이름으로 된 집을 월세로 내놓았는데 그 공인중개사에서 연락이 온 것이다. 그는 옆자리에 있는 동료에게 잠시 자리를 비우겠다고 말한 뒤 신속하게 사무실 복도를 지나 야외 휴게실에서 공인중개사 사장과 연락을 하고 내일 저녁 계약 약속을 잡았다.

〈사례4〉

입사한 지 이제 한 달이 된 정호는 어느 날 다른 부서에 급한 볼일이 있어 복도를 지나다가 우연히 앞에 부장님이 걸어가는 걸 보았다. 부장님보다 천천히 가자니 다른 부서에 늦게 도착할 것 같아 어쩔 수 없이 부장님을 지나치게 되었는데 이때 그는 부장님께 "실례하겠습니다." 라고 말하는 것을 잊지 않았다.

---

① 철환   ② 상빈
③ 관모   ④ 정호

7 다음 사례에서 팀워크에 도움이 안 되는 사람은 누구인가?

> ◎◎기업의 입사동기인 영재와 영초, 문식, 윤영은 이번에 처음으로 함께 프로젝트를 수행하게 되었다. 이는 이번에 나온 신제품에 대한 소비자들의 선호도를 조사하는 것으로 ◎◎기업에서 이들의 팀워크 능력을 알아보기 위한 일종의 시험이었다. 이 프로젝트에서 네 사람은 각자 자신이 잘 할 수 있는 능력을 살려 업무를 분담했는데 평소 말주변이 있고 사람들과 만나는 것을 좋아하는 영재는 직접 길거리로 나가 시민들을 대상으로 신제품에 대한 설문조사를 실시하였다. 그리고 어릴 때부터 일명 '천재소년'이라고 자타가 공인한 영초는 자신의 능력을 믿고 다른 사람들과는 따로 설문조사를 실시하였고 보고서를 작성하였다. 한편 대학에서 수학과를 나와 통계에 자신 있는 문식은 영재가 조사해 온 자료를 바탕으로 통계를 내기 시작하였고 마지막으로 꼼꼼한 윤영이가 깔끔하게 보고서를 작성하여 상사에게 제출하였다.

① 영재
② 영초
③ 문식
④ 윤영

8 다음 항목들 중, 팀원에게 제시할 수 있는 '효과적인 팀'의 핵심 특징으로 적절하지 않은 것은?

> ㈎ 객관적인 결정을 내린다.
> ㈏ 결과보다 과정과 방법에 초점을 맞춘다.
> ㈐ 의견의 불일치를 건설적으로 해결한다.
> ㈑ 팀의 사명과 목표를 명확하게 기술한다.
> ㈒ 역할과 책임을 명료화시킨다.
> ㈓ 개인의 강점을 활용하기보다 짜인 시스템을 활용한다.

① ㈎, ㈐, ㈑
② ㈏, ㈒, ㈑, ㈓
③ ㈏, ㈓
④ ㈒, ㈓

9 다음 사례에 나타난 리더십 유형의 특징으로 옳은 것은?

> 이번에 새로 팀장이 된 대근은 입사 5년차인 비교적 젊은 팀장이다. 그는 자신의 팀에 있는 팀원들은 모두 나름대로의 능력과 경험을 가지고 있으며 자신은 그들 중 하나에 불과하다고 생각한다. 따라서 다른 팀의 팀장들과 같이 일방적으로 팀원들에게 지시를 내리거나 팀원들의 의견을 듣고 그 중에서 마음에 드는 의견을 선택적으로 추리는 등의 행동을 하지 않고 평등한 입장에서 팀원들을 대한다. 또한 그는 그의 팀원들에게 의사결정 및 팀의 방향을 설정하는데 참여할 수 있는 기회를 줌으로써 팀 내 행동에 따른 결과 및 성과에 대해 책임을 공유해 나가고 있다. 이는 모두 팀원들의 능력에 대한 믿음에서 비롯된 것이다.

① 질문을 금지한다.　　　　　　　　　② 모든 정보는 리더의 것이다.
③ 실수를 용납하지 않는다.　　　　　　④ 책임을 공유한다.

10 다음 두 사례를 읽고 하나가 가지고 있는 임파워먼트의 장애요인으로 옳은 것은?

> 〈사례1〉
>
> ▽▽그룹에 다니는 민대리는 이번에 새로 입사한 신입직원 하나에게 최근 3년 동안의 매출실적을 정리해서 올려달라고 부탁하였다. 더불어 기존 거래처에 대한 DB를 새로 업데이트하고 회계팀으로부터 전달받은 통계자료를 토대로 새로운 마케팅 보고서를 작성하라고 지시하였다. 하지만 하나는 일에 대한 열의는 전혀 없이 그저 맹목적으로 지시받은 업무만 수행하였다. 민대리는 그녀가 왜 업무에 열의를 보이지 않는지, 새로운 마케팅 사업에 대한 아이디어를 내놓지 못하는지 의아해 했다.
>
> 〈사례2〉
>
> ◆◆기업에 다니는 박대리는 이번에 새로 입사한 신입직원 희진에게 최근 3년 동안의 매출실적을 정리해서 올려달라고 부탁하였다. 더불어 기존 거래처에 대한 DB를 새로 업데이트하고 회계팀으로부터 전달받은 통계자료를 토대로 새로운 마케팅 보고서를 작성하라고 지시하였다. 희진은 지시받은 업무를 확실하게 수행했지만 일에 대한 열의는 전혀 없었다. 이에 박대리는 그녀와 함께 실적자료와 통계자료들을 살피며 앞으로의 판매 향상에 도움이 될 만한 새로운 아이디어를 생각하여 마케팅 계획을 세우도록 조언하였다. 그제야 희진은 자신에게 주어진 프로젝트에 대해 막중한 책임감을 느끼고 자신의 판단에 따라 효과적인 해결책을 만들었다.

① 책임감 부족　　　　　　　　　　　② 갈등처리 능력 부족
③ 경험부족　　　　　　　　　　　　　④ 제한된 정책과 절차

11 리더는 조직원들에게 지속적으로 자신의 잠재력을 발휘하도록 만들기 위한 외적 동기 유발제 그 이상을 제공해야 한다. 이러한 리더의 역량으로 볼 수 없는 것은?

① 조직을 위험에 빠지지 않도록 리스크 관리를 철저히 하여 안심하고 근무할 수 있도록 해준다.

② 직원들이 자신의 업무에 책임을 지도록 하는 환경 속에서 일할 수 있게 해 준다.

③ 직원 자신이 상사로부터 인정받고 있으며 일부 권한을 위임받았다고 느낄 수 있도록 동기를 부여한다.

④ 높은 성과를 달성한 조직원에게는 따뜻한 말과 칭찬으로 보상해준다.

12 멤버십 유형에 대한 설명으로 옳은 것은?

① 소외형 : 조직이 자신을 인정해주지 않는다고 생각한다.

② 순응형 : 동료에게 제몫을 하지 못하는 사람으로 보일 수 있다.

③ 실무형 : 일부러 반대의견을 제시한다.

④ 수동형 : 리더나 조직을 믿고 헌신한다.

13 다음에 해당하는 협상전략은 무엇인가?

> 양보전략으로 상대방이 제시하는 것을 일방적으로 수용하여 협상의 가능성을 높이려는 전략이다. 순응전략, 화해전략, 수용전략이라고도 한다.

① 협력전략

② 회피전략

③ 강압전략

④ 유화전략

14 다음은 엄팀장과 그의 팀원인 문식의 대화이다. 다음 상황에서 엄팀장이 주의해야 할 점으로 옳지 않은 것은?

> 엄팀장 : 문식씨, 좋은 아침이군요. 나는 문식씨가 구체적으로 어떤 업무를 하길 원하는지, 그리고 새로운 업무 목표는 어떻게 이룰 것인지 의견을 듣고 싶습니다.
>
> 문식 : 솔직히 저는 현재 제가 맡고 있는 업무도 벅찬데 새로운 업무를 받은 것에 대해 달갑지 않습니다. 그저 난감할 뿐이죠.
>
> 엄팀장 : 그렇군요. 그 마음 충분히 이해합니다. 하지만 현재 회사 여건상 인력감축은 불가피합니다. 현재의 인원으로 업무를 어떻게 수행할 수 있을지에 대해 우리는 계획을 세워야 합니다. 이에 대해 문식씨가 새로 맡게 될 업무를 검토하고 그것을 어떻게 달성할 수 있을지 집중적으로 얘기해 봅시다.
>
> 문식 : 일단 주어진 업무를 모두 처리하기에는 시간이 너무 부족합니다. 좀 더 다른 방법을 세워야 할 것 같아요.
>
> 엄팀장 : 그렇다면 혹시 그에 대한 다른 대안이 있나요?
>
> 문식 : 기존에 제가 가지고 있던 업무들을 보면 없어도 될 중복된 업무들이 있습니다. 이러한 업무들을 하나로 통합한다면 새로운 업무를 볼 여유가 생길 것 같습니다.
>
> 엄팀장 : 좋습니다. 좀 더 구체적으로 말씀해 주시겠습니까?
>
> 문식 : 우리는 지금까지 너무 고객의 요구를 만족시키기 위해 필요 없는 절차들을 많이 따르고 있었습니다. 이를 간소화할 필요가 있다고 생각합니다.
>
> 엄팀장 : 그렇군요. 어려운 문제에 대해 좋은 해결책을 제시해 줘서 정말 기쁩니다. 그렇다면 지금부터는 새로운 업무를 어떻게 진행시킬지, 그리고 그 업무가 문식씨에게 어떤 이점으로 작용할지에 대해 말씀해 주시겠습니까? 지금까지 문식씨는 맡은 업무를 잘 처리하였지만 너무 같은 업무만을 하다보면 도전정신도 없어지고 자극도 받지 못하죠. 이번에 새로 맡게 될 업무를 완벽하게 처리하기 위해 어떤 방법을 활용할 생각입니까?
>
> 문식 : 네. 사실 말씀하신 바와 같이 지금까지 겪어보지 못한 전혀 새로운 업무라 기분이 좋지는 않습니다. 하지만 반면 저는 지금까지 제 업무를 수행하면서 창의적인 능력을 사용해 보지 못했습니다. 이번 업무는 제게 이러한 창의적인 능력을 발휘할 수 있는 기회입니다. 따라서 저는 이번 업무를 통해 좀 더 창의적인 능력을 발휘해 볼 수 있는 경험과 그에 대한 자신감을 얻게 됐다 점이 가장 큰 이점으로 작용할 것이라 생각됩니다.
>
> 엄팀장 : 문식씨 정말 훌륭한 생각을 가지고 있군요. 이미 당신은 새로운 기술과 재능을 가지고 있다는 것을 우리에게 보여주고 있습니다.

① 지나치게 많은 정보와 지시를 내려 직원들을 압도한다.

② 어떤 활동을 다루고, 시간은 얼마나 걸리는지 등에 대해 구체적이고 명확하게 밝힌다.

③ 질문과 피드백에 충분한 시간을 할애한다.

④ 직원들의 반응을 이해하고 인정한다.

15 다음 중 팀워크의 사례가 아닌 것은?

① 부하직원의 작은 실수로 실패할 뻔 했던 거래를 같은 팀원들이 조금씩 힘을 보태어 거래를 성사시킨 일

② 도저히 기한 안에 처리될 것 같지 않던 프로젝트를 팀원들이 모두 힘을 합하여 성공적으로 마무리한 일

③ 사무실내의 분위기가 좋고 서로를 배려해서 즐겁게 일하여 부서이동 때 많이 아쉬웠던 일

④ 상을 당한 팀장님의 갑작스런 부재에도 당황하지 않고 각자 업무를 분담하여 운영에 차질이 없었던 일

▎1~5 ▎ 다음은 시스템 모니터링 중에 나타난 화면이다. 다음 화면에 나타나는 정보를 이해하고 시스템 상태를 파악하여 적절한 input code를 고르시오.

〈시스템 화면〉

System is checking........
Run.....

Error Found!
Index GTEMSHFCBA of file WODRTSUEAI

input code : _____

항목	세부사항
index '＿' of file '＿'	• 오류 문자 : Index 뒤에 나타나는 10개의 문자 • 오류 발생 위치 : File 뒤에 나타나는 10개의 문자
Error Value	오류 문자와 오류 발생 위치를 의미하는 문자에 사용된 알파벳을 비교하여 일치하는 알파벳의 개수를 확인(단, 알파벳의 위치와 순서는 고려하지 않으며 동일한 알파벳이 속해 있는지만 확인한다.)
input code	Error Value를 통하여 시스템 상태를 판단

판단 기준	시스템 상태	input code
일치하는 알파벳의 개수가 0개인 경우	안전	safe
일치하는 알파벳의 개수가 1~3개인 경우	경계	alert
일치하는 알파벳의 개수가 4~6개인 경우		vigilant
일치하는 알파벳의 개수가 7~10개인 경우	위험	danger

1

〈시스템 화면〉

System is checking........
Run.....

Error Found!
Index QBWDKFLGHY of file AUCSRNMVOE

input code : _____

① safe   ② alert
③ vigilant   ④ danger

2

〈시스템 화면〉

System is checking........
Run.....

Error Found!
Index QWERTYUIOP of file POQWIUERTY

input code : _____

① safe   ② alert
③ vigilant   ④ danger

3

〈시스템 화면〉

System is checking........
Run.....

Error Found!
Index QAZWSXEDCR of file EDCWSXPLMO

input code :＿＿＿＿＿＿

① safe   ② alert
③ vigilant   ④ danger

4

〈시스템 화면〉

System is checking........
Run.....

Error Found!
Index ZXCVBNMASD of file LKAJHGFDSP

input code :＿＿＿＿＿＿

① safe   ② alert
③ vigilant   ④ danger

5

〈시스템 화면〉

System is checking........

Run.....

Error Found!

Index OKMIJNUHBY of file GVTFCRDXES

input code : _____

① safe   ② alert

③ vigilant   ④ danger

다음 자료는 O회사 창고에 있는 전자기기 코드 목록이다. 다음을 보고 물음에 답하시오.

BL − 19 − JAP − 1C − 1501	HA − 07 − PHI − 3A − 1402	BB − 37 − KOR − 3B − 1502
HA − 32 − KOR − 2B − 1409	CO − 17 − JAP − 2A − 1401	BB − 37 − PHI − 1B − 1502
MP − 14 − PHI − 1A − 1408	TA − 18 − CHA − 2A − 1411	CO − 17 − JAP − 2A − 1409
TA − 18 − CHA − 2C − 1503	BL − 19 − KOR − 2B − 1407	EA − 22 − CHA − 3A − 1412
MP − 14 − KOR − 2B − 1501	EA − 22 − CHA − 3A − 1409	EA − 22 − CHA − 3A − 1403
EA − 22 − CHA − 2C − 1402	TA − 18 − KOR − 2B − 1405	BL − 19 − JAP − 1C − 1505
EA − 22 − CHA − 2B − 1408	MP − 14 − KOR − 2B − 1405	CO − 17 − JAP − 2A − 1410
BB − 37 − CHA − 1A − 1408	BB − 37 − CHA − 2A − 1502	BB − 37 − KOR − 2B − 1502
BL − 19 − KOR − 2B − 1412	CO − 17 − JAP − 2A − 1411	TA − 18 − KOR − 2B − 1407
CO − 17 − JAP − 2A − 1412	EA − 22 − CHA − 3A − 1410	BB − 37 − PHI − 1A − 1408
TA − 18 − PHI − 3B − 1407	HA − 07 − KOR − 2B − 1402	TA − 18 − PHI − 2B − 1405
EA − 22 − CHA − 3A − 1404	TA − 18 − PHI − 3B − 1411	CO − 17 − JAP − 2A − 1401

〈코드 부여 방식〉
[기기 종류] − [모델 번호] − [생산 국가] − [공장과 라인] − [제조연월]

〈예시〉
NO − 10 − KOR − 3A − 1511
2015년 11월에 한국 3공장 A라인에서 생산된 노트북 10번 모델

기기 종류 코드	기기 종류	생산 국가 코드	생산 국가
NO	노트북	CHA	중국
CO	데스크톱pc	KOR	한국
TA	태블릿pc	JAP	일본
HA	외장하드	PHI	필리핀
MP	MP3		
BL	블루투스		
BB	블랙박스		
EA	이어폰		
BA	보조배터리		

6 위의 코드 부여 방식을 참고할 때 옳지 않은 것은?

① 창고에 있는 기기 중 데스크톱pc는 모두 일본 2공장 A라인에서 생산된 것들이다.

② 창고에 있는 기기 중 한국에서 생산된 것은 모두 2공장 B라인에서 생산된 것들이다.

③ 창고에 있는 기기 중 이어폰은 모두 2014년에 생산된 것들이다.

④ 창고에 있는 기기 중 외장하드는 있지만 보조배터리는 없다.

7 O회사에 다니는 K대리는 전자기기 코드 목록을 파일로 불러와 검색을 하고자 한다. 다음의 결과로 옳은 것은?

① K대리는 창고에 있는 기기 중 일본에서 생산된 것이 몇 개인지 알기 위해 'JAP'를 검색한 결과 7개임을 알았다.

② K대리는 '07'이 들어가는 코드를 알고 싶어서 검색한 결과 '07'이 들어가는 코드가 5개임을 알았다.

③ K대리는 창고에 있는 데스크톱pc가 몇 개인지 알기 위해 'CO'를 검색한 결과 7개임을 알았다.

④ K대리는 '15' 검색을 통해 창고에 있는 기기 중 2015년에 생산된 제품이 9개임을 알았다.

8

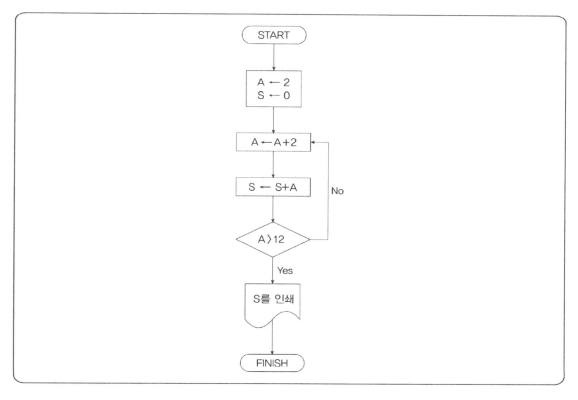

① 54   ② 48

③ 44   ④ 40

9 터미널노드는 자식이 없는 노드를 말한다. 다음 트리에서 터미널 노드 수는?

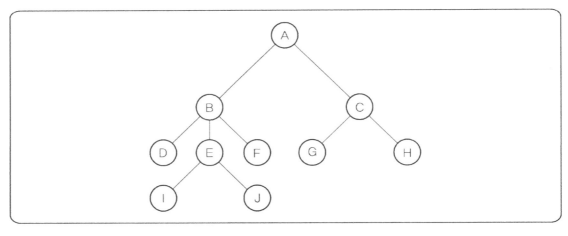

① 5　　　　　　　　　　　　　　　　　② 6
③ 7　　　　　　　　　　　　　　　　　④ 8

10 S회사에서 근무하고 있는 김대리는 최근 업무 때문에 HTML을 배우고 있다. 아직 초보라서 신입사원 H씨로부터 도움을 많이 받고 있지만, H씨가 자리를 비운 사이 김대리가 HTML에서 사용할 수 있는 tag를 써보았다. 잘못된 것은 무엇인가?

① 김대리는 줄을 바꾸기 위해 〈br〉를 사용하였다.
② 김대리는 글자의 크기, 모양, 색상을 설정하기 위해 〈font〉를 사용하였다.
③ 김대리는 표를 만들기 위해 〈table〉을 사용하였다.
④ 김대리는 이미지를 삽입하기 위해 〈form〉을 사용하였다.

11 Z회사에 근무하고 있는 P씨는 클립보드를 이용하여 작업을 하고자 한다. 이에 대한 설명으로 옳지 않은 것은?

① 클립보드는 하나의 프로그램에서 다른 프로그램으로 데이터를 복사하거나 붙여넣기 할 때 임시 저장공간으로 사용된다.

② 복사하기를 한 것은 여러 번 붙여넣기가 가능하지만 잘라내기 한 것은 한 번만 붙여넣기가 가능하다.

③ 복사하기를 하여 다른 곳에 붙이는 경우 원래의 문서에는 아무런 변화가 생기지 않는다.

④ 다른 프로그램에서 복사한 텍스트나 그림 항목을 복사하여 특정 워드프로세서 문서에 붙여 넣을 수 있다.

12 다음 워크시트에서 [A1:B2] 영역을 선택한 후 채우기 핸들을 사용하여 드래그 했을 때 [A7:B7] 영역 값으로 바르게 짝지은 것은?

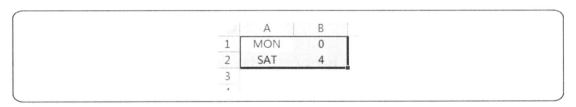

① WED – 28

② WED – 24

③ TUE – 28

④ TUE – 24

13 다음 중 아래 시트에서 수식 '=MOD(A3:A4)'의 값과 수식 '=MODE(A1:A9)'의 값으로 바르게 나열한 것은?

① 1, 3
② 1, 6
③ 1, 8
④ 2, 3

14 L회사에 근무 중인 A씨는 현재 스프레드시트로 작업 중이다. 여러 문서를 작업하다 보니 A씨는 한 화면에 여러 통합문서를 띄어놓고 작업하고 싶다. 어떤 기능을 사용해야 하는가?

① 틀 고정
② 페이지 나누기
③ 창 숨기기
④ 창 정렬

15 다음 중 아래 시트에서 야근일수를 구하기 위해 [B9] 셀에 입력할 함수로 옳은 것은?

① =COUNTBLANK(B3:B8)

② =COUNT(B3:B8)

③ =COUNTA(B3:B8)

④ =SUM(B3:B8)

07 기술능력

1 기술혁신 과정 중 프로젝트 관리 과정에서 필요한 자질과 능력으로 옳은 것은?

① 추상화와 개념화 능력
② 아이디어의 응용에 관심
③ 업무 수행 방법에 대한 지식
④ 원만한 대인 관계 능력

2 연말 조직개편에 의해 H기업에는 새롭게 사장 직속으로 지속가능개발TF팀이 신설되었다. 입사 1년차인 A씨는 이제 막 자신의 업무에 익숙해져 일이 할 만한데 신설팀으로 배정되어 어안이 벙벙하지만 일단 지속가능개발이 무엇인지에 대해 알아보기로 했다. 지속가능개발 기술에 대한 Y씨의 메모 중 옳지 않은 것은?

① 자원이 생산적인 방식으로 사용되는 가에 주의를 기울이는 기술
② 현재 욕구를 충족시키지만, 동시에 후속 세대의 욕구 충족을 침해하지 않는 발전
③ 이용 가능한 자원과 에너지를 고려하고 자원의 질을 생각하는 발전
④ 환경오염에 대한 평가방식을 사전평가 방식에서 사후 처리방식으로 변경

3 매뉴얼 작성을 위한 방법으로 옳지 않은 것은?

① 내용이 정확해야 한다.
② 작성자가 알기 쉬운 문장으로 써야 한다.
③ 사용자의 심리적 배려가 있어야 한다.
④ 찾고자 하는 정보를 쉽게 찾을 수 있어야 한다.

4 다음에 설명하고 있는 산업재산권의 종류는?

> 기술적 창작 수준이 소발명 정도인 실용적인 창작을 보호하기 위한 제도이다.

① 특허   ② 실용신안
③ 디자인   ④ 상표

5 다음에 설명하고 있는 네트워크 혁명의 법칙은?

> 네트워크의 가치는 사용자 수의 제곱에 비례한다.

① 무어의 법칙   ② 메트칼피의 법칙
③ 카오의 법칙   ④ 세이의 법칙

▌6~8▌ 다음은 어느 회사 로봇청소기의 〈고장신고 전 확인사항〉이다. 이를 보고 물음에 답하시오.

확인사항	조치방법
주행이 이상합니다.	• 센서를 부드러운 천으로 깨끗이 닦아주세요. • 초극세사 걸레를 장착한 경우라면 장착 상태를 확인해 주세요. • 주전원 스위치를 끈 후, 다시 켜주세요.
흡입력이 약해졌습니다.	• 흡입구에 이물질이 있는지 확인하세요. • 먼지통을 비워주세요. • 먼지통 필터를 청소해 주세요.
소음이 심해졌습니다.	• 먼지통이 제대로 장착되었는지 확인하세요. • 먼지통 필터가 제대로 장착되었는지 확인하세요. • 회전솔에 이물질이 끼어있는지 확인하세요. • Wheel에 테이프, 껌 등 이물이 묻었는지 확인하세요.
리모컨으로 작동시킬 수 없습니다.	• 배터리를 교환해 주세요. • 본체와의 거리가 3m 이하인지 확인하세요. • 본체 밑면의 주전원 스위치가 켜져 있는지 확인하세요.
회전솔이 회전하지 않습니다.	• 회전솔을 청소해 주세요. • 회전솔이 제대로 장착이 되었는지 확인하세요.
충전이 되지 않습니다.	• 충전대 주변의 장애물을 치워주세요. • 충전대에 전원이 연결되어 있는지 확인하세요. • 충전 단자를 마른 걸레로 닦아 주세요. • 본체를 충전대에 붙인 상태에서 충전대 뒷면에 있는 리셋버튼을 3초간 눌러주세요.
자동으로 충전대 탐색을 시작합니다. 자동으로 전원이 꺼집니다.	로봇청소기가 충전 중이지 않은 상태로 아무 동작 없이 10분이 경과되면 자동으로 충전대 탐색을 시작합니다. 충전대 탐색에 성공하면 충전을 시작하고 충전대를 찾지 못하면 처음위치로 복귀하여 10분 후에 자동으로 전원이 꺼집니다.

6 로봇청소기 서비스센터에서 근무하고 있는 L씨는 고객으로부터 소음이 심해졌다는 문의전화를 받았다. 이에 대한 조치방법으로 L씨가 잘못 답변한 것은?

① 먼지통 필터가 제대로 장착되었는지 확인하세요.
② 회전솔에 이물질이 끼어있는지 확인하세요.
③ Wheel에 테이프, 껌 등 이물이 묻었는지 확인하세요.
④ 흡입구에 이물질이 있는지 확인하세요.

7 로봇청소기가 충전 중이지 않은 상태로 아무 동작 없이 10분이 경과되면 자동으로 충전대 탐색을 시작하는데 충전대를 찾지 못하면 어떻게 되는가?

① 아무 동작 없이 그 자리에 멈춰 선다.
② 처음위치로 복귀하여 10분 후에 자동으로 전원이 꺼진다.
③ 계속 청소를 한다.
④ 계속 충전대를 찾아 돌아다닌다.

8 로봇청소기의 충전이 제대로 이루어지지 않을 때 고객이 시도해보아야 하는 조치방법으로 가장 적절한 것은?

① 본체를 충전기와 떨어뜨린 상태에서 리셋버튼을 한번 눌러준다.
② 배터리를 교환하고 스위치가 켜져있는지 확인한다.
③ 전원 연결을 확인하고 단자를 마른 걸레로 닦는다.
④ 주전원 스위치를 끈 후 다시 키고 충전대 주변 장애물을 치운다.

┃9~11┃ 다음 표를 참고하여 질문에 답하시오.

스위치	기능
○	1번과 2번 기계를 180도 회전시킨다.
●	1번과 3번 기계를 180도 회전시킨다.
♧	2번과 3번 기계를 180도 회전시킨다.
♣	2번과 4번 기계를 180도 회전시킨다.

9 처음 상태에서 스위치를 두 번 눌렀더니 다음과 같이 바뀌었다. 어떤 스위치를 눌렀는가?

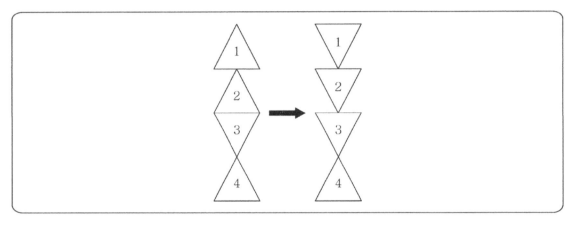

① ●♧ ② ○♣

③ ♧♣ ④ ○●

10 처음 상태에서 스위치를 두 번 눌렀더니 다음과 같이 바뀌었다. 어떤 스위치를 눌렀는가?

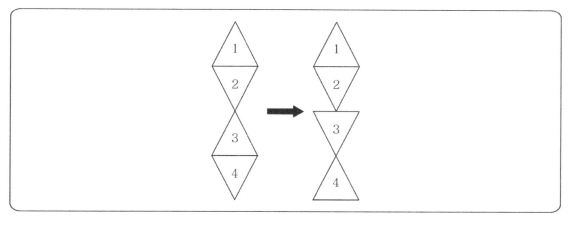

① ●♧
② ○♣
③ ○●
④ ♧♣

11 처음 상태에서 스위치를 세 번 눌렀더니 다음과 같이 바뀌었다. 어떤 스위치를 눌렀는가?

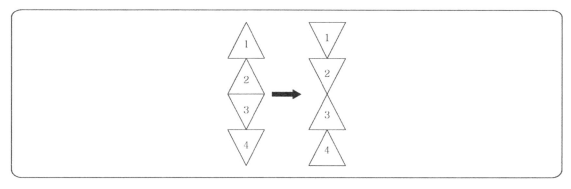

① ○●♧
② ○●♣
③ ○♧♣
④ ●♧♣

▌12~14 ▌ 다음은 △△회사의 식기세척기 사용설명서 중 〈고장신고 전에 확인해야 할 사항〉의 일부 내용이다. 다음을 보고 물음에 답하시오.

이상증상	확인사항	조치방법
세척이 잘 되지 않을 때	식기가 서로 겹쳐 있진 않나요?	식기의 배열 상태에 따라 세척성능에 차이가 있습니다. 사용설명서의 효율적인 그릇배열 및 주의사항을 참고하세요.
	세척날개가 회전할 때 식기에 부딪치도록 식기를 수납하셨나요?	국자, 젓가락 등 가늘고 긴 식기가 바구니 밑으로 빠지지 않도록 하세요. 세척노즐이 걸려 돌지 않으므로 세척이 되지 않습니다.
	세척날개의 구멍이 막히진 않았나요?	세척날개를 청소해 주세요.
	필터가 찌꺼기나 이물로 인해 막혀 있진 않나요?	필터를 청소 및 필터 주변의 이물을 제거해 주세요.
	필터가 들뜨거나 잘못 조립되진 않았나요?	필터의 조립상태를 확인하여 다시 조립해 주세요.
	세제를 적정량 사용하셨나요?	적정량의 세제를 넣어야 정상적으로 세척이 되므로 적정량의 세제를 사용해 주세요.
	전용세제 이외의 다른 세제를 사용하진 않았나요?	일반 주방세제나 베이킹 파우더를 사용하시면 거품으로 인해 정상적 세척이 되지 않으며, 누수를 비롯한 각종 불량 현상이 발생할 수 있으므로 전용세제를 사용해 주세요.
동작이 되지 않을 때	문을 확실하게 닫았나요?	문 중앙을 딸깍 소리가 날 때까지 눌러 확실하게 닫아야 합니다.
	급수밸브나 수도꼭지가 잠겨 있진 않나요?	급수밸브와 수도꼭지를 열어주세요.
	단수는 아닌가요?	다른 곳의 수도꼭지를 확인하세요.
	물을 받고 있는 중인가요?	설정된 양만큼 급수될 때까지 기다리세요.
	버튼 잠금 표시가 켜져 있진 않나요?	버튼 잠금 설정이 되어 있는 경우 '헹굼/건조'와 '살균' 버튼을 동시에 2초간 눌러서 해제할 수 있습니다.
운전 중 소음이 날 때	내부에서 달그락거리는 소리가 나나요?	가벼운 식기들이 분사압에 의해 서로 부딪혀 나는 소리일 수 있습니다.
	세척날개가 회전할 때 식기에 부딪치도록 식기를 수납하셨나요?	동작을 멈춘 후 문을 열어 선반 아래로 뾰족하게 내려온 것이 있는지 등 식기 배열을 다시 해주세요.
	운전을 시작하면 '웅~' 울림 소음이 나나요?	급수전에 내부에 남은 잔수를 배수하기 위해 배수펌프가 동작하는 소리이므로 안심하고 사용하세요.
	급수시에 소음이 들리나요?	급수압이 높을 경우 소음이 발생할 수 있습니다. 급수밸브를 약간만 잠가 급수압을 약하게 줄이면 소리가 줄어들 수 있습니다.

	타는 듯한 냄새가 나나요?	사용 초기에는 제품 운전시 발생하는 열에 의해 세척모터 등의 전기부품에서 특유의 냄새가 날 수 있습니다. 이러한 냄새는 5~10회 정도 사용하면 냄새가 날아가 줄어드니 안심하고 사용하세요.
냄새가 나는 경우	세척이 끝났는데 세제 냄새가 나나요?	문이 닫힌 상태로 운전이 되므로 운전이 끝난 후 문을 열게 되면 제품 내부에 갖혀 있던 세제 특유의 향이 날 수 있습니다. 초기 본 세척 행정이 끝나면 세제가 고여 있던 물은 완전히 배수가 되며, 그 이후에 선택한 코스 및 기능에 따라 1~3회의 냉수헹굼과 고온의 가열헹굼이 1회 진행되기 때문에 세제가 남는 것은 아니므로 안심하고 사용하세요.
	새 제품에서 냄새가 나나요?	제품을 처음 꺼내면 새 제품 특유의 냄새가 날 수 있으나 설치 후 사용을 시작하면 냄새는 없어집니다.

12 △△회사의 서비스센터에서 근무하고 있는 Y씨는 고객으로부터 세척이 잘 되지 않는다는 문의전화를 받았다. Y씨가 확인해보라고 할 사항이 아닌 것은?

① 식기가 서로 겹쳐 있진 않습니까?
② 세척날개의 구멍이 막히진 않았습니까?
③ 타는 듯한 냄새가 나진 않습니까?
④ 전용세제 이외의 다른 세제를 사용하진 않았습니까?

13 식기세척기가 동작이 되지 않을 때의 조치방법으로 옳지 않은 것은?

① 문이 안 닫힌 경우에는 문 중앙을 딸깍 소리가 날 때까지 눌러 확실하게 닫는다.
② 급수밸브와 수도꼭지가 잠긴 경우에는 급수밸브와 수도꼭지를 열어준다.
③ 물을 받고 있는 경우에는 설정된 양만큼 급수될 때까지 기다린다.
④ 젓가락 등이 아래로 빠진 경우에는 식기배열을 다시 한다.

14 버튼 잠금 설정이 되어 있는 경우 이를 해제하려면 어떤 버튼을 눌러야 되는가?

① [세척] + [동작/정지]
② [헹굼/건조] + [살균]
③ [헹굼/건조] + [예약]
④ [살균] + [예약]

15 다음은 한 건설업체의 사고사례를 바탕으로 재해예방대책을 작성한 표이다. 다음의 재해예방대책 중 보완되어야 할 단계는 무엇인가?

사고사례	2016년 1월 16일 ㈜ ○○건설의 아파트 건설현장에서 작업하던 인부 정모씨(53)가 23층 높이에서 떨어져 사망한 재해임
재해예방대책	• 1단계 : 사고 조사, 안전 점검, 현장 분석, 작업자의 제안 및 여론 조사, 관찰보고서 연구, 면담 등의 과정을 거쳐 사고 사실을 발견한다. • 2단계 : 재해의 발생 장소, 재해 유형, 재해 정도, 관련 인원, 관리·감독의 적절성, 작업공구·장비의 상태 등을 정확히 분석한다. • 3단계 : 원인분석을 토대로 적절한 시정책, 즉 기술적 개선, 인사 조정 및 교체, 교육, 설득, 공학적 조치 등을 선정한다. • 4단계 : 안전에 대한 교육훈련 실시, 안전시설 및 장비의 결함 개선, 안전관리 감독 실시 등의 선정된 시정책을 적용한다.

① 안전관리조직
② 사실의 발견
③ 원인분석
④ 시정책의 선정

1 다음 중 아래 조직도를 보고 잘못 이해한 것은?

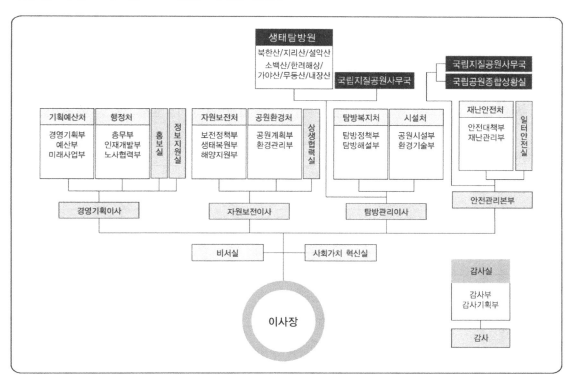

① 감사부는 이사장과 별개로 감사실 직속으로 있다.

② 환경관리부와 생태복원부는 다른 처에 소속되어 있다.

③ 자원보전이사는 경영기획이사보다 1개의 실을 더 이끌고 있다.

④ 이사장 직속으로 2개의 실, 3명의 이사, 1개의 본부가 있다.

|2~4| 다음 결재규정을 보고 주어진 상황에 맞게 작성된 양식을 고르시오.

〈결재규정〉

- 결재를 받으려는 업무에 대해서는 대표이사를 포함한 이하 직책자의 결재를 받아야 한다.
- '전결'은 회사의 경영·관리 활동에 있어서 대표이사의 결재를 생략하고, 자신의 책임 하에 최종적으로 결정하는 행위를 말한다.
- 전결사항에 대해서도 위임 받은 자를 포함한 이하 직책자의 결재를 받아야 한다.
- 표시내용 : 결재를 올리는 자는 대표이사로부터 전결 사항을 위임 받은 자가 있는 경우 결재란에 전결이라고 표시하고 최종결재란에 위임받은 자를 표시한다. 다만, 결재가 불필요한 직책자의 결재란은 상향 대각선으로 표시한다.
- 대표이사의 결재사항 및 대표이사로부터 위임된 전결사항은 아래의 표에 따른다.

구분	내용	금액기준	결재서류	팀장	부장	대표이사
접대비	거래처 식대, 경조사비 등	20만 원 이하	접대비지출품의서 지출결의서	● ■		
		30만 원 이하			● ■	
		30만 원 초과				● ■
교통비	국내 출장비	30만 원 이하	출장계획서 출장비신청서	● ■		
		50만 원 이하		●	■	
		50만 원 초과		●		■
	해외 출장비			●		■
소모품비	사무용품		지출결의서	■		
	문서, 전산소모품					■
	잡비	10만 원 이하		■		
		30만 원 이하			■	
		30만 원 초과				■
교육비	사내·외 교육		기안서 지출결의서	●		■
법인카드	법인카드 사용	50만 원 이하	법인카드 신청서	■		
		100만 원 이하			■	
		100만 원 초과				■

※ ● : 기안서, 출장계획서, 접대비지출품의서

※ ■ : 지출결의서, 각종신청서

2 영업부 사원 甲씨는 부산출장으로 450,000원을 지출했다. 甲씨가 작성한 결재 양식으로 옳은 것은?

①

출장계획서				
결재	담당	팀장	부장	최종결재
	甲	/	/	팀장

②

출장계획서				
결재	담당	팀장	부장	최종결재
	甲		전결	부장

③

출장비신청서				
결재	담당	팀장	부장	최종결재
	甲		/	팀장

④

출장비신청서				
결재	담당	팀장	부장	최종결재
	甲		전결	부장

3 기획팀 사원 乙씨는 같은 팀 사원 丙씨의 부친상 부의금 500,000원을 회사 명의로 지급하기로 했다. 乙씨가 작성한 결재 양식으로 옳은 것은?

①

접대비지출품의서				
결재	담당	팀장	부장	최종결재
	乙		전결	부장

②

접대비지출품의서				
결재	담당	팀장	부장	최종결재
	乙			대표이사

③

지출결의서				
결재	담당	팀장	부장	최종결재
	乙	전결	/	팀장

④

지출결의서				
결재	담당	팀장	부장	최종결재
	乙		전결	부장

4 민원실 사원 丁씨는 외부 교육업체로부터 1회에 5만 원씩 총 10회에 걸쳐 진행되는 「전화상담 역량교육」을 담당하게 되었다. 丁씨가 작성한 결재 양식으로 옳은 것은?

①

기안서				
결재	담당	팀장	부장	최종결재
	丁	전결	/	팀장

②

기안서				
결재	담당	팀장	부장	최종결재
	丁			대표이사

③

지출결의서				
결재	담당	팀장	부장	최종결재
	丁	전결	/	팀장

④

지출결의서				
결재	담당	팀장	부장	최종결재
	丁		전결	대표이사

5 다음 중 팀제의 특성에 대한 설명으로 바르지 않은 것은?

① 팀의 자율적 운영을 통해 구성원의 자아욕구를 충족하고 성취감을 높인다.
② 경영환경에 유연하게 대처하지 못해 기업의 경쟁력을 제고할 수 없다.
③ 업무중심의 조직이므로 의사결정의 신속성과 기동성을 제고할 수 있다.
④ 구성원간의 이질성과 다양성의 결합과 활용을 통한 시너지 효과를 촉진한다.

6

> 하나의 조직이 조직의 목적을 달성하기 위해 이를 관리하고 운영하는 활동이 요구된다. 이러한 활동은 조직이 수립된 목적을 달성하기 위해 계획을 세우고 실행하고 그 결과를 평가하는 과정이다. 직업인은 조직의 한 구성원으로서 자신이 속한 조직이 어떻게 운영되고 있으며, 어떤 방향으로 흘러가고 있는지, 현재 운영체제의 문제는 무엇이고 생산성을 높이기 위해 어떻게 개선되어야 하는지 등을 이해하고 본인의 업무 역량에 맞게 적용하는 (   )가(이) 요구된다.

① 업무이해능력
② 자기개발능력
③ 체제이해능력
④ 경영이해능력

▮7~8▮ 다음은 어느 회사의 사내 복지 제도와 지원내역에 관한 자료이다. 물음에 답하시오.

〈2016년 사내 복지 제도〉

주택 지원
주택구입자금 대출
전보자 및 독신자를 위한 합숙소 운영

자녀학자금 지원
중고생 전액지원, 대학생 무이자융자

경조사 지원
사내근로복지기금을 운영하여 각종 경조금 지원

기타
사내 동호회 활동비 지원
상병 휴가, 휴직, 4대보험 지원
생일 축하금(상품권 지급)

〈2016년 1/4분기 지원 내역〉

이름	부서	직위	내역	금액(만원)
엄영식	총무팀	차장	주택구입자금 대출	–
이수연	전산팀	사원	본인 결혼	10
임효진	인사팀	대리	독신자 합숙소 지원	–
김영태	영업팀	과장	휴직(병가)	–
김원식	편집팀	부장	대학생 학자금 무이자융자	–
심민지	홍보팀	대리	부친상	10
이영호	행정팀	대리	사내 동호회 활동비 지원	10
류민호	자원팀	사원	생일(상품권 지급)	5
백성미	디자인팀	과장	중학생 학자금 전액지원	100
채준민	재무팀	인턴	사내 동호회 활동비 지원	10

7 인사팀에 근무하고 있는 사원 B씨는 2016년 1분기에 지원을 받은 사원들을 정리했다. 다음 중 분류가 잘못된 사원은?

구분	이름
주택 지원	엄영식, 임효진
자녀학자금 지원	김원식, 백성미
경조사 지원	이수연, 심민지, 김영태
기타	이영호, 류민호, 채준민

① 엄영식
② 김원식
③ 심민지
④ 김영태

8 사원 B씨는 위의 복지제도와 지원 내역을 바탕으로 2분기에도 사원들을 지원하려고 한다. 지원한 내용으로 옳지 않은 것은?

① 엄영식 차장이 장모상을 당하셔서 경조금 10만원을 지원하였다.
② 심민지 대리가 동호회에 참여하게 되어서 활동비 10만원을 지원하였다.
③ 이수연 사원의 생일이라서 현금 5만원을 지원하였다.
④ 류민호 사원이 결혼을 해서 10만원을 지원하였다.

┃9~11┃ 다음 설명을 읽고 분석 결과에 대응하는 가장 적절한 전략을 고르시오.

> SWOT분석이란 기업의 환경 분석을 통해 마케팅 전략을 수립하는 기법이다. 조직 내부 환경으로는 조직이 우위를 점할 수 있는 강점(Strength), 조직의 효과적인 성과를 방해하는 자원·기술·능력 면에서의 약점(Weakness), 조직 외부 환경으로는 조직 활동에 이점을 주는 기회(Opportunity), 조직 활동에 불이익을 미치는 위협(Threat)으로 구분된다.
>
> ※ SWOT분석에 의한 마케팅 전략
>   ㉠ SO전략(강점-기회전략) : 시장의 기회를 활용하기 위해 강점을 사용하는 전략
>   ㉡ ST전략(강점-위협전략) : 시장의 위협을 회피하기 위해 강점을 사용하는 전략
>   ㉢ WO전략(약점-기회전략) : 약점을 극복함으로 시장의 기회를 활용하려는 전략
>   ㉣ WT전략(약점-위협전략) : 시장의 위협을 회피하고 약점을 최소화하는 전략

9 다음은 취업준비생의 SWOT분석이다. 가장 적절한 전략은?

강점(Strength)	• 탁월한 수준의 영어 실력 • 탁월한 수준의 인터넷 실력
약점(Weakness)	• 비명문대 출신 • 대학원 진학에 대한 부모의 경제적 후원 어려움
기회(Opportunity)	• 외국 기업의 국내 진출 활성화 • 능력 위주의 인사
위협(Threat)	• 국내 대기업 신입사원 채용 기피 • 명문대 출신 우대 및 사내 파벌화

① SO전략 : 국내 기업에 입사
② ST전략 : 대기업 포기, 영어와 인터넷 실력 원하는 중소기업 입사
③ WO전략 : 명문대 대우해주는 대기업에 입사
④ WT전략 : 명문대 출신이 많은 기업에 입사

10 다음은 여성의류 인터넷쇼핑몰의 SWOT분석이다. 가장 적절한 전략은?

강점(Strength)	• 쉽고 빠른 제품선택, 시·공간의 제약 없음 • 오프라인 매장이 없어 비용 절감 • 고객데이터 활용의 편리성
약점(Weakness)	• 높은 마케팅비용 • 보안 및 결제시스템의 취약점 • 낮은 진입 장벽으로 경쟁업체 난립
기회(Opportunity)	• 업체 간 업무 제휴로 상생 경영 • IT기술과 전자상거래 기술 발달
위협(Threat)	• 경기 침체의 가변성 • 잦은 개인정보유출사건으로 인한 소비자의 신뢰도 하락 • 일부 업체로의 집중화에 의한 독과점 발생

① SO전략 : 악세사리 쇼핑몰과의 제휴로 마케팅비용을 줄인다.

② ST전략 : 높은 IT기술을 이용하여 보안부문을 강화한다.

③ WO전략 : 남성의류 쇼핑몰과 제휴를 맺어 연인컨셉으로 경쟁력을 높인다.

④ WT전략 : 고객데이터를 이용하여 이벤트를 주기적으로 열어 경쟁력을 높인다.

11 다음은 K모바일메신저의 SWOT분석이다. 가장 적절한 전략은?

강점(Strength)	• 국내 브랜드 이미지 1위 • 무료 문자&통화 가능 • 다양한 기능(쇼핑, 뱅킹서비스 등)
약점(Weakness)	• 특정 지역에서의 접속 불량 • 서버 부족으로 인한 잦은 결함
기회(Opportunity)	• 스마트폰의 사용 증대 • App Store 시장의 확대
위협(Threat)	• 경쟁업체의 고급화 • 안정적인 해외 업체 메신저의 유입

① SO전략 : 다양한 기능과 서비스를 강조하여 기타 업체들과 경쟁한다.

② ST전략 : 접속 불량이 일어나는 지역의 원인을 파악하여 제거한다.

③ WO전략 : 서버를 추가적으로 구축하여 이용자를 유치한다.

④ WT전략 : 국내 브랜드 이미지를 이용하여 마케팅전략을 세운다.

12 다음은 Q기업의 조직도와 팀장님의 지시사항이다. 다음 중 J씨가 해야 할 행동으로 가장 적절한 것은?

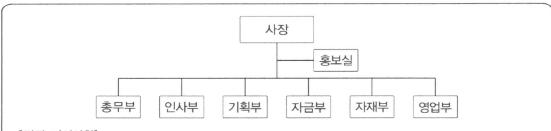

[팀장 지시사항]

　J씨, 다음 주에 신규직원 공채시작이지? 실무자에게 부탁해서 공고문 확인하고 지난번에 우리 부서에서 제출한 자료랑 맞게 제대로 들어갔는지 확인해주고 공채 절차하고 채용 후에 신입직원 교육이 어떻게 진행되는지 정확한 자료를 좀 받아와요.

① 홍보실에서 신규직원 공채 공고문을 받고, 인사부에서 신입직원 교육 자료를 받아온다.
② 인사부에서 신규직원 공채 공고문을 받고, 총무부에서 신입직원 교육 자료를 받아온다.
③ 인사부에서 신규직원 공채 공고문과 신입직원 교육 자료를 받아온다.
④ 총무부에서 신규직원 공채 공고문과 신입직원 교육 자료를 받아온다.

13 다음에 주어진 조직의 특성 중 유기적 조직에 대한 설명을 모두 고른 것은?

　㉠ 구성원들의 업무가 분명하게 규정되어 있다.
　㉡ 급변하는 환경에 적합하다.
　㉢ 비공식적인 상호의사소통이 원활하게 이루어진다.
　㉣ 엄격한 상하 간의 위계질서가 존재한다.
　㉤ 많은 규칙과 규정이 존재한다.

① ㉠㉢
② ㉡㉢
③ ㉡㉤
④ ㉢㉣

14 다음 중 집단의 유형이 다른 것은?

① 사내 산악회

② 신우회

③ TF팀

④ 영어회화 동호회

15 조직변화에 대한 설명이다. 옳지 않은 것은?

① 조직의 변화는 환경의 변화를 인지하는 데에서 시작된다.

② 기존의 조직구조나 경영방식 하에서 환경변화에 따라 제품이나 기술을 변화시키는 것이다.

③ 조직의 목적과 일치시키기 위해 문화를 변화시키기도 한다.

④ 조직변화는 제품과 서비스, 전략, 구조, 기술 문화 등에서 이루어질 수 있다.

PART

III

NCS 면접

01 성공적인 면접을 위한 전략

1 면접준비

(1) 면접의 기본 원칙

① **면접의 의미** … 면접이란 다양한 면접기법을 활용하여 지원한 직무에 필요한 능력을 지원자가 보유하고 있는지를 확인하는 절차라고 할 수 있다. 즉, 지원자의 입장에서는 채용 직무수행에 필요한 요건들과 관련하여 자신의 환경, 경험, 관심사, 성취 등에 대해 기업에 직접 어필할 수 있는 기회를 제공받는 것이며, 기업의 입장에서는 서류전형만으로 알 수 없는 지원자에 대한 정보를 직접적으로 수집하고 평가하는 것이다.

② **면접의 특징** … 면접은 기업의 입장에서 서류전형이나 필기전형에서 드러나지 않는 지원자의 능력이나 성향을 볼 수 있는 기회로, 면대면으로 이루어지며 즉흥적인 질문들이 포함될 수 있기 때문에 지원자가 완벽하게 준비하기 어려운 부분이 있다. 하지만 지원자 입장에서도 서류전형이나 필기전형에서 모두 보여주지 못한 자신의 능력 등을 기업의 인사담당자에게 어필할 수 있는 추가적인 기회가 될 수도 있다.

[서류 · 필기전형과 차별화되는 면접의 특징]

- 직무수행과 관련된 다양한 지원자 행동에 대한 관찰이 가능하다.
- 면접관이 알고자 하는 정보를 심층적으로 파악할 수 있다.
- 서류상의 미비한 사항과 의심스러운 부분을 확인할 수 있다.
- 커뮤니케이션 능력, 대인관계 능력 등 행동 · 언어적 정보도 얻을 수 있다.

③ **면접의 유형**

㉠ **구조화 면접** : 구조화 면접은 사전에 계획을 세워 질문의 내용과 방법, 지원자의 답변 유형에 따른 추가 질문과 그에 대한 평가 역량이 정해져 있는 면접 방식으로 표준화 면접이라고도 한다.

- 표준화된 질문이나 평가요소가 면접 전 확정되며, 지원자는 편성된 조나 면접관에 영향을 받지 않고 동일한 질문과 시간을 부여받을 수 있다.
- 조직 또는 직무별로 주요하게 도출된 역량을 기반으로 평가요소가 구성되어, 조직 또는 직무에서 필요한 역량을 가진 지원자를 선발할 수 있다.
- 표준화된 형식을 사용하는 특성 때문에 비구조화 면접에 비해 신뢰성과 타당성, 객관성이 높다.

㉡ **비구조화 면접** : 비구조화 면접은 면접 계획을 세울 때 면접 목적만을 명시하고 내용이나 방법은 면접관에게 전적으로 일임하는 방식으로 비표준화 면접이라고도 한다.

- 표준화된 질문이나 평가요소 없이 면접이 진행되며, 편성된 조나 면접관에 따라 지원자에게 주어지는 질문이나 시간이 다르다.
- 면접관의 주관적인 판단에 따라 평가가 이루어져 평가 오류가 빈번히 일어난다.
- 상황 대처나 언변이 뛰어난 지원자에게 유리한 면접이 될 수 있다.

④ 경쟁력 있는 면접 요령

　㉠ 면접 전에 준비하고 유념할 사항
- 예상 질문과 답변을 미리 작성한다.
- 작성한 내용을 문장으로 외우지 않고 키워드로 기억한다.
- 지원한 회사의 최근 기사를 검색하여 기억한다.
- 지원한 회사가 속한 산업군의 최근 기사를 검색하여 기억한다.
- 면접 전 1주일간 이슈가 되는 뉴스를 기억하고 자신의 생각을 반영하여 정리한다.
- 찬반토론에 대비한 주제를 복록으로 정리하여 자신의 논리를 내세운 예상답변을 작성한다.

　㉡ 면접장에서 유념할 사항
- 질문의 의도 파악 : 답변을 할 때에는 질문 의도를 파악하고 그에 충실한 답변이 될 수 있도록 질문 사항을 유념해야 한다. 많은 지원자가 하는 실수 중 하나로 답변을 하는 도중 자기 말에 심취되어 질문의 의도와 다른 답변을 하거나 자신이 알고 있는 지식만을 나열하는 경우가 있는데, 이럴 경우 의사소통능력이 부족한 사람으로 인식될 수 있으므로 주의하도록 한다.
- 답변은 두괄식 : 답변을 할 때에는 두괄식으로 결론을 먼저 말하고 그 이유를 설명하는 것이 좋다. 미괄식으로 답변을 할 경우 용두사미의 답변이 될 가능성이 높으며, 결론을 이끌어 내는 과정에서 논리성이 결여될 우려가 있다. 또한 면접관이 결론을 듣기 전에 말을 끊고 다른 질문을 추가하는 예상치 못한 상황이 발생될 수 있으므로 답변은 자신이 전달하고자 하는 바를 먼저 밝히고 그에 대한 설명을 하는 것이 좋다.
- 지원한 회사의 기업정신과 인재상을 기억 : 답변을 할 때에는 회사가 원하는 인재라는 인상을 심어주기 위해 지원한 회사의 기업정신과 인재상 등을 염두에 두고 답변을 하는 것이 좋다. 모든 회사에 해당되는 두루뭉술한 답변보다는 지원한 회사에 맞는 맞춤형 답변을 하는 것이 좋다.
- 나보다는 회사와 사회적 관점에서 답변 : 답변을 할 때에는 자기중심적인 관점을 피하고 좀 더 넓은 시각으로 회사와 국가, 사회적 입장까지 고려하는 인재임을 어필하는 것이 좋다. 자기중심적 시각을 바탕으로 자신의 출세만을 위해 회사에 입사하려는 인상을 심어줄 경우 면접에서 불이익을 받을 가능성이 높다.
- 난처한 질문은 정직한 답변 : 난처한 질문에 답변을 해야 할 때에는 피하기보다는 정면 돌파로 정직하고 솔직하게 답변하는 것이 좋다. 난처한 부분을 감추고 드러내지 않으려 회피하려는 지원자의 모습은 인사담당자에게 입사 후에도 비슷한 상황에 처했을 때 회피할 수도 있다는 우려를 심어줄 수 있다. 따라서 직장생활에 있어 중요한 덕목 중 하나인 정직을 바탕으로 솔직하게 답변을 하도록 한다.

(2) 면접의 종류 및 준비 전략

① 인성면접

㉠ 면접 방식 및 판단기준

- 면접 방식 : 인성면접은 면접관이 가지고 있는 개인적 면접 노하우나 관심사에 의해 질문을 실시한다. 주로 입사지원서나 자기소개서의 내용을 토대로 지원동기, 과거의 경험, 미래 포부 등을 이야기하도록 하는 방식이다.
- 판단기준 : 면접관의 개인적 가치관과 경험, 해당 역량의 수준, 경험의 구체성·진실성 등

㉡ 특징 : 인성면접은 그 방식으로 인해 역량과 무관한 질문들이 많고 지원자에게 주어지는 면접질문, 시간 등이 다를 수 있다. 또한 입사지원서나 자기소개서의 내용을 토대로 하기 때문에 지원자별 질문이 달라질 수 있다.

㉢ 예시 문항 및 준비전략

- 예시 문항

> - 3분 동안 자기소개를 해 보십시오.
> - 자신의 장점과 단점을 말해 보십시오.
> - 학점이 좋지 않은데 그 이유가 무엇입니까?
> - 최근에 인상 깊게 읽은 책은 무엇입니까?
> - 회사를 선택할 때 중요시하는 것은 무엇입니까?
> - 일과 개인생활 중 어느 쪽을 중시합니까?
> - 10년 후 자신은 어떤 모습일 것이라고 생각합니까?
> - 휴학 기간 동안에는 무엇을 했습니까?

- 준비전략 : 인성면접은 입사지원서나 자기소개서의 내용을 바탕으로 하는 경우가 많으므로 자신이 작성한 입사지원서와 자기소개서의 내용을 충분히 숙지하도록 한다. 또한 최근 사회적으로 이슈가 되고 있는 뉴스에 대한 견해를 묻거나 시사상식 등에 대한 질문을 받을 수 있으므로 이에 대한 대비도 필요하다. 자칫 부담스러워 보이지 않는 질문으로 가볍게 대답하지 않도록 주의하고 모든 질문에 입사 의지를 담아 성실하게 답변하는 것이 중요하다.

② 발표면접

㉠ 면접 방식 및 판단기준

- 면접 방식 : 지원자가 특정 주제와 관련된 자료를 검토하고 그에 대한 자신의 생각을 면접관 앞에서 주어진 시간 동안 발표하고 추가 질의를 받는 방식으로 진행된다.
- 판단기준 : 지원자의 사고력, 논리력, 문제해결력 등

㉡ 특징 : 발표면접은 지원자에게 과제를 부여한 후, 과제를 수행하는 과정과 결과를 관찰·평가한다. 따라서 과제수행 결과뿐 아니라 수행과정에서의 행동을 모두 평가할 수 있다.

ⓒ 예시 문항 및 준비전략
• 예시 문항

[신입사원 조기 이직 문제]
※ 지원자는 아래에 제시된 자료를 검토한 뒤, 신입사원 조기 이직의 원인을 크게 3가지로 정리하고 이에
대한 구체적인 개선안을 도출하여 발표해 주시기 바랍니다.
※ 본 과제에 정해진 정답은 없으나 논리적 근거를 들어 개선안을 작성해 주십시오.

• A기업은 동종업계 유사기업들과 비교해 볼 때, 비교적 높은 재무안정성을 유지하고 있으며 업무강도
가 그리 높지 않은 것으로 외부에 알려져 있음.
• 최근 조사결과, 동종업계 유사기업들과 연봉을 비교해 보았을 때 연봉 수준도 그리 나쁘지 않은 편
이라는 것이 확인되었음.
• 그러나 지난 3년간 1~2년차 직원들의 이직률이 계속해서 증가하고 있는 추세이며, 경영진 회의에서
최우선 해결과제 중 하나로 거론되었음.
• 이에 따라 인사팀에서 현재 1~2년차 사원들을 대상으로 개선되어야 하는 A기업의 조직문화에 대한
설문조사를 실시한 결과, '상명하복식의 의사소통'이 36.7%로 1위를 차지했음.
• 이러한 설문조사와 함께, 신입사원 조기 이직에 대한 원인을 분석한 결과 파랑새 증후군, 셀프홀릭
증후군, 피터팬 증후군 등 3가지로 분류할 수 있었음.

〈동종업계 유사기업들과의 연봉 비교〉　　　　〈우리 회사 조직문화 중 개선되었으면 하는 것〉

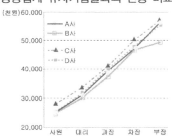

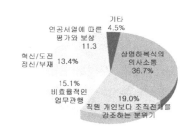

〈신입사원 조기 이직의 원인〉
• 파랑새 증후군
-현재의 직장보다 더 좋은 직장이 있을 것이라는 막연한 기대감으로 끊임없이 새로운 직장을 탐색함.
-학력 수준과 맞지 않는 '하향지원', 전공과 적성을 고려하지 않고 일단 취업하고 보자는 '묻지마 지원'
이 파랑새 증후군을 초래함.
• 셀프홀릭 증후군
-본인의 역량에 비해 가치가 낮은 일을 주로 하면서 갈등을 느낌.
• 피터팬 증후군
-기성세대의 문화를 무조건 수용하기보다는 자유로움과 변화를 추구함.
-상명하복, 엄격한 규율 등 기성세대가 당연시하는 관행에 거부감을 가지며 직장에 답답함을 느낌.

- 준비전략 : 발표면접의 시작은 과제 안내문과 과제 상황, 과제 자료 등을 정확하게 이해하는 것에서 출발한다. 과제 안내문을 침착하게 읽고 제시된 주제 및 문제와 관련된 상황의 맥락을 파악한 후 과제를 검토한다. 제시된 기사나 그래프 등을 충분히 활용하여 주어진 문제를 해결할 수 있는 해결책이나 대안을 제시하며, 발표를 할 때에는 명확하고 자신 있는 태도로 전달할 수 있도록 한다.

③ 토론면접

　㉠ 면접 방식 및 판단기준
- 면접 방식 : 상호갈등적 요소를 가진 과제 또는 공통의 과제를 해결하는 내용의 토론 과제를 제시하고, 그 과정에서 개인 간의 상호작용 행동을 관찰하는 방식으로 면접이 진행된다.
- 판단기준 : 팀워크, 적극성, 갈등 조정, 의사소통능력, 문제해결능력 등

　㉡ 특징 : 토론을 통해 도출해 낸 최종안의 타당성도 중요하지만, 결론을 도출해 내는 과정에서의 의사소통능력이나 갈등상황에서 의견을 조정하는 능력 등이 중요하게 평가되는 특징이 있다.

　㉢ 예시 문항 및 준비전략
- 예시 문항

  - 군 가산점제 부활에 대한 찬반토론
  - 담뱃값 인상에 대한 찬반토론
  - 비정규직 철폐에 대한 찬반토론
  - 대학의 영어 강의 확대 찬반토론
  - 워크숍 장소 선정을 위한 토론

- 준비전략 : 토론면접은 무엇보다 팀워크와 적극성이 강조된다. 따라서 토론과정에 적극적으로 참여하며 자신의 의사를 분명하게 전달하며, 갈등상황에서 자신의 의견만 내세울 것이 아니라 다른 지원자의 의견을 경청하고 배려하는 모습도 중요하다. 갈등상황을 일목요연하게 정리하여 조정하는 등의 의사소통능력을 발휘하는 것도 좋은 전략이 될 수 있다.

④ 상황면접

　㉠ 면접 방식 및 판단기준
- 면접 방식 : 상황면접은 직무 수행 시 접할 수 있는 상황들을 제시하고, 그러한 상황에서 어떻게 행동할 것인지를 이야기하는 방식으로 진행된다.
- 판단기준 : 해당 상황에 적절한 역량의 구현과 구체적 행동지표

　㉡ 특징 : 실제 직무 수행 시 접할 수 있는 상황들을 제시하므로 입사 이후 지원자의 업무수행능력을 평가하는 데 적절한 면접 방식이다. 또한 지원자의 가치관, 태도, 사고방식 등의 요소를 통합적으로 평가하는 데 용이하다.

ⓒ 예시 문항 및 준비전략

• 예시 문항

당신은 생산관리팀의 팀원으로, 생산팀이 기한에 맞춰 효율적으로 제품을 생산할 수 있도록 관리하는
역할을 맡고 있습니다. 3개월 뒤에 제품A를 정상적으로 출시하기 위해 생산팀의 생산 계획을 수립한
상황입니다. 그러나 원가가 곧 실적으로 이어지는 구매팀에서는 최대한 원가를 줄여 전반적 단가를
낮추려고 원가절감을 위한 제안을 하였으나, 연구개발팀에서는 구매팀이 제안한 방식으로 제품을 생
산할 경우 대부분이 구매팀의 실적으로 산정될 것이므로 제대로 확인도 해보지 않은 채 적합하지 않
은 방식이라고 판단하고 있습니다. 당신은 어떻게 하겠습니까?

• 준비전략 : 상황면접은 먼저 주어진 상황에서 핵심이 되는 문제가 무엇인지를 파악하는 것에서 시작한
다. 주질문과 세부질문을 통하여 질문의 의도를 파악하였다면, 그에 대한 구체적인 행동이나 생각 등
에 대해 응답할수록 높은 점수를 얻을 수 있다.

⑤ 역할면접

㉠ 면접 방식 및 판단기준

• 면접 방식 : 역할면접 또는 역할연기 면접은 기업 내 발생 가능한 상황에서 부딪히게 되는 문제와 역
할을 가상적으로 설정하여 특정 역할을 맡은 사람과 상호작용하고 문제를 해결해 나가도록 하는 방식
으로 진행된다. 역할연기 면접에서는 면접관이 직접 역할연기를 하면서 지원자를 관찰하기도 하지만,
역할연기 수행만 전문적으로 하는 사람을 투입할 수도 있다.

• 판단기준 : 대처능력, 대인관계능력, 의사소통능력 등

㉡ 특징 : 역할면접은 실제 상황과 유사한 가상 상황에서의 행동을 관찰함으로서 지원자의 성격이나 대처
행동 등을 관찰할 수 있다.

ⓒ 예시 문항 및 준비전략

• 예시 문항

[금융권 역할면접의 예]
당신은 ○○은행의 신입 텔러이다. 사람이 많은 월말 오전 한 할아버지(면접관 또는 역할담당자)께서 ○
○은행을 사칭한 보이스피싱으로 500만 원을 피해 보았다며 소란을 일으키고 있다. 실제 업무상황이라
고 생각하고 상황에 대처해 보시오.

• 준비전략 : 역할연기 면접에서 측정하는 역량은 주로 갈등의 원인이 되는 문제를 해결 하고 제시된 해결방안을 상대방에게 설득하는 것이다. 따라서 갈등해결, 문제해결, 조정·통합, 설득력과 같은 역량이 중요시된다. 또한 갈등을 해결하기 위해서 상대방에 대한 이해도 필수적인 요소이므로 고객 지향을 염두에 두고 상황에 맞게 대처해야 한다.

역할면접에서는 변별력을 높이기 위해 면접관이 압박적인 분위기를 조성하는 경우가 많기 때문에 스트레스 상황에서 불안해하지 않고 유연하게 대처할 수 있도록 시간과 노력을 들여 충분히 연습하는 것이 좋다.

② 면접 이미지 메이킹

(1) 성공적인 이미지 메이킹 포인트

① 복장 및 스타일

㉠ 남성

• 양복 : 양복은 단색으로 하며 넥타이나 셔츠로 포인트를 주는 것이 효과적이다. 짙은 회색이나 감청색이 가장 단정하고 품위 있는 인상을 준다.
• 셔츠 : 흰색이 가장 선호되나 자신의 피부색에 맞추는 것이 좋다. 푸른색이나 베이지색은 산뜻한 느낌을 줄 수 있다. 양복과의 배색도 고려하도록 한다.
• 넥타이 : 의상에 포인트를 줄 수 있는 아이템이지만 너무 화려한 것은 피한다. 지원자의 피부색은 물론, 정장과 셔츠의 색을 고려하며, 체격에 따라 넥타이 폭을 조절하는 것이 좋다.
• 구두 & 양말 : 구두는 검정색이나 짙은 갈색이 어느 양복에나 무난하게 어울리며 깔끔하게 닦아 준비한다. 양말은 정장과 동일한 색상이나 검정색을 착용한다.
• 헤어스타일 : 머리스타일은 단정한 느낌을 주는 짧은 헤어스타일이 좋으며 앞머리가 있다면 이마나 눈썹을 가리지 않는 선에서 정리하는 것이 좋다.

ⓛ 여성

- 의상 : 단정한 스커트 투피스 정장이나 슬랙스 슈트가 무난하다. 블랙이나 그레이, 네이비, 브라운 등 차분해 보이는 색상을 선택하는 것이 좋다.
- 소품 : 구두, 핸드백 등은 같은 계열로 코디하는 것이 좋으며 구두는 너무 화려한 디자인이나 굽이 높은 것을 피한다. 스타킹은 의상과 구두에 맞춰 단정한 것으로 선택한다.
- 액세서리 : 액세서리는 너무 크거나 화려한 것은 좋지 않으며 과하게 많이 하는 것도 좋은 인상을 주지 못한다. 착용하지 않거나 작고 깔끔한 디자인으로 포인트를 주는 정도가 적당하다.
- 메이크업 : 화장은 자연스럽고 밝은 이미지를 표현하는 것이 좋으며 진한 색조는 인상이 강해 보일 수 있으므로 피한다.
- 헤어스타일 : 커트나 단발처럼 짧은 머리는 활동적이면서도 단정한 이미지를 줄 수 있도록 정리한다. 긴 머리의 경우 하나로 묶거나 단정한 머리망으로 정리하는 것이 좋으며, 짙은 염색이나 화려한 웨이브는 피한다.

② 인사

㉠ 인사의 의미 : 인사는 예의범절의 기본이며 상대방의 마음을 여는 기본적인 행동이라고 할 수 있다. 인사는 처음 만나는 면접관에게 호감을 살 수 있는 가장 쉬운 방법이 될 수 있기도 하지만 제대로 예의를 지키지 않으면 지원자의 인성 전반에 대한 평가로 이어질 수 있으므로 각별히 주의해야 한다.

㉡ 인사의 핵심 포인트

- 인사말 : 인사말을 할 때에는 밝고 친근감 있는 목소리로 하며, 자신의 이름과 수험번호 등을 간략하게 소개한다.
- 시선 : 인사는 상대방의 눈을 보며 하는 것이 중요하며 너무 빤히 쳐다본다는 느낌이 들지 않도록 주의한다.
- 표정 : 인사는 마음에서 우러나오는 존경이나 반가움을 표현하고 예의를 차리는 것이므로 살짝 미소를 지으며 하는 것이 좋다.
- 자세 : 인사를 할 때에는 가볍게 목만 숙인다거나 흐트러진 상태에서 인사를 하지 않도록 주의하며 절도 있고 확실하게 하는 것이 좋다.

③ 시선처리와 표정, 목소리

　　㉠ **시선처리와 표정** : 표정은 면접에서 지원자의 첫인상을 결정하는 중요한 요소이다. 얼굴표정은 사람의 감정을 가장 잘 표현할 수 있는 의사소통 도구로 표정 하나로 상대방에게 호감을 주거나, 비호감을 사기도 한다. 호감이 가는 인상의 특징은 부드러운 눈썹, 자연스러운 미간, 적당히 볼록한 광대, 올라간 입 꼬리 등으로 가볍게 미소를 지을 때의 표정과 일치한다. 따라서 면접 중에는 밝은 표정으로 미소를 지어 호감을 형성할 수 있도록 한다. 시선은 면접관과 고르게 맞추되 생기 있는 눈빛을 띄도록 하며, 너무 빤히 쳐다본다는 인상을 주지 않도록 한다.

　　㉡ **목소리** : 면접은 주로 면접관과 지원자의 대화로 이루어지므로 목소리가 미치는 영향이 상당하다. 답변을 할 때에는 부드러우면서도 활기차고 생동감 있는 목소리로 하는 것이 면접관에게 호감을 줄 수 있으며 적당한 제스처가 더해진다면 상승효과를 얻을 수 있다. 그러나 적절한 답변을 하였음에도 불구하고 콧소리나 날카로운 목소리, 자신감 없는 작은 목소리는 답변의 신뢰성을 떨어뜨릴 수 있으므로 주의하도록 한다.

④ 자세

　　㉠ **걷는 자세**
　　　• 면접장에 입실할 때에는 상체를 곧게 유지하고 발끝은 평행이 되게 하며 무릎을 스치듯 11자로 걷는다.
　　　• 시선은 정면을 향하고 턱은 가볍게 당기며 어깨나 엉덩이가 흔들리지 않도록 주의한다.
　　　• 발바닥 전체가 닿는 느낌으로 안정감 있게 걸으며 발소리가 나지 않도록 주의한다.
　　　• 보폭은 어깨넓이만큼이 적당하지만, 스커트를 착용했을 경우 보폭을 줄인다.
　　　• 걸을 때도 미소를 유지한다.

　　㉡ **서있는 자세**
　　　• 몸 전체를 곧게 펴고 가슴을 자연스럽게 내민 후 등과 어깨에 힘을 주지 않는다.
　　　• 정면을 바라본 상태에서 턱을 약간 당기고 아랫배에 힘을 주어 당기며 바르게 선다.
　　　• 양 무릎과 발뒤꿈치는 붙이고 발끝은 11자 또는 V형을 취한다.
　　　• 남성의 경우 팔을 자연스럽게 내리고 양손을 가볍게 쥐어 바지 옆선에 붙이고, 여성의 경우 공수자세를 유지한다.

ⓒ 앉은 자세

- 남성

  - 의자 깊숙이 앉고 등받이와 등 사이에 주먹 1개 정도의 간격을 두며 기대듯 앉지 않도록 주의한다. (남녀 공통 사항)
  - 무릎 사이에 주먹 2개 정도의 간격을 유지하고 발끝은 11자를 취한다.
  - 시선은 정면을 바라보며 턱은 가볍게 당기고 미소를 짓는다. (남녀 공통 사항)
  - 양손은 가볍게 주먹을 쥐고 무릎 위에 올려놓는다.
  - 앉고 일어날 때에는 자세가 흐트러지지 않도록 주의한다. (남녀 공통 사항)

- 여성

  - 스커트를 입었을 경우 왼손으로 뒤쪽 스커트 자락을 누르고 오른손으로 앞쪽 자락을 누르며 의자에 앉는다.
  - 무릎은 붙이고 발끝을 가지런히 하며, 다리를 왼쪽으로 비스듬히 기울이면 여성스러워 보이는 효과가 있다.
  - 양손을 모아 무릎 위에 모아 놓으며 스커트를 입었을 경우 스커트 위를 가볍게 누르듯이 올려놓는다.

(2) 면접 예절

① 행동 관련 예절

ⓒ **지각은 절대금물** : 시간을 지키는 것은 예절의 기본이다. 지각을 할 경우 면접에 응시할 수 없거나, 면접 기회가 주어지더라도 불이익을 받을 가능성이 높아진다. 따라서 면접장소가 결정되면 교통편과 소요시간을 확인하고 가능하다면 사전에 미리 방문해 보는 것도 좋다. 면접 당일에는 서둘러 출발하여 면접 시간 20~30분 전에 도착하여 회사를 둘러보고 환경에 익숙해지는 것도 성공적인 면접을 위한 요령이 될 수 있다.

ⓒ **면접 대기 시간** : 지원자들은 대부분 면접장에서의 행동과 답변 등으로만 평가를 받는다고 생각하지만 그렇지 않다. 면접관이 아닌 면접진행자 역시 대부분 인사실무자이며 면접관이 면접 후 지원자에 대한 평가에 있어 확신을 위해 면접진행자의 의견을 구한다면 면접진행자의 의견이 당락에 영향을 줄 수 있다. 따라서 면접 대기 시간에도 행동과 말을 조심해야 하며, 면접을 마치고 돌아가는 순간까지도 긴장을 늦춰서는 안 된다. 면접 중 압박적인 질문에 답변을 잘 했지만, 면접장을 나와 흐트러진 모습을 보이거나 욕설을 한다면 면접 탈락의 요인이 될 수 있으므로 주의해야 한다.

ⓒ **입실 후 태도** : 본인의 차례가 되어 호명되면 또렷하게 대답하고 들어간다. 만약 면접장 문이 닫혀 있다면 상대에게 소리가 들릴 수 있을 정도로 노크를 두세 번 한 후 대답을 듣고 나서 들어가야 한다. 문을 여닫을 때에는 소리가 나지 않게 조용히 하며 공손한 자세로 인사한 후 성명과 수험번호를 말하고 면접관의 지시에 따라 자리에 앉는다. 이 경우 착석하라는 말이 없는데 먼저 의자에 앉으면 무례한 사람으로 보일 수 있으므로 주의한다. 의자에 앉을 때에는 끝에 앉지 말고 무릎 위에 양손을 가지런히 얹는 것이 예절이라고 할 수 있다.

ⓔ **옷매무새를 자주 고치지 마라.** : 일부 지원자의 경우 옷매무새 또는 헤어스타일을 자주 고치거나 확인하기도 하는데 이러한 모습은 과도하게 긴장한 것 같아 보이거나 면접에 집중하지 못하는 것으로 보일 수 있다. 남성 지원자의 경우 넥타이를 자꾸 고쳐 맨다거나 정장 상의 끝을 너무 자주 만지작거리지 않는다. 여성 지원자는 머리를 계속 쓸어 올리지 않고, 특히 짧은 치마를 입고서 신경이 쓰여 치마를 끌어 내리는 행동은 좋지 않다.

ⓜ **다리를 떨거나 산만한 시선은 면접 탈락의 지름길** : 자신도 모르게 다리를 떨거나 손가락을 만지는 등의 행동을 하는 지원자가 있는데, 이는 면접관의 주의를 끌 뿐만 아니라 불안하고 산만한 사람이라는 느낌을 주게 된다. 따라서 가능한 한 바른 자세로 앉아 있는 것이 좋다. 또한 면접관과 시선을 맞추지 못하고 여기저기 둘러보는 듯한 산만한 시선은 지원자가 거짓말을 하고 있다고 여겨지거나 신뢰할 수 없는 사람이라고 생각될 수 있다.

② **답변 관련 예절**

ⓐ **면접관이나 다른 지원자와 가치 논쟁을 하지 않는다.** : 질문을 받고 답변하는 과정에서 면접관 또는 다른 지원자의 의견과 다른 의견이 있을 수 있다. 특히 평소 지원자가 관심이 많은 문제이거나 잘 알고 있는 문제인 경우 자신과 다른 의견에 대해 이의가 있을 수 있다. 하지만 주의할 것은 면접에서 면접관이나 다른 지원자와 가치 논쟁을 할 필요는 없다는 것이며 오히려 불이익을 당할 수도 있다. 정답이 정해져 있지 않은 경우에는 가치관이나 성장배경에 따라 문제를 받아들이는 태도에서 답변까지 충분히 차이가 있을 수 있으므로 굳이 면접관이나 다른 지원자의 가치관을 지적하고 고치려 드는 것은 좋지 않다.

ⓑ **답변은 항상 정직해야 한다.** : 면접이라는 것이 아무리 지원자의 장점을 부각시키고 단점을 축소시키는 것이라고 해도 절대로 거짓말을 해서는 안 된다. 거짓말을 하게 되면 지원자는 불안하거나 꺼림칙한 마음이 들게 되어 면접에 집중을 하지 못하게 되고 수많은 지원자를 상대하는 면접관은 그것을 놓치지 않는다. 거짓말은 그 지원자에 대한 신뢰성을 떨어뜨리며 이로 인해 다른 스펙이 아무리 훌륭하다고 해도 채용에서 탈락하게 될 수 있음을 명심하도록 한다.

ⓒ 경력직을 경우 전 직장에 대해 험담하지 않는다. : 지원자가 전 직장에서 무슨 업무를 담당했고 어떤 성과를 올렸는지는 면접관이 관심을 둘 사항일 수 있지만, 이전 직장의 기업문화나 상사들이 어땠는 지는 그다지 궁금해 하는 사항이 아니다. 전 직장에 대해 험담을 늘어놓는다든가, 동료와 상사에 대한 악담을 하게 된다면 오히려 지원자에 대한 부정적인 이미지만 심어줄 수 있다. 만약 전 직장에 대한 말을 해야 할 경우가 생긴다면 가능한 한 객관적으로 이야기하는 것이 좋다.

ⓔ 자기 자신이나 배경에 대해 자랑하지 않는다. : 자신의 성취나 부모 형제 등 집안사람들이 사회·경제적으로 어떠한 위치에 있는지에 대한 자랑은 면접관으로 하여금 지원자에 대해 오만한 사람이거나 배경에 의존하려는 나약한 사람이라는 이미지를 갖게 할 수 있다. 따라서 자기 자신이나 배경에 대해 자랑하지 않도록 하고, 자신이 한 일에 대해서 너무 자세하게 얘기하지 않도록 주의해야 한다.

3 면접 질문 및 답변 포인트

(1) 가족 및 대인관계에 관한 질문

① 당신의 가정은 어떤 가정입니까?

면접관들은 지원자의 가정환경과 성장과정을 통해 지원자의 성향을 알고 싶어 이와 같은 질문을 한다. 비록 가정 일과 사회의 일이 완전히 일치하는 것은 아니지만 '가화만사성'이라는 말이 있듯이 가정이 화목해야 사회에서도 화목하게 지낼 수 있기 때문이다. 그러므로 답변 시에는 가족사항을 정확하게 설명하고 집안의 분위기와 특징에 대해 이야기하는 것이 좋다.

② 아버지의 직업은 무엇입니까?

아주 기본적인 질문이지만 지원자는 아버지의 직업과 내가 무슨 관련성이 있을까 생각하기 쉬워 포괄적인 답변을 하는 경우가 많다. 그러나 이는 바람직하지 않은 것으로 단답형으로 답변하면 세부적인 직종 및 근무연한 등을 물을 수 있으므로 모든 걸 한 번에 대답하는 것이 좋다.

③ 친구 관계에 대해 말해 보십시오.

지원자의 인간성을 판단하는 질문으로 교우관계를 통해 답변자의 성격과 대인관계능력을 파악할 수 있다. 새로운 환경에 적응을 잘하여 새로운 친구들이 많은 것도 좋지만, 깊고 오래 지속되어온 인간관계를 말하는 것이 더욱 바람직하다.

(2) 성격 및 가치관에 관한 질문

① 당신의 PR포인트를 말해 주십시오.

PR포인트를 말할 때에는 지나치게 겸손한 태도는 좋지 않으며 적극적으로 자기를 주장하는 것이 좋다. 앞으로 입사 후 하게 될 업무와 관련된 자기의 특성을 구체적인 일화를 더하여 이야기하도록 한다.

② 당신의 장·단점을 말해 보십시오.

지원자의 구체적인 장·단점을 알고자 하기 보다는 지원자가 자기 자신에 대해 얼마나 알고 있으며 어느 정도의 객관적인 분석을 하고 있나, 그리고 개선의 노력 등을 시도하는지를 파악하고자 하는 것이다. 따라서 장점을 말할 때는 업무와 관련된 장점을 뒷받침할 수 있는 근거와 함께 제시하며, 단점을 이야기할 때에는 극복을 위한 노력을 반드시 포함해야 한다.

③ 가장 존경하는 사람은 누구입니까?

존경하는 사람을 말하기 위해서는 우선 그 인물에 대해 알아야 한다. 잘 모르는 인물에 대해 존경한다고 말하는 것은 면접관에게 바로 지적당할 수 있으므로, 추상적이라도 좋으니 평소에 존경스럽다고 생각했던 사람에 대해 그 사람의 어떤 점이 좋고 존경스러운지 대답하도록 한다. 또한 자신에게 어떤 영향을 미쳤는지도 언급하면 좋다.

(3) 학교생활에 관한 질문

① 지금까지의 학교생활 중 가장 기억에 남는 일은 무엇입니까?

가급적 직장생활에 도움이 되는 경험을 이야기하는 것이 좋다. 또한 경험만을 간단하게 말하지 말고 그 경험을 통해서 얻을 수 있었던 교훈 등을 예시와 함께 이야기하는 것이 좋으나 너무 상투적인 답변이 되지 않도록 주의해야 한다.

② 성적은 좋은 편이었습니까?

면접관은 이미 서류심사를 통해 지원자의 성적을 알고 있다. 그럼에도 불구하고 이 질문을 하는 것은 지원자가 성적에 대해서 어떻게 인식하느냐를 알고자 하는 것이다. 성적이 나빴던 이유에 대해서 변명하려 하지 말고 담백하게 받아드리고 그것에 대한 개선노력을 했음을 밝히는 것이 적절하다.

③ 학창시절에 시위나 집회 등에 참여한 경험이 있습니까?

기업에서는 노사분규를 기업의 사활이 걸린 중대한 문제로 인식하고 거시적인 차원에서 접근한다. 이러한 기업문화를 제대로 인식하지 못하여 학창시절의 시위나 집회 참여 경험을 자랑스럽게 답변할 경우 감점요인이 되거나 심지어는 탈락할 수 있다는 사실에 주의한다. 시위나 집회에 참가한 경험을 말할 때에는 타당성과 정도에 유의하여 답변해야 한다.

(4) 지원동기 및 직업의식에 관한 질문

① 왜 우리 회사를 지원했습니까?

이 질문은 어느 회사나 가장 먼저 물어보고 싶은 것으로 지원자들은 기업의 이념, 대표의 경영능력, 재무구조, 복리후생 등 외적인 부분을 설명하는 경우가 많다. 이러한 답변도 적절하지만 지원 회사의 주력 상품에 관한 소비자의 인지도, 경쟁사 제품과의 시장점유율을 비교하면서 입사동기를 설명한다면 상당히 주목 받을 수 있을 것이다.

② 만약 이번 채용에 불합격하면 어떻게 하겠습니까?

불합격할 것을 가정하고 회사에 응시하는 지원자는 거의 없을 것이다. 이는 지원자를 궁지로 몰아넣고 어떻게 대응하는지를 살펴보며 입사 의지를 알아보려고 하는 것이다. 이 질문은 너무 깊이 들어가지 말고 침착하게 답변하는 것이 좋다.

③ 당신이 생각하는 바람직한 사원상은 무엇입니까?

직장인으로서 또는 조직의 일원으로서의 자세를 묻는 질문으로 지원하는 회사에서 어떤 인재상을 요구하는가를 알아두는 것이 좋으며, 평소에 자신의 생각을 미리 정리해 두어 당황하지 않도록 한다.

④ 직무상의 적성과 보수의 많음 중 어느 것을 택하겠습니까?

이런 질문에서 회사 측에서 원하는 답변은 당연히 직무상의 적성에 비중을 둔다는 것이다. 그러나 적성만을 너무 강조하다 보면 오히려 솔직하지 못하다는 인상을 줄 수 있으므로 어느 한 쪽을 너무 강조하거나 경시하는 태도는 바람직하지 못하다.

⑤ 상사와 의견이 다를 때 어떻게 하겠습니까?

과거와 다르게 최근에는 상사의 명령에 무조건 따르겠다는 수동적인 자세는 바람직하지 않다. 회사에서는 때에 따라 자신이 판단하고 행동할 수 있는 직원을 원하기 때문이다. 그러나 지나치게 자신의 의견만을 고집한다면 이는 팀원 간의 불화를 야기할 수 있으며 팀 체제에 악영향을 미칠 수 있으므로 선호하지 않는다는 것에 유념하여 답해야 한다.

⑥ 근무지가 지방인데 근무가 가능합니까?

근무지가 지방 중에서도 특정 지역은 되고 다른 지역은 안 된다는 답변은 바람직하지 않다. 직장에서는 순환 근무라는 것이 있으므로 처음에 지방에서 근무를 시작했다고 해서 계속 지방에만 있는 것은 아님을 유의하고 답변하도록 한다.

(5) 여가 활용에 관한 질문

① 취미가 무엇입니까?

기초적인 질문이지만 특별한 취미가 없는 지원자의 경우 대답이 애매할 수밖에 없다. 그래서 가장 많이 대답하게 되는 것이 독서, 영화감상, 혹은 음악감상 등과 같은 흔한 취미를 말하게 되는데 이런 취미는 면접관의 주의를 끌기 어려우며 설사 정말 위와 같은 취미를 가지고 있다하더라도 제대로 답변하기는 힘든 것이 사실이다. 가능하면 독특한 취미를 말하는 것이 좋으며 이제 막 시작한 것이라도 열의를 가지고 있음을 설명할 수 있으면 그것을 취미로 답변하는 것도 좋다.

② 술자리를 좋아합니까?

이 질문은 정말로 술자리를 좋아하는 정도를 묻는 것이 아니다. 우리나라에서는 대부분 술자리가 친교의 자리로 인식되기 때문에 그것에 얼마나 적극적으로 참여할 수 있는 가를 우회적으로 묻는 것이다. 술자리를 싫어한다고 대답하게 되면 원만한 대인관계에 문제가 있을 수 있다고 평가될 수 있으므로 술을 잘 마시지 못하더라도 술자리의 분위기는 즐긴다고 답변하는 것이 좋으며 주량에 대해서는 정확하게 말하는 것이 좋다.

(6) 여성 지원자들을 겨냥한 질문

① 결혼은 언제 할 생각입니까?

지원자가 결혼예정자일 경우 기업은 채용을 꺼리게 되는 경향이 있다. 업무를 어느 정도 인식하고 수행할 정도가 되면 퇴사하는 일이 흔하기 때문이다. 가능하면 향후 몇 년간은 결혼 계획이 없다고 답변하는 것이 현실적인 대처 요령이며, 덧붙여 결혼 후에도 일하고자 하는 의지를 강하게 내보인다면 더욱 도움이 된다.

② 만약 결혼 후 남편이나 시댁에서 직장생활을 그만두라고 강요한다면 어떻게 하겠습니까?

결혼적령기의 여성 지원자들에게 빈번하게 묻는 질문으로 의견 대립이 생겼을 때 상대방을 설득하고 타협하는 능력을 알아보고자 하는 것이다. 따라서 남편이나 시댁과 충분한 대화를 통해 설득하고 계속 근무하겠다는 의지를 밝히는 것이 좋다.

③ 여성의 취업을 어떻게 생각합니까?

여성 지원자들의 일에 대한 열의와 포부를 알고자 하는 질문이다. 많은 기업들이 여성들의 섬세하고 꼼꼼한 업무능력과 감각을 높이 평가하고 있으며, 사회 전반적인 분위기 역시 맞벌이를 이해하고 있으므로 자신의 의지를 당당하고 자신감 있게 밝히는 것이 좋다.

④ 커피나 복사 같은 잔심부름이 주어진다면 어떻게 하겠습니까?

여성 지원자들에게 가장 난감하고 자존심상하는 질문일 수 있다. 이 질문은 여성 지원자에게 잔심부름을 시키겠다는 요구가 아니라 직장생활 중에서의 협동심이나 봉사정신, 직업관을 알아보고자 하는 것이다. 또한 이 과정에서 압박기법을 사용해 비꼬는 투로 말하는 수 있는데 이는 자존심이 상하거나 불쾌해질 때의 행동을 알아보려는 것이다. 이럴 경우 흥분하여 과격하게 답변하면 탈락하게 되며, 무조건 열심히 하겠다는 대답도 신뢰성이 없는 답변이다. 직장생활을 위해 필요한 일이면 할 수 있다는 정도의 긍정적인 답변을 하되, 한 사람의 사원으로서 당당함을 유지하는 것이 좋다.

(7) 지원자를 당황하게 하는 질문

① 성적이 좋지 않은데 이 정도의 성적으로 우리 회사에 입사할 수 있다고 생각합니까?

비록 자신의 성적이 좋지 않더라도 이미 서류심사에 통과하여 면접에 참여하였다면 기업에서는 지원자의 성적보다 성적 이외의 요소, 즉 성격·열정 등을 높이 평가했다는 것이라고 할 수 있다. 그러나 이런 질문을 받게 되면 지원자는 당황할 수 있으나 주눅 들지 말고 침착하게 대처하는 면모를 보인다면 더 좋은 인상을 남길 수 있다.

② 우리 회사 회장님 함자를 알고 있습니까?

회장이나 사장의 이름을 조사하는 것은 면접일을 통고받았을 때 이미 사전 조사되었어야 하는 사항이다. 단답형으로 이름만 말하기보다는 그 기업에 입사를 희망하는 지원자의 입장에서 답변하는 것이 좋다.

③ 당신은 이 회사에 적합하지 않은 것 같군요.

이 질문은 지원자의 입장에서 상당히 곤혹스러울 수밖에 없다. 질문을 듣는 순간 그렇다면 면접은 왜 참가시킨 것인가 하는 생각이 들 수도 있다. 하지만 당황하거나 흥분하지 말고 침착하게 자신의 어떤 면이 회사에 적당하지 않는지 겸손하게 물어보고 지적당한 부분에 대해서 고치겠다는 의지를 보인다면 오히려 자신의 능력을 어필할 수 있는 기회로 사용할 수도 있다.

④ 다시 공부할 계획이 있습니까?

이 질문은 지원자가 합격하여 직장을 다니다가 공부를 더 하기 위해 회사를 그만 두거나 학습에 더 관심을 두어 일에 대한 능률이 저하될 것을 우려하여 묻는 것이다. 이때에는 당연히 학습보다는 일을 강조해야 하며, 업무 수행에 필요한 학습이라면 업무에 지장이 없는 범위에서 야간학교를 다니거나 회사에서 제공하는 연수 프로그램 등을 활용하겠다고 답변하는 것이 적당하다.

⑤ 지원한 분야가 전공한 분야와 다른데 여기 일을 할 수 있겠습니까?

수험생의 입장에서 본다면 지원한 분야와 전공이 다르지만 서류전형과 필기전형에 합격하여 면접을 보게 된 경우라고 할 수 있다. 이는 결국 해당 회사의 채용 방침상 전공에 크게 영향을 받지 않는다는 것이므로 무엇보다 자신이 전공하지는 않았지만 어떤 업무도 적극적으로 임할 수 있다는 자신감과 능동적인 자세를 보여주도록 노력하는 것이 좋다.

02 현직자가 알려주는 면접기출

1 국립공원관리공단 면접기출

- 회계를 예산팀의 입장에서 작성해보시오.
- 현재 사업효율성은 2년간 감소추세인데 재정확보, 일자리창출 등 경영성과 극대화에 기여할 수 있도록 안정성, 수익성, 건정성 측면에서 방안을 제시해보시오.
- 갈등이 생겼을 때 어떻게 해결하는가.
- 친구와 약속이 있는데 갑자기 야근을 해야 한다면 어떻게 할 것인가.
- 업무가 주어졌는데 혼자서 수행할 수 없는 업무라면 어떻게 할 것인가.
- 본인이 생각하는 팀이란 무엇인가.
- 지역사회와 공존하는 프로그램을 말해보시오.
- 국립공원공단에서 일하기 위해 필요한 역량은 무엇인가.
- 이용객의 편의를 위해 탐방로의 개수를 늘려 제공하는 상황에서 생태다양성의 위협과 안전관리의 문제점을 말해보시오.
- 초등학생에게 국립공원공단을 소개해보세요.

2 주요 공사 · 공단 면접기출

- 왜 공사 · 공단에서 일하고 싶은지 이유를 말해보시오.
- 가족관계를 설명해보시오.
- 회사생활과 개인생활 중 어느 것이 더 중요합니까?
- 지원동기를 말해보시오.
- 당사에 대해 아는 대로 말해보시오.
- 학창시절 경험한 것 중 기억에 남는 것은 무엇입니까?
- 위기상황에 대처하는 자신만의 노하우는 무엇입니까?

- 입사 후 예상되는 문제점과 그 문제점에 대한 해결 방안에 대해 예를 들어 말해보시오.
- 신입직원의 연봉을 줄여서 채용규모를 늘리는 것에 찬성하는가?
- 요즘 청년들의 어깨가 처져 있는데 어떻게 하면 활기 넘치게 할 수 있겠는가?
- 일을 잘하는 직원이 되기 위하여 무엇이 가장 중요하다고 생각하는가?
- 가장 마음에 드는 자신의 별명은 무엇인가?
- 우리 공단이 무슨 일을 하는지 알고 있는가?
- 본인에게 직장의 의미는 무엇인가?
- 공단이 국민을 위해서 지향해야 할 복표는 무엇인가?
- 공단 발전을 위해 본인이 어떠한 면에서 충실해야 하는가?
- 시간 외 근무를 해야 한다면 어떻게 하겠는가?
- 결혼 후 순환근무로 비연고지를 갈 경우에는 어떻게 하겠는가?
- 공기업의 역할은 무엇이라 생각하는가?
- 공기업의 민영화에 대한 생각을 말해보시오.
- 자신이 했던 봉사활동과 그로 인해 느낀 점 또는 배운 점을 말해보시오.
- 우리 공단에 대해 한마디로 요약해보시오.
- 자소서 상의 특이한 경력과 경험에 대한 질문, 이러한 경험이 자기발전에 어떻게 도움이 되었는지 설명해보시오.
- 자신에 대해 PR해보시오.
- 자신의 생활신조에 대해 말해보시오.
- 존경하는 인물은 누구이고 자신에게 어떠한 영향을 끼쳤는지 설명해보시오.
- 살면서 가장 힘들었던 기억과 이를 극복한 경험을 말해보시오.

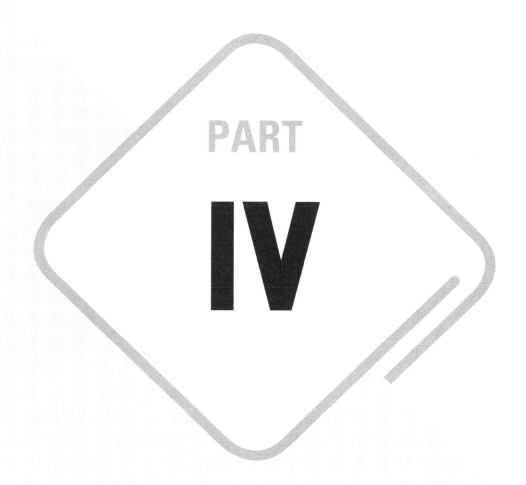

PART

IV

NCS 정답 및 해설

PART ❶ 의사소통능력 🔍

| 1 | ② | 2 | ③ | 3 | ③ | 4 | ③ | 5 | ③ |

---

1 ②

기상 … 사람이 타고난 기재나 마음씨 또는 그것이 겉으로 드러난 모양
① 비행기 위 또는 비행기 안
③ 대기 중에서 일어나는 물리적인 현상을 통틀어 이르는 말
④ 잠자리에서 일어남

---

2 ③

네 개의 문장에서 공통적으로 언급하고 있는 것은 환경문제임을 알 수 있다. 따라서 (나) 문장이 '문제 제기'를 한 것으로 볼 수 있다. (가)는 (나)에서 언급한 바를 더욱 발전시키며 논점을 전개해 나가고 있으며, (라)에서는 논점을 '잘못된 환경문제의 해결 주체'라는 쪽으로 전환하여 결론을 위한 토대를 구성하며, (다)에서 필자의 주장을 간결하게 매듭짓고 있다.

---

3 ③

③ 디지털화는 공장 내 사물들 간에 소통이 가능하도록 물리적 아날로그 신호를 디지털 신호로 변환하는 것이다.
①② 두 번째 문단에서 언급하고 있다.
④ 세 번째 문단에서 언급하고 있다.

4 ③

집단적 의사소통상황에서는 협력적 상호작용이 중요하므로 중재자가 참여자 간의 의견이 자유롭게 오갈 수 있는 환경을 만들어 주는 것이 중요하다.

---

5 ③

고위직급자와 계약직 직원들에 대한 학습목표 달성을 지원해야 한다는 논의가 되고 있으므로 그에 따른 실천 방안이 있을 것으로 판단할 수 있으나, 교육 시간 자체가 더 증가할 것으로 전망하는 것은 근거가 제시되어 있지 않은 의견이다.

① 22시간 → 35시간으로 약 59% 증가하였다.

② 평균 학습시간을 초과하여 달성하는 등 상시학습문화가 정착되었다고 평가하고 있다.

④ 생애주기에 맞는 직급별 직무역량교육 의무화라는 것은 각 직급과 나이에 보다 적합한 교육이 실시될 것임을 의미한다.

PART ❷ 수리능력 🔍

| 1 | ③ | 2 | ① | 3 | ③ | 4 | ② | 5 | ③ |

1 ③

첫 번째와 두 번째 규칙에 따라 두 사람의 점수 총합은 $4 \times 20 + 2 \times 20 = 120$점이 된다. 이 때 두 사람 중 점수가 더 낮은 사람의 점수를 x점이라고 하면, 높은 사람의 점수는 $120 - x$점이 되므로 $120 - x = x + 12$가 성립한다.

따라서 $x = 54$이다.

---

2 ①

철수가 달리는 속도를 $x\,m/m$라고 하면, $x = \dfrac{4000m}{16m} = 250m/m$이다. 따라서 영희가 걷는 속도는 철수가 달리는 속도의 $\dfrac{1}{2}$인 $125m/m$가 된다.

3 ③

자료에 제시된 각 암별 치명률이 나올 수 있는 공식은 보기 중 ③이다. 참고적으로 치명률은 어떤 질환에 의한 사망자수를 그 질환의 환자수로 나눈 것으로 보통 백분율로 나타내며, 치사율이라고도 한다.

---

4 ②

② 〈자료 1〉에 따르면 건강수명은 평균수명에서 질병이나 부상으로 인하여 활동하지 못한 기간을 뺀 기간이다. 〈자료 2〉에서 건강수명 예상치의 범위는 평균수명의 90%에서 ±1% 수준이고, 해당 연도 환경 개선 정도에 따라 계산한다고 기준을 제시하고 있으므로 이를 통해 2014년과 2015년의 건강수명을 구할 수 있다.

- 2014년 건강수명 = 80.79세(평균수명) × 89%(환경 개선 불량) = 71.9031세
- 2015년 건강수명 = 81.2세(평균수명) × 89%(환경 개선 불량) = 72.268세

  따라서 2014년 건강수명이 2015년 건강수명보다 짧다.

①③ 2013년의 건강수명 = 80.55세(평균수명) × 91%(환경 개선 양호) = 73.3005세로 2014년의 건강수명인 71.9031세 또는 2015년의 건강수명인 72.268세보다 길다.

④ 2014년 환경 개선 정도가 보통일 경우 건강수명 = 80.79세 × 90% = 72.711세이다. 2013년의 건강수명은 73.3005세이므로 2013년 건강수명이 2014년 건강수명보다 길다.

---

5 ③

① 사망자수와 출생아수는 각각 1997년에 감소·증가하고 나머지는 증가·감소하고 있다.

② 출생아수의 변화율이 가장 큰 것은 2017년으로 전년대비 27.38% 감소하였다.

④ 1997년의 출생아수 : 사망자수 = 3.3 : 1이며 2057년의 출생아수 : 사망자수 = 1 : 3.6이다.

| 1 | ① | 2 | ③ | 3 | ① | 4 | ④ | 5 | ② |

1 ①

제시된 조건을 통해 추리할 수 있는 범위는 다음과 같다.

18살	16살	14살	12살
국어 학원	㉠	㉡	영어/수학 학원
㉢	㉣	울산	서울

②③④는 제시된 조건을 통해 추리할 수 있는 범위 내에 있으므로 필요하지 않다.

㉠을 통해 ㉣은 부산, ㉠은 수학학원임을 알 수 있고 남은 ㉡은 과학학원, ㉢은 파주라는 것을 알 수 있다.

---

2 ③

㉤에서 유진이는 화요일에 학교에 가지 않으므로 ㉢의 대우에 의하여 수요일에는 학교에 간다.

수요일에 학교에 가므로 ㉡의 대우에 의해 금요일에는 학교에 간다.

금요일에 학교에 가므로 ㉣의 대우에 의해 월요일에는 학교를 가지 않는다.

월요일에 학교를 가지 않으므로 ㉠의 대우에 의해 목요일에는 학교에 간다.

따라서 유진이가 학교에 가는 요일은 수, 목, 금이다.

---

3 ①

조사 대상과 조사 내용을 볼 때, ①은 본 설문조사의 목적으로 가장 적합하지 않다.

② 조사 내용 중 '향후 해외 근거리 당일 왕복항공 잠재 수요 파악'을 통해 해외 당일치기 여객의 수요에 부응할 수 있는 노선 구축 근거를 마련할 수 있다.

③ 조사 내용 중 '과거 해외 근거리 당일 왕복항공 이용 실적 파악'을 통해 해외 근거리 당일 왕복항공을 이용한 실적 및 행태를 파악할 수 있다.

④ 조사 내용 중 '해외 근거리 당일 왕복항공 이용을 위한 개선 사항 파악'을 통해 근거리 국가로 여행 또는 출장을 위해 당일 왕복항공을 이용할 의향과 수용도를 파악할 수 있다.

4 ④

④ 어머니와 본인, 배우자, 아이 셋을 합하면 丁의 가족은 모두 6명이다. 6인 가구의 월평균소득기준은 5,144,224원 이하로, 월평균소득이 480만 원이 되지 않는 丁는 국민임대주택 예비입주자로 신청할 수 있다.

① 세대 분리되어 있는 배우자도 세대구성원에 포함되므로 주택을 소유한 아내가 있는 甲은 국민임대주택 예비입주자로 신청할 수 없다.

② 본인과 배우자, 배우자의 부모님을 합하면 乙의 가족은 모두 4명이다. 4인 가구 월평균소득기준은 4,315,641원 이하로, 월평균소득이 500만 원을 넘는 乙은 국민임대주택 예비입주자로 신청할 수 없다.

③ 신청자인 丙의 배우자의 직계비속인 아들이 전 남편으로부터 아파트 분양권을 물려받아 소유하고 있으므로 丙은 국민임대주택 예비입주자로 신청할 수 없다.

---

5 ②

'안정적 자금 공급'이 자사의 강점이기 때문에 '안정적인 자금 확보를 위한 자본구조 개선'은 향후 해결해야 할 과제에 속하지 않는다.

PART ④ 자원관리능력 🔍

1	④	2	③	3	①	4	④	5	②

1 ④

회전대응 보관 원칙 … 물품의 활용 빈도가 높은 것은 상대적으로 가져다 쓰기 쉬운 위치에 보관한다는 원칙으로 입·출하의 빈도가 높은 품목은 출입구 가까운 곳에 보관한다.

2 ③

교육비 지원 기준에 따라 각 직원이 지원 받을 수 있는 내역을 정리하면 다음과 같다.

A	• 본인 대학원 학비 3백만 원(100% 지원) • 동생 대학 학비 2백만 원(형제 및 자매→80% 지원) = 160만 원	총 460만 원
B	딸 대학 학비 2백만 원(직계 비속→90% 지원) = 180만 원	총 180만 원
C	본인 대학 학비 3백만 원(100% 지원) 아들 대학 학비 4백만 원(직계 비속→90% 지원) = 360만 원	총 660만 원
D	본인 대학 학비 2백만 원(100% 지원) 딸 대학 학비 2백만 원(90% 지원) = 180만 원 아들 대학원 학비 2백만 원(90% 지원) = 180만 원	총 560만 원

따라서 A~D 직원 4명의 총 교육비 지원 금액은 1,860만 원이고, 이를 원단위로 표현하면 18,600,000원이다.

---

3 ①

주행속도에 따른 연비와 구간별 소요되는 연료량을 계산하면 다음과 같다.

차량	주행속도(km/h)	연비(km/L)	구간별 소요되는 연료량(L)		
A (LPG)	30 이상 60 미만	$10 \times 50.0\% = 5$	1구간	20	총 31.5
	60 이상 90 미만	$10 \times 100.0\% = 10$	2구간	4	
	90 이상 120 미만	$10 \times 80.0\% = 8$	3구간	7.5	
B (휘발유)	30 이상 60 미만	$16 \times 62.5\% = 10$	1구간	10	총 17.5
	60 이상 90 미만	$16 \times 100.0\% = 16$	2구간	2.5	
	90 이상 120 미만	$16 \times 75.0\% = 12$	3구간	5	
C (경유)	30 이상 60 미만	$20 \times 50.0\% = 10$	1구간	10	총 16
	60 이상 90 미만	$20 \times 100.0\% = 20$	2구간	2	
	90 이상 120 미만	$20 \times 75.0\% = 15$	3구간	4	

따라서 조건에 따른 주행을 완료하는 데 소요되는 연료비는 A 차량은 31.5 × 1,000 = 31,500원, B 차량은 17.5 × 2,000 = 35,000원, C 차량은 16 × 1,600 = 25,600원으로, 두 번째로 높은 연료비가 소요되는 차량은 A며 31,500원의 연료비가 든다.

---

4 ④

1G = 1,000M → 5.6G = 5,600M

A사 : $3.00 + 7.4 \times (5,600 - 2,000)/100 = 3,266.4$

B사 : $3,500 + 7 \times (5,600 - 2,000)/100 = 3,752$

C사 : $3,200 + 6.8 \times (5,600 - 2,000)/100 = 3,444.8$

D사 : $2,850 + 8.2 \times (5,600 - 2,000)/100 = 3,145.2$

따라서 요금이 가정 적게 나오는 D사를 사용하는 것이 좋다.

5 ②

먼저 '층별 월 전기료 60만 원 이하' 조건을 적용해 보면 2층, 3층, 5층에서 각각 6대, 2대, 1대의 구형 에어컨을 버려야 한다. 다음으로 '구형 에어컨 대비 신형 에어컨 비율 1/2 이상 유지' 조건을 적용하면 4층, 5층에서 각각 1대, 2대의 신형 에어컨을 구입해야 한다. 그런데 5층에서 신형 에어컨 2대를 구입하게 되면 구형 에어컨 12대와 신형 에어컨 6대가 되어 월 전기료가 60만 원이 넘게 되므로 2대의 구형 에어컨을 더 버려야 하며, 신형 에어컨은 1대만 구입하면 된다. 따라서 A상사가 구입해야 하는 신형 에어컨은 총 2대이다.

PART ⑤ 대인관계능력 🔍

1	③	2	④	3	③	4	①	5	③

1 ③

③ 조직구성원들이 신뢰를 가질 수 있는 카리스마와 함께 조직변화의 필요성을 인지하고 그러한 변화를 나타내기 위해 새로운 비전을 제시하는 능력을 갖춘 리더십을 말한다.

---

2 ④

민수는 각 팀장들에게 프로젝트 성공 시 전원 진급을 약속하였지만 결국 그 약속을 이행하지 못했으므로 정답은 ④이다.

---

3 ③

대화를 보면 사원이 팔로워십이 부족함을 알 수 있다. 팔로워십은 팀의 구성원으로서 역할을 충실하게 수행하는 능력을 말한다. 사원은 헌신, 전문성, 용기, 정직, 현명함을 갖추어야 하고 리더의 결점이 있으면 올바르게 지적하되 덮어주는 아량을 갖추어야 한다.

---

4 ①

갈등을 확인할 수 있는 단서
㉠ 지나치게 감정적으로 논평과 제안을 하는 것
㉡ 개인적 수준에서 미묘한 방식으로 서로를 공격하는 것
㉢ 타인의 의견발표가 끝나기 전에 타인의 의견에 공격하는 것
㉣ 편을 가르고 타협하기를 거부하는 것
㉤ 핵심을 이해하지 못한 채 서로 비난하는 것

5 ③

① 유팀장은 스티커를 이용한 긍정적 강화법을 활용하였다.

② 유팀장은 지금까지 아무도 시도하지 못한 새로운 보안시스템을 개발해 보자고 제안하며 부하직원들에게 새로운 도전의 기회를 부여하였다.

④ 유팀장은 부하직원들에게 자율적으로 출퇴근할 수 있도록 하였고 사내에도 휴식공간을 만들어 자유롭게 이용토록 하는 등 업무환경의 변화를 두려워하지 않았다.

PART ⑥ 정보능력 🔍

1	④	2	③	3	②	4	②	5	③

---

1 ④

Index 뒤에 나타나는 문자(HEPGNV) 중 오류 발생 위치의 문자(XWQMOUK)와 일치하지 않는 알파벳은 H, E, P, G, N, V 6개이므로 처리코드는 'Olyuz'이다.

---

2 ③

DSUM함수는 DSUM(범위, 열 번호, 조건)으로 나타내며 조건에 부합하는 데이터를 합하는 수식이다. 제시된 수식은 영업부에 해당하는 4/4분기의 데이터를 합하라는 것이므로 15 + 20 + 20 = 55가 된다.

---

3 ②

입고연월 2010○○ + 충청남도 쫏출판사 3J + 「뇌과학 첫걸음」 07773 + 입고순서 8491

따라서 코드는 '2010○○3J077738491'이 된다.

---

4 ②

발행 출판사와 입고순서가 동일하려면 (지역코드 + 고유번호) 두 자리와 (입고순서) 네 자리가 동일해야 한다. 이규리와 강희철은 각각 2011054L066610351, 2012064L107790351로 발행 출판사와 입고순서가 동일한 도서를 담당하는 책임자이다.

5 ③

n=1, S=1

n=2, S=3

n=5, S=8

따라서 출력되는 S의 값은 8이다.

| **1** | ④ | **2** | ④ | **3** | ② | **4** | ① | **5** | ③ |

1 ④

1번 기계는 반시계방향으로 90°, 2번 기계는 180°, 4번 기계는 시계방향으로 90° 회전하였으므로 ●, □ 스위치를 눌러야 한다. 단, 순서는 바뀌어도 가능하다.

---

2 ④

1번, 3번 기계는 반시계 방향으로 90° 회전하였고, 2번, 4번 기계는 시계 방향으로 90° 회전하였다. 보기 중 스위치를 세 번 눌러서 이와 같이 변화하는 조합은 ☆, ◆, ◇뿐이다.

• ☆(1번, 3번 180°)

• ◆(2번, 3번 시계방향 90°)

• ◇(1번, 4번 시계방향 90°)

3 ②

인쇄 기본 설정 창 열기

① 인쇄하려는 문서를 여세요.

② 파일 메뉴에서 인쇄를 선택하세요.

③ 프린터 선택에서 사용 중인 제품을 선택하세요.

④ 프린터 속성 또는 기본 설정을 클릭하세요.

---

4 ①

<보기>에 주어진 그래프와 명령어를 분석하면 다음과 같다.

• C숫자 → X축 최대값, H숫자 → Y축 최대값

• 알파벳(숫자,숫자) → 도형 모양(X축,Y축) → W＝원, S＝삼각형, N＝사각형, D＝다이아

• 알파벳 숫자 : A → 작은 도형, B → 큰 도형, 1 → 검은색, 2 → 흰색

따라서 제시된 그래프 명령어는 'C5/H4 S(1,1):B1/W(2,2):A2/N(3,4):A2/D(5,3):B1'가 된다.

---

5 ③

• C6 / H5 → X축 최곳값 6 / Y축 최곳값 5

• D(1,5) : B1 → 다이아몬드(1,5) : 큰 도형, 채우기有

• S(2,4) : A2 → 삼각형(2,4) : 작은 도형, 채우기無

• N(3,1) : A1 → 사각형(3,1) : 작은 도형, 채우기有

따라서 제시된 명령어를 실행할 경우 ③과 같은 그래프가 구현된다.

PART ❽ 조직이해능력 🔍

1	④	2	③	3	②	4	①	5	④

1 ④

일반적으로 기자들을 상대하는 업무는 홍보실, 사장의 동선 및 일정 관리는 비서실, 퇴직 및 퇴직금 관련 업무는 인사부, 사원증 제작은 총무부에서 관장하는 업무로 분류된다.

2 ③

부사장은 4개의 본부와 1개의 단을 이끌고 있다.

---

3 ②

	거래적 리더십	변혁적 리더십
목표	교환관계	변혁/변화
성격	소극적	적극적
관심대상	단기적 효율성과 타산	장기적 효과가 가치의 창조
동기부여 전략	부하들에게 즉각적이고 가시적은 보상으로 동기부여 – 외재적 동기부여	부하들에게 자아실현과 같은 높은 수준의 개인적 목표를 동경하도록 동기부여 – 내재적 동기부여
행동 기준	부하들이 규칙과 관례에 따르기를 선호	변화에 대한 새로운 도전을 하도록 부하를 격려

---

4 ①

① 기능의 다양화는 자사의 강점에 해당되며, 신흥시장의 잠재 수요를 기대할 수 있어 이를 연결한 전략으로 적절한 ST 전략이라고 할 수 있다.

② 휴대기기의 대중화(O)에 힘입어 MP3폰의 성능 강화(T)

③ 다양한 기능을 추가(S)한 판매 신장으로 이익 확대(W)

④ 개도국 수요를 창출(O)하여 저가 제품 판매 확대(W)

---

5 ④

④ 결권자가 자리를 비웠을 경우, '직무 권한'은 차상위자가 아닌 직상급직책자가 수행하게 되며, 차상위자가 전결권자가 되는 경우에도 '직무 권한' 자체의 위임이 되는 것은 아니다.

① 차상위자가 필요한 경우, 최종결재자(전결권자)가 될 수 있다.

② 부재 중 결재사항은 전결권자 업무 복귀 시 사후 결재를 받는 것으로 규정하고 있다.

③ 팀장의 업무 인수인계는 부사장의 전결 사항이다.

| 1 | ④ | 2 | ② | 3 | ④ | 4 | ② | 5 | ① | 6 | ③ | 7 | ① | 8 | ④ | 9 | ③ | 10 | ② |
| 11 | ④ | 12 | ④ | 13 | ③ | 14 | ④ | 15 | ① | 16 | ① | 17 | ② | 18 | ④ | 19 | ④ | 20 | ① |

1 ④

④ ○○은행에서는 본 안내장 외엔 문자를 발송하지 않는다.

2 ②

공고문의 5번째와 8번째 내용에서 선발인원 이하의 지원자가 있어도 선발하지 않을 수 있으며, 응시자격 미달 자는 신규임용후보자 자격을 상실하고 차순위자에서 추가합격자를 선발할 수 있음을 안내하고 있다.

3 ④

④ 미화 1만불 초과하여 휴대 출국시, 출국 전에 관할 세관의장에게 신고하여야 한다.

4 ②

건당 미화 1만불 초과 환전시, 지정거래은행으로부터 "외국환신고(확인)필증"을 발급 받아야 한다.

5 ①

② 잠시만 기다려주시겠어요?

③ 용건을 전해드릴까요?

④ 그래?

「A : 안녕하세요, 장거리 전화 교환원입니다.

B : 안녕하세요. 저는 서울 로얄 호텔에 있는 James씨와 통화를 하고 싶은데요.

A : 호텔 전화번호 알고 계신가요?

B : 아니요. <u>좀 알아봐 주시겠어요?</u>

A : 잠시만요. 번호는 123-4567입니다.」

6 ③

① 신경 지도는, 우리가 흔히 '느낌'이라고 부르는 심적 상태와 직접적으로 관련을 맺는다.

② 신체 상태에 대한 신경 지도가 없다면 느낌 역시 애초에 존재하지 않았을 것이다.

④ 신경지도는 의식적 느낌 없이는 단지 제한된 수준의 도움만을 뇌에 제공할 수 있다.

---

7 ①

① 주어진 글에서 언급되지 않은 내용이다.

---

8 ④

기존 가설에 맞지 않는 현상이 나타나자 그 현상을 설명할 수 있도록 아무 이론을 끌어다 붙이는 태도가 나타나 있다. 이와 같이 가당치도 않은 말을 억지로 끌어다 대어 조리에 맞도록 하는 것을 뜻하는 '견강부회(牽強附會)'가 정답이다.

---

9 ③

ⓒ웰빙에 대한 화두 → ㉠환경건강에 대한 화두 → ② 환경오염에 대한 현상 → ⓛ생태계와 인간의 상관관계

---

10 ②

㉠ 도입부 → ② 밭떼기 정의 → ⓛ 수의계약 정의 → ⓒ 경매 정의

---

11 ④

Q14는 ㉠에 들어갈 내용이다.

---

12 ④

Q4는 [환불/반품/교환] − [교환장소]에 들어갈 내용이다.

---

13 ③

자기주장을 일단 양보하여 의견의 일치를 보이는 자세를 취함으로써 강경한 태도를 굽히지 않던 상대방을 결국 이쪽으로 끌어올 수 있다. 의논이라는 것은 대립하면 할수록 반대 의견을 가진 사람은 더 한층 강한 반대 의사를 나타낸다. 따라서 이러한 사람을 설득하여 자기 뜻에 따르도록 하려면, 일단 자기 의견을 양보하여 상대방의 의견에 따르는 체 하는 것이 효과적이다. 이쪽이 자기주장을 부정하고 상대방의 주장을 따르는 자세를 취하면 상대방도 자기주장만 내세울 수 없게 된다. 다시 말하면, 분위기가 반전되어 이쪽이 주도권을 쥘 수 있는 상황으로 바뀐다. 공격형인 사람을 설득한다든지 그의 집요한 추궁에서 벗어나려면 먼저 이쪽에서 솔직히 인정하는 것도 하나의 방법이다.

14 ④

④ 본론에서 생태 관광에 대한 문제점을 지적하고 그에 대한 개선 방안을 제시하였으므로 결론에서는 주장을 정리하는 '바람직한 생태 관광을 위한 노력 촉구'가 적절하다.

---

15 ①

서론에서 우리말의 오용 실태를 지적했으며, 본론에서는 우리말 오용의 원인과 함께 그에 대한 우리말 가꾸는 방법을 제시하고 있으므로 이를 정리하여 결론에서는 '우리말을 사랑하고 가꾸기 위한 노력 제고'가 적절하다.

---

16 ①

㉠ 뒤의 '동물은 자극에 기계적으로 반응하는 수동적 존재일 뿐 스스로 생각하거나 느낄 수 없다는 것이다.'를 통해 ㉠은 수정이 필요하지 않은 문장임을 알 수 있다.

---

17 ②

② '만약'은 '혹시 있을지도 모르는 뜻밖의 경우'를 뜻하므로 '~라면'과 호응한다.

---

18 ④

시선공유는 바람직한 의사소통을 위한 중요 요소이지만 위 글에 나오는 호준이의 노력에서는 찾아볼 수 없다.

---

19 ④

의사소통은 내가 상대방에게 메시지를 전달하는 과정이 아니라 상대방과의 상호작용을 통해 메시지를 다루는 과정이다. 우리가 남들에게 일방적으로 언어 혹은 문서를 통해 의사를 전달하는 것은 엄격한 의미에서 말하는 것이지 의사소통이라고 할 수 없다. 의사소통이란 다른 이해와 의미를 가지고 있는 사람들이 공통적으로 공유할 수 있는 의미와 이해를 만들어 내기 위해 서로 언어 또는 문서, 그리고 비언어적인 수단을 통해 상호 노력하는 과정이기 때문에 일방적인 말하기가 아니라 의사소통이 되기 위해서는 의사소통의 정확한 목적을 알고, 의견을 나누는 자세가 필요하다.

---

20 ①

② 설명서, 기획서, 보고서 등과 같은 서류를 작성할 때의 작성법이다.
③ 보고서 등과 같은 서류의 작성법이다.
④ 기획서 등과 같은 서류의 작성법이다.
※ **공문서** … 정부 행정기관에서 대내적, 혹은 대외적 공무를 집행하기 위해 작성하는 문서를 의미하며, 정부기관이 일반회사, 또는 단체로부터 접수하는 문서 및 일반회사에서 정부기관을 상대로 사업을 진행하려고 할 때 작성하는 문서도 포함된다. 엄격한 규격과 양식에 따라 정당한 권리를 가진 사람이 작성해야 하며 최종 결재권자의 결재가 있어야 문서로서의 기능이 성립된다.

※ 공문서 작성법
　㉠ 공문서는 주로 회사 외부로 전달되는 글인 만큼 누가, 언제, 어디서, 무엇을, 어떻게(또는 왜)가 드러나도록 써야한다.
　㉡ 날짜는 연도와 월일을 반드시 함께 언급해야 한다.
　㉢ 날짜 다음에 괄호를 사용할 때에는 마침표를 찍지 않는다.
　㉣ 공문서는 대외문서이고, 장기간 보관되는 문서이기 때문에 정확하게 기술한다.
　㉤ 내용이 복잡한 경우 '–다음–' 또는 '–아래–'와 같은 항목을 만들어 구분한다.
　㉥ 공문서는 한 장에 담아내는 것이 원칙이다.
　㉦ 마지막엔 반드시 '끝'자로 마무리 한다.

| 1 | ② | 2 | ② | 3 | ② | 4 | ② | 5 | ④ | 6 | ② | 7 | ④ | 8 | ③ | 9 | ② | 10 | ④ |
| 11 | ③ | 12 | ② | 13 | ④ | 14 | ④ | 15 | ③ | 16 | ④ | 17 | ② | 18 | ④ | 19 | ② | 20 | ① |

1 ②

배의 속력을 x, 강물의 속력을 y라 하면 거슬러 올라가는 데 걸리는 시간은 $\dfrac{10}{x-y}=1$이 되고, 내려오는 데 걸리는 시간은 $\dfrac{10}{x+y}=0.5$가 된다. 따라서 두 방정식을 연립하면 $x=3y$가 되므로 식에 적용하면 $x=15, y=5$가 된다. 따라서 종이배가 1km를 떠내려가는 데 시간 $=\dfrac{\text{거리}}{\text{속력}}=\dfrac{1km}{5km/h}=0.2h=12$분이 걸린다.

2 ②

정아가 이긴 횟수를 x, 민주가 이긴 횟수를 y라 하면
$\begin{cases} 2x-y=14 & \cdots \ \text{㉠} \\ 2y-x=5 & \cdots \ \text{㉡} \end{cases} \Rightarrow$ ㉠$+$㉡$\times 2$를 계산하면 $3y=24 \Rightarrow y=8$
따라서 민주가 이긴 횟수는 8회이다.

3 ②

전체 학생의 집합을 U, 승마를 배우는 학생의 집합을 A, 골프를 배우는 학생의 집합을 B라 하면
n(U)$=50$, n(A)$=26$, n(B)$=30$口
4명을 제외한 모든 학생이 승마 또는 골프를 배운다고 하였으므로
방과 후 교실 프로그램에 참여하는 모든 학생 수는 $50-4=46$(명)이다.
따라서 승마와 골프를 모두 배우는 학생의 수는
n(A)$+$n(B)$-46=26+30-46=10$(명)이다.

4 ②

지수가 걸린 시간을 y, 엄마가 걸린 시간을 x라 하면
$\begin{cases} x-y=10 & \cdots \ \text{㉠} \\ 100x=150y & \cdots \ \text{㉡} \end{cases}$에서 ㉠을 ㉡에 대입한다.
$100(y+10)=150y \Rightarrow 5y=100 \Rightarrow y=20$
따라서 지수는 20분 만에 엄마를 만나게 된다.

5 ④

처음 소금의 양이 40g, 농도가 5%이므로 소금물의 양을 x라 하면 $\frac{40}{x} \times 100 = 5 \cdots x = 800$이 된다. 여기에 첨가한 소금물 속 소금의 양을 y라 하면 최종 소금물의 농도가 7이므로 $\frac{40+y}{800+40} \times 100 = 7 \cdots y = 18.8$이 된다. 따라서 추가한 소금물의 농도는 $\frac{18.8}{40} \times 100 = 47\%$가 된다.

---

6 ②

A호스로 1시간 채우는 물의 양은 $\frac{1}{12}$

B호스로 1시간 채우는 물의 양은 $\frac{1}{18}$

A호스로 2시간을 먼저 채웠기 때문에 $\frac{1}{12} \times 2 = \frac{1}{6}$의 양을 먼저 한 셈이다.

A호스와 B호스로 1시간 채우는 물의 양은 $\frac{1}{12} + \frac{1}{18} = \frac{5}{36}$

$\frac{5}{6}$의 양을 A, B호스로 채워야 하기 때문에 $\frac{5}{6} \div \frac{5}{36} = 6$시간

---

7 ④

A가 이긴 횟수를 a, B가 이긴 횟수를 b라고 하면
3a−b=27, 3b−a=7인 연립방정식이 만들어진다.
해를 구하면 a=11, b=6이므로, A는 11회 이긴 것이 된다.

---

8 ③

③ 1892년 조선의 대일 수입액은 전년에 비해 감소하였다.

---

9 ②

$3,475,098 - 3,086,897 = 388,201$

---

10 ④

④ 3년 내내 동일한 관람료를 받고 있는 사찰은 쌍계사, 천은사, 보리암 3곳뿐이다.

11 ③

③ 일반 가정 부문은 정부 부문보다 판매대수가 많지만 매출액은 더 적다.

---

12 ②

$$\frac{41,000,000}{190,301} = 215.44$$

---

13 ④

2016년 휴직의 사유 중 간병이 질병의 비중보다 높다.

---

14 ④

2013년의 휴직 합계＝4,65＋1,188＋6,098＋558＋1,471＋587＋752＝11,119

따라서 2013년 휴직 사유 중 간병이 차지하는 비율＝$\frac{558}{11,119} \times 100 = 5.01 \cdots 5.0\%$

---

15 ③

2018년의 휴직 합계＝ 1,174＋1,580＋18,719＋693＋1,036＋353＋2,360＝25,915

육아가 차지하는 비율＝$\frac{18,719}{25,915} \times 100 = 72.2 \cdots 72\%$

질병이 차지하는 비율＝$\frac{1,174}{25,915} \times 100 = 4.5 \cdots 5\%$

$72 \div 5 = 14.4 \cdots 14$

---

16 ④

④ 욕탕용수의 비율은 2010년에 하락했다.

---

17 ②

$$\frac{182,490}{531,250} = 0.34$$

18 ④

  ① 2011년 : 1.55

  ② 2012년 : 4.16

  ③ 2013년 : 6.21

  ④ 2014년 : 6.33

---

19 ②

  ① 2급 교부자 수는 1급 교부자 수의 5배 미만이다.

  ③ 대전광역시와 충청북도 지역에서의 3급 교부자 수는 97명으로 같다.

  ④ 2급 교부자가 수가 3번째로 많은 지역은 경상북도이다.

---

20 ①

$$\frac{391}{12.755} \times 100 = 3.06\%$$

| 1 | ④ | 2 | ② | 3 | ② | 4 | ③ | 5 | ② | 6 | ② | 7 | ③ | 8 | ③ | 9 | ① | 10 | ② |
| 11 | ④ | 12 | ④ | 13 | ② | 14 | ④ | 15 | ① | 16 | ④ | 17 | ② | 18 | ① | 19 | ③ | 20 | ② |

1 ④

	시장매력도	정보화수준	접근가능성	합계
A	15	0	40	55
B	15	30	0	45
C	0	15	20	35
D	30	15	20	65

2 ②

영희와 민수 모두 200kWh를 초과하였으므로 필수사용량 보장공제 해당은 없다.

영희의 기본요금 : 1,200원

전력량 요금 : $70 \times 200 + 150 \times 150 = 36,500$원

민수의 기본요금 : 1,800원

전력량 요금 : $90 \times 200 + 50 \times 180 = 27,000$원

영희와 민수의 전기요금 합 : $1,200 + 36,500 + 1,800 + 27,000 = 66,500$원

3 ②

신용카드 및 체크카드를 분실한 경우 카드회사 고객센터에 분실신고를 하여야 한다.

4 ③

대출사기를 당했거나 대출수수료를 요구할 땐 경찰서, 금융감독원에 전화로 신고를 하여야 한다.

5 ②

② 시제품 B는 C에 비해 독창성 점수가 2점 높지만 총점은 같다. 따라서 옳지 않은 발언이다.

6 ②

㉠ : 태풍경보 표를 보면 알 수 있다. 비가 270mm이고 풍속 26m/s에 해당하는 경우는 태풍경보 2급이다.

㉡ : 6시간 강우량이 130mm 이상 예상되므로 호우경보에 해당하며 산지의 경우 순간풍속 28m/s 이상이 예상되므로 강풍주의보에 해당한다.

7 ③

주어진 조건을 정리해 보면 마지막 줄에는 봉선, 문성, 승일이가 앉게 되며 중간 줄에는 동현이와 승만이가 앉게 된다. 그러나 동현이가 승만이 바로 옆 자리이며, 또한 빈자리가 바로 옆이라고 했으므로 승만이는 빈 자리 옆에 앉지 못한다. 첫 줄에는 강훈이와 연정이가 앉게 되고 빈자리가 하나 있다. 따라서 연정이는 빈 자리 옆에 배정 받을 수 있다.

---

8 ③

① 13일(월) 오후 1시에 중국에 도착했지만 14일(화) 풍속이 30knot가 넘기 때문에 비행운항을 하지 않는 다. 따라서 16일(목)에 일본을 돌아가야 하는데 이 날을 복귀 날이므로 출장시기가 될 수 없다.

② 16일(목) 오후 1시 중국 도착, 일본은 화요일과 목요일만 출발하므로 출장시기로 불가능하다.

④ 21일(화) 오후 1시 중국 도착, 23일(목) 일본 방문, 24일(금) 전통 무술 체험은 오후 6시인데, 복귀 선박 은 오후 3시에 출발이므로 출장시기가 될 수 없다.

---

9 ①

신용대출이므로 적용요율이 0.8% 적용된다.

500만원×0.8%×(100/365)=10,958원

원단위 절사하면 10,950원이다.

---

10 ②

일식이의 말과 이식이의 말은 모순이 생긴다. 따라서 둘 중에 하나는 거짓말을 하고 있다.

㉠ 일식이가 참인 경우 마피아는 이식이가 되며, 두명이 참을 말하고 있으므로 조건에 부합하지 않는다.

일식	참
이식	거짓
삼식	참
사식	거짓
오식	거짓

㉡ 이식이가 참인 경우 마피아는 삼식이가 되며 조건에 부합한다.

일식	거짓
이식	참
삼식	거짓
사식	거짓
오식	거짓

11 ④

만약 B가 범인이라면 A와 B의 진술이 참이어야 한다. 하지만 문제에서 한명의 진술만이 참이라고 했으므로 A,B는 거짓을 말하고 있고 C의 진술이 참이다. 따라서 범인은 D이다.

---

12 ④

(1) A가 진실을 말할 때 : B의 말 또한 참이 되므로 A는 진실을 말한 것이 아니다.
(2) B가 진실을 말할 때 : 아무도 파란색 구슬을 가진 사람이 없기 때문에 모순이다.
(3) C가 진실을 말할 때 : A-노란색, B-파란색, C-빨간색을 갖게 된다.

---

13 ②

결과의 일부를 표로 나타내면 다음과 같다.

	언어	수리	외국	과학
A	1	1		
B		1	1	
C		1		1
D		1	1	
합	3	4	3	2

A가 외국어 영역을 풀었다면 B또는 D는 과학탐구 문제를 풀었으므로 C는 반드시 언어역역 문항을 풀어야 한다.

---

14 ④

첫 번째~세 번째 조건에 의해 수혁>준이>영주>민지 임을 알 수 있다.
네 번째~여섯 번째 조건에 의해 영희>해수>준이>나영 임을 알 수 있다.
④ 준이보다 성적이 높은 사람은 수혁, 영희, 해수이므로 준이는 4등 안에 들었다고 볼 수 있다.

---

15 ①

제시된 조건에 따르면 B-C-E-A-D 순으로 앉아 있다.

16 ④

문제에서 **빨간색** 택시에는 두 사람만이 탈 수 있다고 했고, 조건에서 진영이는 반드시 **빨간색** 택시를 타야 하며, 진숙이는 진영이와 같은 택시에 타야 한다고 했으므로 빨간색 택시에는 진영이와 진숙이가 타게 된다. 문제에서 민서가 노란색 택시를 타고 있고, 조건에서 영수는 민서와 같은 택시에 탈 수 없으므로 영수는 검은색 택시에 타야한다. 진현이가 탄 택시에는 민서 또는 진영이가 타고 있어야 하는데, 빨간 택시에는 탈 수 없으므로 민서가 타고 있는 노란색 택시에 타야 한다. 노란색 택시에 민서와 진현이가 타고 있으므로 은수와 홍희는 검은색 택시에 타야한다. 따라서 검은색 택시에는 영수, 은수, 홍희가 타게 된다.

빨간색 : 진영, 진숙
노란색 : 민서, 진현, 희연
검은색 : 영수, 은수, 홍희

---

17 ②

창의적인 사고는 사회나 개인에게 새로운 가치를 창출할 수 있는 유용한 아이디어를 생산해 내는 정신적인 과정이다.

---

18 ①

자유연상법 … 어떤 생각에서 다른 생각을 계속해서 떠올리는 작업을 통해 어떤 주제에서 생각나는 것을 계속해서 열거해 나가는 방법으로 구체적 기법에는 브레인스토밍이 있다.

---

19 ③

SWOT 분석에 의한 발전전략
㉠ SO전략 : 외부 환경의 기회를 활용하기 위해 강점을 사용하는 전략
㉡ ST전략 : 외부 환경의 위협을 회피하기 위해 강점을 사용하는 전략
㉢ WO전략 : 자신의 약점을 극복함으로써 외부 환경의 기회를 활용하는 전략
㉣ WT전략 : 외부 환경의 위협을 회피하고 자신의 약점을 최소화하는 전략

---

20 ②

①④ 보이는 문제
③ 미래 문제
※ 문제의 유형
  ㉠ 보이는 문제(발생형) : 눈앞에 발생되어 당장에 해결해야 하는 문제이다. 이미 발생한 문제로 원상복귀가 필요하다.
  ㉡ 찾는 문제(탐색형) : 현재의 상황을 개선하거나 효율을 높이기 위한 문제이다. 찾는 문제를 방치할 경우 뒤에 큰 손실이 따르거나 해결할 수 없는 문제로 나타나게 된다.
  ㉢ 미래 문제(설정형) : 미래 상황에 대응하는 장래의 경영전략의 문제이다. 달성해야 할 미래의 목표를 설정함에 따라 나타나는 문제로 목표 지향적이다.

| 1 | ① | 2 | ② | 3 | ③ | 4 | ④ | 5 | ④ | 6 | ③ | 7 | ② | 8 | ③ | 9 | ③ | 10 | ② |
| 11 | ③ | 12 | ④ | 13 | ① | 14 | ④ | 15 | ② | 16 | ④ | 17 | ① | 18 | ② | 19 | ② | 20 | ③ |

1 ①

모든 사람이 한 국가 이상 출장을 가야 한다고 했으므로 김과장은 꼭 중국을 가야 하며, 장과장은 꼭 일본을 가야 한다. 또한 영국으로 4명이 출장을 가야 되고, 출장 가능 직원도 4명이므로 이과장, 신과장, 류과장, 임과장이 영국을 가야한다. 4국가 출장에 필요한 직원은 12명인데 김과장과 장과장이 1국가 밖에 못가므로 나머지 5명이 2국가를 출장간다는 것에 주의한다.

	출장가는 직원
미국(1명)	이과장
영국(4명)	류과장, 이과장, 신과장, 임과장
중국(3명)	김과장, 최과장, 류과장
일본(4명)	장과장, 최과장, 신과장, 임과장

2 ②

	A	B	C	D
외국어 성적	25	25	40	
근무 경력	20	20	14	근무경력 5년
포상	10	20	0	미만으로 자격
근무 성적	9	10	9	박탈
계	64	75	63	

3 ③

사원별로 성과상여금을 계산해보면 다음과 같다.

사원	평점 합	순위	산정금액
수현	20	5	200만원×100%=200만원
이현	25	3	200만원×130%=260만원
서현	22	4	500만원×80%=400만원
진현	18	6	500만원×80%=400만원
준현	28	1	400만원×150%=600만원
지현	27	2	400만원×150%=600만원

가장 많이 받은 금액은 600만원이고 가장 적게 받은 금액은 200만원이므로 이 둘의 차는 400만원이다.

4 ④

주어진 조건을 보면 관리과와 재무과에는 반드시 각각 5급이 1명씩 배정되고, 총무과에는 6급 2명이 배정된다. 인원수를 따져보면 홍보과에는 5급을 배정할 수 없기 때문에 6급이 2명 배정된다. 6급 4명 중에 C와 D는 총무과에 배정되므로 홍보과에 배정되는 사람은 E와 F이다. 각 과별로 배정되는 사람을 정리하면 다음과 같다.

관리과	A
홍보과	E, F
재무과	B
총무과	C, D

5 ④

②③은 사무부가 영상부에 대한 조사보다 나중에 시작될 수 없다는 조건과 모순된다. ①은 영업부에 대한 조사가 홍보부 또는 전산부 중 적어도 어느 한 부서에 대한 조사보다는 먼저 시작되어야 한다는 조건에 모순된다. 따라서 가능한 답은 ④이다.

6 ③

A의 생산개수를 x라 하면, B의 생산개수는 $50-x$가 된다.
두 제품을 만드는 데 필요한 연료: $2x+5(50-x) \leq 220$
두 제품을 만드는 데 필요한 전력: $45x+15(50-x) \leq 1,800$
두 방정식을 연립하면 $10 \leq x \leq 35$가 된다.
A제품은 개당 3만원의 이익이 남고, B제품은 개당 1만원의 이익이 남기 때문에 A제품을 최대한 많이 생산하는 것이 유리하다. 따라서 총이익은 $35 \times 3 + 15 \times 1 = 120$만원이 된다.

7 ②

① A : 450점
② B : 500점
③ C : 370점
④ D : 400점

8 ③

최대 수익을 올리는 있는 진행공정은 다음과 같다.

F(20일, 70명)			C(10일, 50명)
B(10일, 30명)	A(5일, 20명)		

F(85억)＋B(20억)＋A(15억)＋C(40억)＝160억

9 ③

(개) : 7:20+15분+10분+6시간+10분=13:55

(나) : 7:25+30분+20분+5시간 30분+10분=13:55

(다) : 8:05+15분+5시간 25분+10분=13:55

(라) : 8:25+30분+5시간+10분=14:05

따라서 오후 2시(14:00) 전까지 도착할 수 있는 선택지는 (개), (나), (다) 3가지이며 이 중 비용이 가장 적게 들어가는 선택지는 (다)이다.

---

10 ②

① **품목별 예산제도** : 지출대상을 품목별로 분류해 그 지출대상과 한계를 명확히 규정하는 통제지향적 예산제도

③ **영기준예산제도** : 모든 예산항목에 대해 전년도 예산을 기준으로 잠정적인 예산을 책정하지 않고 모든 사업계획과 활동에 대해 법정경비 부분을 제외하고 영 기준(zero-base)을 적용하여 과거의 실적이나 효과, 정책의 우선순위를 엄격히 심사해 편성한 예산제도

④ **성과주의예산제도** : 예산을 기능별, 사업계획별, 활동별로 분류하여 예산의 지출과 성과의 관계를 명백히 하기 위한 예산제도

---

11 ③

시간관리의 유형

㉠ **시간 창조형**(24시간형 인간) : 긍정적이며 에너지가 넘치고 빈틈없는 시간계획을 통해 비전과 목표 및 행동을 실천하는 사람

㉡ **시간 절약형**(16시간형 인간) : 8시간 회사 업무 이외에도 8시간을 효율적으로 활용하고 8시간을 자는 사람. 정신없이 바쁘게 살아가는 사람

㉢ **시간 소비형**(8시간형 인간) : 8시간 일하고 16시간을 제대로 활용하지 못하며 빈둥대면서 살아가는 사람. 시간은 많은데도 불구하고 마음은 쫓겨 항상 바쁜 척하고 허둥대는 사람

㉣ **시간 파괴형**(0시간형 인간) : 주어진 시간을 제대로 활용하기는커녕 시간관념이 없이 자신의 시간은 물론 남의 시간마저 죽이는 사람

---

12 ④

④ 영화 관람을 위해 지불한 5,000원은 회수할 수 없는 매몰비용이다.

※ 매몰비용과 한계비용

㉠ **매몰비용** : 이미 매몰되어 다시 되돌릴 수 없는 비용으로 의사결정을 하고 실행한 후에 발생하는 비용 중 회수할 수 없는 비용을 말한다.

㉡ **한계비용** : 생산물 한 단위를 추가로 생산할 때 필요한 총 비용의 증가분을 말한다.

13 ①

판매비와 일반관리비에는 광고선전비, 직원들의 급여, 통신비, 접대비, 조세공과금이 모두 포함되기 때문에 총 합계 금액은

$320,000+3,600,000+280,000+1,100,000+300,000=5,600,000(원)$이다.

---

14 ④

자원관리 기본 과정 ⋯ 필요한 자원의 종류와 양 확인하기 → 이용 가능한 자원 수집하기 → 자원 활용 계획 세우기 → 계획대로 수행하기

---

15 ②

물적 자원 활용의 방해요인으로는 물품의 보관 장소를 파악하지 못한 경우, 물품이 훼손 및 파손된 경우, 물품을 분실한 경우로 나눌 수 있다. 해당 사례는 물품의 보관 장소를 파악하지 못한 경우와 물품이 훼손 및 파손된 경우에 속한다.

---

16 ④

정해진 기한 내에 인적, 물적, 금전적 자원 한도 내에서 작업이 완료되는 경우 과제 수행 결과에 대한 평가가 좋게 이루어진다. 따라서 정은, 석준, 환욱은 좋은 평가를 받게 되고 영재는 예상보다 많은 양의 물적 자원을 사용하였으므로 가장 나쁜 평가를 받게 된다.

---

17 ①

① 도보로 버스정류장까지 이동해서 버스를 타고 가게 되면 도보(30분), 버스(50분), 도보(5분)으로 1시간 25분이 걸리지만 버스가 정체될 수 있으므로 1시간 45분으로 계산하는 것이 바람직하다. 민기씨는 1시 30분에 출발할 수 있으므로 3시 15분에 도착하게 되고 입장은 할 수 있으나 늦는다.

※ **소요시간 계산**

　㉠ **도보-버스** : 도보(30분), 버스(50분), 도보(5분)이므로 총 1시간 25분(정체 시 1시간 45분) 걸린다.

　㉡ **도보-지하철** : 도보(20분), 지하철(1시간), 도보(10분)이므로 총 1시간 30분 걸린다.

　㉢ **택시-버스** : 택시(10분), 버스(50분), 도보(5분)이므로 총 1시간 5분(정체 시 1시간 25분) 걸린다.

　㉣ **택시-지하철** : 택시(5분), 지하철(1시간), 도보(10분)이므로 총 1시간 15분 걸린다.

18 ②

① 「그는 어떤 일이나 약속을 하더라도 그때그때 기분에 따라서 행동을 하지 결코 계획을 세워 행동한 적이 없다.」 → 비계획적 행동

③ 「진수는 평소 시간에 대해서 중요하게 생각한 적이 없다. '시간이란 누구에게나 무한하게 있는 것으로 사람들은 왜 그렇게 시간을 중요하게 생각하는지 모르겠다.'」 → 자원에 대한 인식 부재

④ 「약간의 노하우만 있으면 쉽고 빨리 할 수 있는 일들도 진수는 다른 사람들에 비해 어렵고 오랜 시간을 들여 행하는 편이다.」 → 노하우 부족

---

19 ②

금년 말에 A가 10억 원의 수익을 내고, 내년 말에 A보다 B가 11억 원의 수익을 낸다. 두 투자 계획이 수익성 측면에서 차이가 없기 위해 금년 말의 10억 원과 내년 말의 11억 원이 동일한 가치를 가져야하므로 이자율은 10%가 되어야한다.

---

20 ③

③ 두바이에서 출발하여 서울에 도착하는 날짜는 2월 25일이 될 것이다.

1 ②   2 ③   3 ②   4 ①   5 ①   6 ②   7 ②   8 ③   9 ④   10 ①
11 ①   12 ①   13 ④   14 ①   15 ③

1 ②
위의 사례에서 불만고객에 대한 대처가 늦어지고 그로 인해 항의가 잇따르고 있는 이유는 사소한 일조차 상부에 보고해 그 지시를 기다렸다가 해결하는 업무체계에 있다. 따라서 오부장은 어느 정도의 권한과 책임을 매장 직원들에게 위임하여 그들이 현장에서 바로 문제를 해결할 수 있도록 도와주어야 한다.

2 ③
변화에 소극적인 직원들을 성공적으로 이끌기 위한 방법
㉠ 개방적 분위기를 조선한다.
㉡ 직원의 감정을 세심하게 살핀다.
㉢ 변화의 긍정적인 면을 강조한다.
㉣ 객관적 자세를 유지한다.
㉤ 변화에 적응할 시간을 준다.

3 ②
현재 동신과 명섭의 팀에게 가장 필요한 능력은 팀워크능력이다.

4 ①
T그룹에서 워크숍을 하는 이유는 직원들 간의 단합과 화합을 키우기 위해서이고 또한 각 부서의 장에게 나름대로의 재량권이 주어졌으므로 위의 사례에서 장부장이 할 수 있는 행동으로 가장 적절한 것은 ①번이다.

5 ①
위 사례의 여성고객은 거만형에 해당하는 고객이다.
※ 거만형 고객에 대한 응대법
㉠ 정중하게 대하는 것이 좋다.
㉡ 자신의 과시욕이 채워지도록 뽐내게 내버려 둔다.
㉢ 의외로 단순한 면이 있으므로 일단 호감을 얻게 되면 득이 될 경우도 있다.

6 ②

② 남성과 여성이 함께 에스컬레이터나 계단을 이용하여 위로 올라갈 때는 남성이 앞에 서고 여성이 뒤에 서도록 한다.

---

7 ②

팀워크는 팀이 협동하여 행하는 동작이나 그들 상호 간의 연대를 일컫는다. 따라서 아무리 개인적으로 능력이 뛰어나다 하여도 혼자서 일을 처리하는 사람은 팀워크가 좋은 사람이라고 볼 수 없다. 따라서 정답은 ②번이다.

---

8 ③

㈏→과정과 방법이 아닌 결과에 초점을 맞추어야 한다.
㈐→개인의 강점을 활용한다.

---

9 ④

①②③ 전형적인 독재자 유형의 특징이다.
※ **파트너십 유형의 특징**
　　㉠ 평등
　　㉡ 집단의 비전
　　㉢ 책임 공유

---

10 ①

〈사례2〉에서 희진은 자신의 업무에 대해 책임감을 가지고 일을 했지만 〈사례1〉에 나오는 하나는 자신의 업무에 대한 책임감이 결여되어 있다.

---

11 ①

리더는 변화를 두려워하지 않아야 하며, 리스크를 극복할 자질을 키워야한다. 위험을 감수해야 할 이유가 합리적이고 목표가 실현가능한 것이라면 직원들은 기꺼이 변화를 향해 나아갈 것이며, 위험을 선택한 자신에게 자긍심을 가지며 좋은 결과를 이끌어내고자 지속적으로 노력할 것이다.

---

12 ①

② 수동형에 대한 설명이다.
③ 소외형에 대한 설명이다.
④ 순응형에 대한 설명이다.

13 ④

① **협력전략** : 협상 참여자들이 협동과 통합으로 문제를 해결하고자 하는 협력적 문제해결전략이다.

② **회피전략** : 무행동전략으로 협상으로부터 철수하는 철수전략이다. 협상을 피하거나 잠정적으로 중단한다.

③ **강압전략** : 경쟁전략으로 자신이 상대방보다 힘에 있어서 우위를 점유하고 있을 때 자신의 이익을 극대화하기 위한 공격적 전략이다.

---

14 ①

위의 상황은 엄팀장이 팀원인 문식에게 코칭을 하고 있는 상황이다. 따라서 코칭을 할 때 주의해야 할 점으로 옳지 않은 것을 고르면 된다.

① 지나치게 많은 정보와 지시로 직원들을 압도해서는 안 된다.

※ **코칭을 할 때 주의해야 할 점**

    ㉠ 시간을 명확히 알린다.

    ㉡ 목표를 확실히 밝힌다.

    ㉢ 핵심적인 질문으로 효과를 높인다.

    ㉣ 적극적으로 경청한다.

    ㉤ 반응을 이해하고 인정한다.

    ㉥ 직원 스스로 해결책을 찾도록 유도한다.

    ㉦ 코칭과정을 반복한다.

    ㉧ 인정할 만한 일은 확실히 인정한다.

    ㉨ 결과에 대한 후속 작업에 집중한다.

---

15 ③

③ 응집력이 좋은 사례이다.

※ **팀워크와 응집력**

    ㉠ **팀워크** : 팀 구성원이 공동의 목적을 달성하기 위해 상호 관계성을 가지고 협력하여 일을 해나가는 것

    ㉡ **응집력** : 사람들로 하여금 집단에 머물고 싶도록 하고, 그 집단의 멤버로 계속 남아있기를 원하게 만드는 것

| 1 | ① | 2 | ④ | 3 | ③ | 4 | ② | 5 | ① | 6 | ② | 7 | ② | 8 | ① | 9 | ② | 10 | ④ |
| 11 | ② | 12 | ② | 13 | ② | 14 | ④ | 15 | ③ | | | | | | | | | | |

1 ①

일치하는 알파벳이 없기 때문에 시스템 상태는 안전 수준이며, input code는 safe이다.

---

2 ④

10개의 알파벳이 모두 일치하기 때문에 시스템 상태는 위험 수준이며, input code는 danger이다.

---

3 ③

알파벳 중 W, S, X, E, D, C 6개가 일치하기 때문에 시스템 상태는 경계 수준이며, input code는 vigilant이다.

---

4 ②

알파벳 중 A, S, D 3개가 일치하기 때문에 시스템 상태는 경계 수준이며, input code는 alert이다.

---

5 ①

일치하는 알파벳이 없기 때문에 시스템 상태는 안전 수준이며, input code는 safe이다.

---

6 ②

② 재고목록에 BB-37-KOR-3B-1502가 있는 것으로 보아 한국에서 생산된 것들 중에 3공장 B라인에서 생산된 것도 있다.

---

7 ②

① 일본에서 생산된 제품은 8개이다.
③ 창고에 있는 데스크톱pc는 6개이다.
④ 2015년에 생산된 제품은 8개이다.

8 ①

횟수	1	2	3	4	5	6	7
A	2	4	6	8	10	12	14
S	0	4	10	18	28	40	54

---

9 ②

터미널노드(Terminal Node)는 자식이 없는 노드로서 이 트리에서는 D, I, J, F, G, H 6개이다.

---

10 ④

④ HTML에서 이미지를 삽입하기 위해서는 ⟨img⟩ 태그를 사용한다.

---

11 ②

② 잘라내기 한 것도 여러 번 붙여넣기가 가능하다.

---

12 ②

A : MON(월) → SAT(토)로 2일씩 뒤로 가고 있다.
B : 0 → 4로 4씩 증가하고 있다.

	A	B
1	MON	0
2	SAT	4
3	THU	8
4	TUE	12
5	SUN	16
6	FRI	20
7	WED	24

---

13 ②

MOD(숫자, 나눌 값) : 숫자를 나눌 값으로 나누어 나머지가 표시된다. 따라서 7를 6으로 나누면 나머지가 1이 된다.
MODE : 최빈값을 나타내는 함수이다. 위의 시트에서 6이 최빈값이다.

---

14 ④

창 정렬 기능은 한 화면에 여러 통합문서를 띄어놓고 작업할 수 있으며, 여러 데이터를 비교하면서 작업을 해야하는 경우 유용하다. 여러개의 파일을 불러온 뒤 [창] 메뉴에 있는 [정렬]을 클릭하면 바둑판식, 가로, 세로 등 창 정렬을 어떻게 할 것인지 선택할 수 있다.

15 ③

COUNTBLANK 함수는 비어있는 셀의 개수를 세어준다. COUNT 함수는 숫자가 입력된 셀의 개수를 세어주는 반면 COUNTA 함수는 숫자는 물론 문자가 입력된 셀의 개수를 세어준다. 즉, 비어있지 않은 셀의 개수를 세어주기 때문에 이 문제에서는 COUNTA 함수를 사용해야 한다.

| 1 | ③ | 2 | ④ | 3 | ② | 4 | ② | 5 | ② | 6 | ④ | 7 | ② | 8 | ③ | 9 | ① | 10 | ④ |
| 11 | ③ | 12 | ③ | 13 | ④ | 14 | ② | 15 | ① | | | | | | | | | | |

1 ③
① 아이디어 창안 과정에서 필요하다.
② 챔피언 과정에서 필요하다.
④ 정보 수문장 과정에서 필요하다.

---

2 ④
지속가능개발이란 환경보호와 경제적 발전이 반드시 갈등 관계에 있는 것만은 아니라는 취지 아래 경제적 활력, 사회적 평등, 환경의 보존을 동시에 충족시키는 발전을 의미한다. 이를 위해 오염 이후에 회복하는 사후 처리방식에서 제조 공정에서부터 미리 친환경 여부를 살피는 사전평가 방식으로 환경에 대한 고려를 한 단계 높이는 방식으로 변화해야 한다.

---

3 ②
② 사용자가 알기 쉬운 문장으로 써야 한다.

---

4 ②
① **특허** : 자연법칙을 이용한 기술적 사상의 창작으로서 기술 수준이 높은 것에 대한 독점적 사용 권리
③ **디자인** : 심미성을 가진 고안으로서 물품의 외관에 미적인 감각을 느낄 수 있게 하는 것
④ **상표** : 자사제품의 신용을 유지하기 위해 제품이나 포장 등에 표시하는 표장으로서의 상호나 마크

---

5 ②
① **무어의 법칙** : 반도체의 성능은 18개월마다 2배씩 증가한다는 법칙
③ **카오의 법칙** : 창조성은 네트워크에 접속되어 있는 다양성에 지수함수로 비례한다는 법칙
④ **세이의 법칙** : 공급이 수요를 창출해낸다는 경제학 법칙

6 ④

④는 흡입력이 약해졌을 때의 조치방법이다.

---

7 ②

로봇청소기가 충전 중이지 않은 상태로 아무 동작 없이 10분이 경과되면 자동으로 충전대 탐색을 시작한다. 충전대 탐색에 성공하면 충전을 시작하고 충전대를 찾지 못하면 처음위치로 복귀하여 10분 후에 자동으로 전원이 꺼진다.

---

8 ③

① 본체를 충전기와 붙인 상태에서 리셋버튼을 3초간 눌러준다.
② 리모컨이 작동하지 않을 때의 조치방법이다.

---

9 ①

첫 번째 상태와 나중 상태를 비교해 보았을 때, 기계의 모양이 바뀐 것은 1번과 2번이다. 스위치를 두 번 눌러서 1번과 2번의 모양을 바꾸려면 1번과 3번을 회전시키고(●), 2번과 3번을 다시 회전시키면(♣) 된다.

---

10 ④

첫 번째 상태와 나중 상태를 비교해 보았을 때, 기계의 모양이 바뀐 것은 3번과 4번이다. 스위치를 두 번 눌러서 3번과 4번의 모양을 바꾸려면 2번과 3번을 회전시키고(♣), 2번과 4번을 다시 회전시키면(♠) 된다.

---

11 ③

첫 번째 상태와 나중 상태를 비교해 보았을 때, 모든 기계의 모양이 바뀌었다. 따라서 ③을 누르면 1,2번 변경→2,3번 변경→2,4번이 변경되므로 최종적으로 1,2,3,4번 기계가 모두 변경된다.

---

12 ③

③은 냄새가 나는 경우 확인해봐야 하는 사항이다.

---

13 ④

④는 세척이 잘 되지 않는 경우의 조치방법이다.

14 ②

버튼 잠금 설정이 되어 있는 경우 '헹굼/건조'와 '살균' 버튼을 동시에 2초간 눌러서 해제할 수 있다.

---

15 ①

1단계 – 사실의 발견, 2단계 – 원인분석, 3단계 – 시정책 선정, 4단계 – 시정책 적용 및 뒤처리

※ **산업재해의 예방대책** … 안전관리조직 → 사실의 발견 → 원인분석 → 시정책 선정 → 시정책 적용 및 뒤처리

1 ③   2 ④   3 ②   4 ①   5 ②   6 ④   7 ④   8 ③   9 ②   10 ③

11 ③   12 ③   13 ②   14 ③   15 ②

---

1 ③

자원보전이사는 경영기획이사보다 1개의 실을 덜 이끌고 있다.

---

2 ④

국내 출장비 50만 원 이하인 경우 출장계획서는 팀장 전결, 출장비신청서는 부장 전결이므로 사원 甲씨가 작성해야 하는 결재 양식은 다음과 같다.

출장계획서				
결재	담당	팀장	부장	최종결재
	甲	전결	/	팀장

출장비신청서				
결재	담당	팀장	부장	최종결재
	甲		전결	부장

---

3 ②

부의금은 접대비에 해당하는 경조사비이다. 30만 원이 초과되는 접대비는 접대비지출품의서, 지출결의서 모두 대표이사 결재사항이다. 따라서 사원 乙씨가 작성해야 하는 결재 양식은 다음과 같다.

접대비지출품의서				
결재	담당	팀장	부장	최종결재
	乙			대표이사

지출결의서				
결재	담당	팀장	부장	최종결재
	乙			대표이사

---

4 ①

교육비의 결재서류는 금액에 상관없이 기안서는 팀장 전결, 지출결의서는 대표이사 결재사항이므로 丁씨가 작성해야 하는 결재 양식은 다음과 같다.

기안서				
결재	담당	팀장	부장	최종결재
	丁	전결	/	팀장

지출결의서				
결재	담당	팀장	부장	최종결재
	丁			대표이사

---

5 ②

② 팀제는 경영환경에 유연하게 대처하여 기업의 경쟁력을 제고할 수 있다.

6 ④

경영은 조직의 목적을 달성하기 위한 전략, 관리 운영활동이다. 즉, 경영의 대상인 조직과 조직의 목적, 경영의 내용인 전략, 관리, 운영으로 이루어진다. 과거에는 경영을 단순 관리라고 생각하였다. 관리는 투입되는 지원을 최소화하거나 주어진 자원을 이용하여 추구하는 목표를 최대한 달성하기 위한 활동이다.

---

7 ④

④ 김영태는 병가로 인한 휴직이므로 '기타'에 속해야 한다.

---

8 ③

③ 생일인 경우에는 상품권 5만원을 지원한다.

---

9 ②

SO전략 : 외국 기업에 입사
WO전략 : 비명문대 출신도 능력만 있으면 대우해주는 대기업에 입사
WT전략 : 대학원은 명문대에 장학생으로 진학 후 2년 후 국내경기 활성화되면 취업

---

10 ③

①③ 업체 간의 업무 제휴라는 기회를 통해 약점을 극복한 WO전략에 해당한다.
② IT기술과 전자상거래 기술 발달이라는 기회를 통해 약점을 극복한 WO전략에 해당한다.
④ 강점을 이용하여 위협을 회피하는 ST전력에 해당한다.

---

11 ③

③ 서버 부족이라는 약점을 극복하여 사용이 증대되고 있는 스마트폰 시장에서 이용자를 유치하는 WO전략에 해당한다.

---

12 ③

인력수급계획 및 관리, 교육체계 수립 및 관리는 인사부에서 담당하는 업무의 일부이다.

13 ②

유기적 조직 … 의사결정권한이 조직의 하부구성원들에게 많이 위임되어 있으며 업무 또한 고정되지 않고 공유 가능한 조직이다. 유기적 조직에서는 비공식적인 상호의사소통이 원활히 이루어지며, 규제나 통제의 정도가 낮아 변화에 따라 쉽게 변할 수 있는 특징을 가진다.

---

14 ③

집단의 유형

㉠ 공식적 집단 : 조직의 공식적인 목표를 위해 의식적으로 만든 집단

㉡ 비공식적 집단 : 조직구성원들의 요구에 따라 자발적으로 형성된 집단

※ TF(Task Force) … 프로젝트팀이라고도 하며, 전문가 간의 커뮤니케이션과 조정을 쉽게 하고, 밀접한 협동관계를 형성하여 직위의 권한보다도 능력이나 지식의 권한으로 행동하여 성과에 대한 책임도 명확하고 행동력도 가지고 있다. 일정한 성과가 달성되면 그 조직은 해산되고, 환경변화에 적응하기 위한 그 다음 과제를 위하여 새로운 TF가 편성되어 조직 전체가 환경변화에 대해 적응력 있는 동태적 조직의 성격을 가진다. TF는 시장이나 기술 등의 환경변화에 대해서 적응력을 갖는 조직형태일 뿐만 아니라, 새로운 과제에의 도전 · 책임감 · 달성감 · 단결심 등을 경험하는 기회를 구성원들에게 제공하고 구성원의 직무만족을 높이는 효과가 있다.

---

15 ②

② 조직변화 중 전략이나 구조의 변화는 조직의 구조나 경영방식을 개선하기도 한다.